엑셀 2016으로 경영하는
놀이공원

발 행 일	|	2020년 09월 01일 (1판 1쇄)
개 정 일	|	2022년 02월 03일 (1판 4쇄)
I S B N	|	978-89-8455-024-7(13000)
정 가	|	12,000원

집 필	|	KIE 기획연구실
진 행	|	김동주
본문디자인	|	디자인앨리스

발 행 처	|	㈜아카데미소프트
발 행 인	|	유성천
주 소	|	경기도 파주시 정문로 588번길 24
홈 페 이 지	|	www.aso.co.kr / www.asotup.co.kr

※ 이 책은 저작권법에 따라 보호를 받는 저작물이므로 무단 전재와 무단 복제를 금지하며, 이 책 내용의 전부 또는 일부를 이용하려면 반드시 ㈜아카데미소프트의 서면동의를 받아야 합니다.

오늘의 타타 : 타자 연습의 타자수 및 정확도를 적어보세요.

▼ 오늘 타이핑한 타수와 정확도를 적어 자신의 실력이 얼마나 향상되고 있는지 확인하고 친구들과 비교해보세요.

구분	날짜	타자수	정확도	확인란	구분	날짜	타자수	정확도	확인란
1	월 일				13	월 일			
2	월 일				14	월 일			
3	월 일				15	월 일			
4	월 일				16	월 일			
5	월 일				17	월 일			
6	월 일				18	월 일			
7	월 일				19	월 일			
8	월 일				20	월 일			
9	월 일				21	월 일			
10	월 일				22	월 일			
11	월 일				23	월 일			
12	월 일				24	월 일			

구성 이런 내용으로 구성되어 있어요!

▼ 엑셀 2016의 다양한 기능들을 학습할 수 있도록 구성하였습니다.

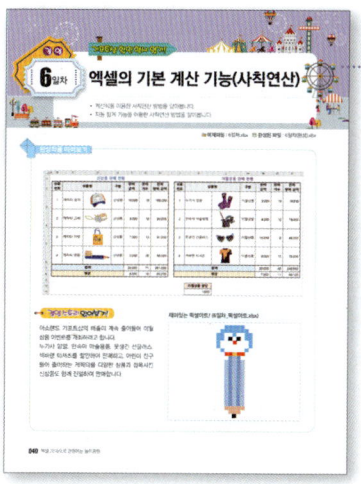

▶ **완성작품 미리보기, 경영 스토리, 재미있는 픽셀아트**

각 차시별로 학습할 내용과 완성된 결과 이미지를 보여줍니다. 또한 해당 차시와 관련된 경영 스토리를 읽어보고, 주제에 맞추어 픽셀아트 작품을 완성할 수 있도록 구성하였습니다.

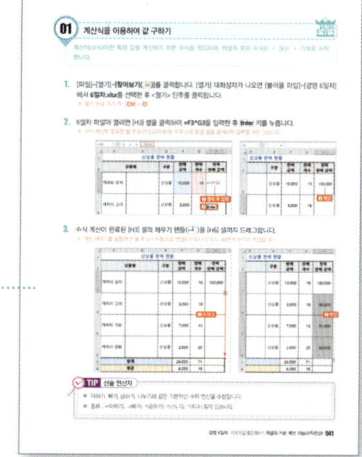

본문 따라하기

놀이공원 경영을 주제로 한 재미있는 예제파일을 이용하여 엑셀 2016 프로그램의 기능을 학습할 수 있도록 구성되어 있습니다.

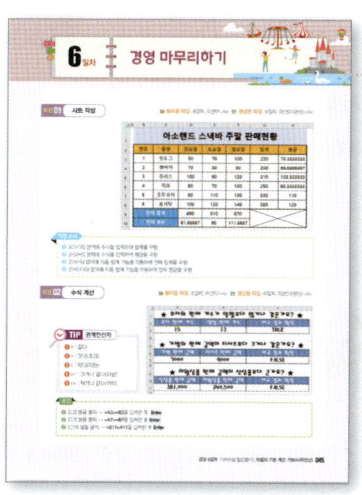

▶ **경영 마무리하기**

본문 학습이 끝나면 앞에서 배운 내용을 다시 한 번 확인할 수 있도록 기본 유형의 문제가 제공되며, 간단한 수식이나 함수를 풀어볼 수 있는 유형의 문제도 함께 제공됩니다.

CONTENTS 목차

1일차 상점 건설하기!
엑셀 2016 시작
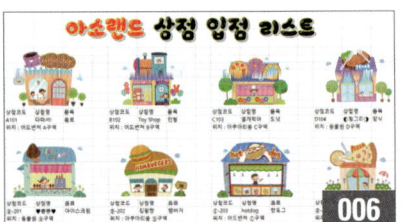
006

2일차 주차장 짓기!
셀 병합과 글꼴 서식 지정
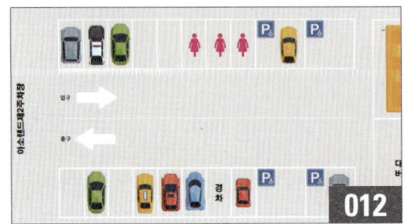
012

3일차 안내판 재설치 현황 알아보기!
테두리와 채우기 서식 지정
018

4일차 포토존 만들기!
행과 열 삽입/삭제와 그림으로 복사

026

5일차 숙박 정보 안내하기!
자동 채우기 및 표시 형식 지정
032

6일차 기프트샵 할인 행사 열기!
엑셀의 기본 계산 기능(사칙연산)
040

7일차 아소랜드 배치도 만들기!
그림 삽입

046

8일차 경영 중간 점검하기
종합 평가
054

9일차 디저트 메뉴를 추가하기!
함수 마법사(1)
056

10일차 햄버거 상점 매출 분석하기!
함수 마법사(2)
062

11일차 퍼레이드 홍보 포스터 만들기!
워드아트 삽입

072

12일차 놀이공원 마스코트 만들기!
도형 삽입

078

13일차	동물 관리 카드 만들기!

워크시트 작업

084

14일차	놀이기구 정보 알아보기!

표 서식과 자동 필터

092

15일차	직원 채용하기!

고급 필터

100

16일차	경영 중간 점검하기

종합 평가

110

17일차	비만 동물 찾기!

기본 차트 작성

112

18일차	셔틀 운행 정보 확인하기!

데이터 정렬 및 부분합

120

19일차	캐릭터 조형물 설치하기!

조건부 서식

126

20일차	놀이동산 방문객 수 예측하기!

시나리오

132

21일차	수족관에 물고기 채우기!

목표값 찾기

138

22일차	패스트푸드 이용 현황 분석하기!

피벗 테이블

144

23일차	인기 놀이기구 순위 선정하기!

이중 축 차트(콤보)

152

24일차	경영 최종 점검하기

종합 평가

160

엑셀 2016 시작

- 엑셀 2016을 실행하여 화면 구성을 알아봅니다.
- 각종 데이터를 입력하는 방법과 문서를 불러오고 저장하는 방법을 알아봅니다.

📁 불러올 파일 : 1일차.xlsx   📁 완성된 파일 : 1일차(완성).xlsx

재미있는 픽셀아트! (1일차_픽셀아트.xlsx)

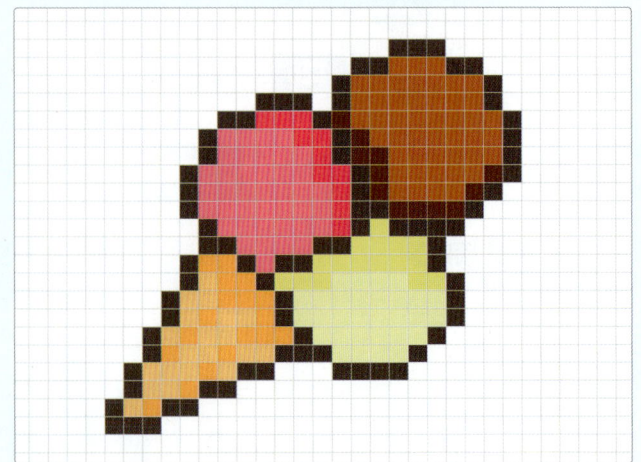

경영 스토리 읽어보기!

놀이공원에 다양한 상점을 입점시킨다면 수익을 올리는데 도움을 줄 수 있습니다.
아소랜드를 방문한 관람객들이 맛있는 간식을 먹거나 예쁜 기념품을 살 수 있도록 동물원, 어드벤처, 아쿠아리움에 다양한 상점들을 건설합니다.

TIP

파일을 불러와 색상을 채우려는 셀을 선택한 후 [홈]-[글꼴]-채우기 색(🎨)의 목록 단추(▼)를 눌러 원하는 색상을 클릭합니다.

01 엑셀 2016의 시작과 화면 구성 알아보기

엑셀은 수치계산과 처리, 문서 작성, 그래프(차트) 작성, 데이터 관리 업무 등을 효율적으로 수행할 수 있는 자동 계산 프로그램입니다.

1. [시작()] 단추를 눌러 Excel 2016 프로그램을 실행합니다. 이어서, Esc 키를 눌러 빈 워크시트 문서의 전체 화면 구성을 확인합니다.

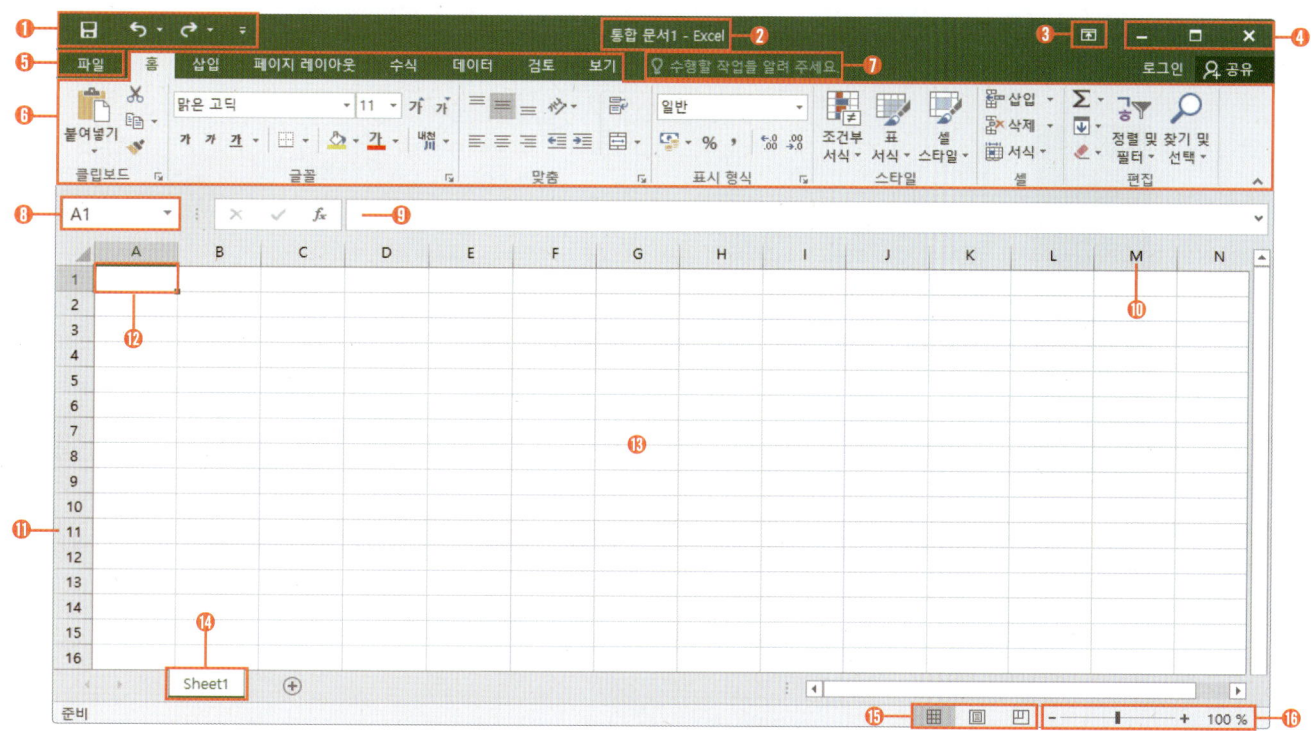

❶ **빠른 실행 도구 모음** : 저장 또는 실행 취소 등 자주 사용하는 기능을 아이콘으로 제공하며, 필요에 따라서 사용자가 기능(새로 만들기, 열기 등)을 직접 추가하거나 삭제할 수 있습니다.

❷ **제목 표시줄** : 현재 작업 중인 문서의 파일명이 표시됩니다.

❸ **리본 메뉴 표시 옵션** : 리본 메뉴의 표시 유무를 지정할 수 있습니다.

❹ **창 조절 단추** : 창의 크기를 최소화, 최대화, 종료할 수 있습니다.

❺ **[파일] 탭** : 저장, 열기, 최근에 사용한 항목, 새로 만들기, 인쇄 등 파일을 관리하기 위한 메뉴로 구성되어 있습니다.

❻ **리본 메뉴** : 유사한 기능들이 각각의 탭으로 구성되어 있고, 탭은 관련이 있는 기능들을 그룹으로 묶어서 표시합니다.

❼ **빠른 실행(설명)** : '수행할 작업을 알려주세요.' 부분을 클릭하여 필요한 기능을 입력하면 경로 선택 없이 원하는 작업을 바로 실행할 수 있습니다.

❽ **이름 상자** : 현재 셀 포인터가 위치한 셀의 주소를 표시합니다.

❾ **수식 입력줄** : 현재 셀에 입력된 내용이 표시되며, 직접 데이터를 입력하거나 수정할 수 있습니다.

❿ **열 머리글** : A~XFD열까지 총 16,384개의 열로 구성되어 있습니다.

⓫ **행 머리글** : 1~1,048,579행으로 구성되어 있습니다.

⓬ **셀** : 행과 열이 만나 구성되는 작은 사각형을 의미합니다.

⓭ **워크시트** : 실제 문서를 입력하고 편집할 수 있는 작업 공간입니다.

⓮ **시트 탭** : 현재 작업 중인 시트의 이름을 표시합니다.

⓯ **화면 보기** : 기본, 페이지 레이아웃, 페이지 나누기 미리 보기 중에서 원하는 화면 보기 방식을 선택할 수 있습니다.

⓰ **확대/축소 도구** : 작업 중인 워크시트의 화면 배율을 설정할 수 있습니다.

02 파일을 불러와 데이터 입력하기

1. [파일]-[열기]-**[찾아보기( )]**를 클릭합니다. [열기] 대화상자가 나오면 **[불러올 파일]-[경영 1일차]**에서 **1일차.xlsx**를 선택한 후 <열기> 단추를 클릭합니다.

   ※ 열기 바로 가기 키 : Ctrl + O

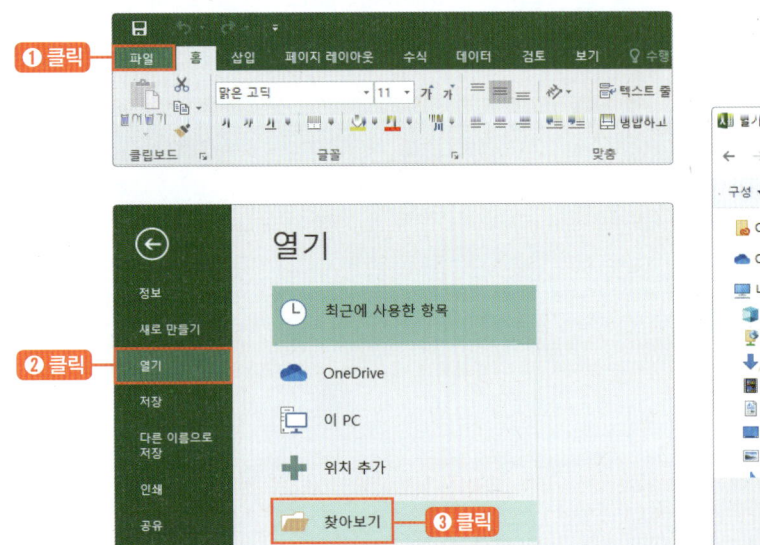
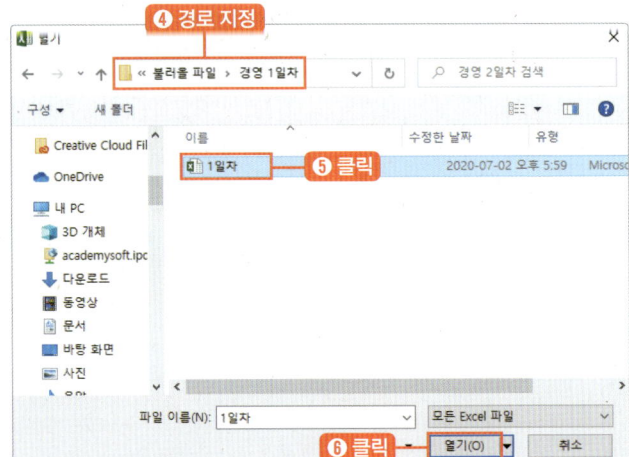

2. 1일차 파일이 열리면 [C12] 셀을 클릭하여 '**다마셔!**'를 입력한 후 Enter 키를 눌러 입력을 완료합니다.

3. 동일한 방법으로 [D12] 셀에 '**음료**'를 입력합니다.

   ※ 마우스를 이용하여 해당 셀을 선택하거나, 키보드 방향키(←, →, ↑, ↓)를 눌러 원하는 셀로 이동합니다.

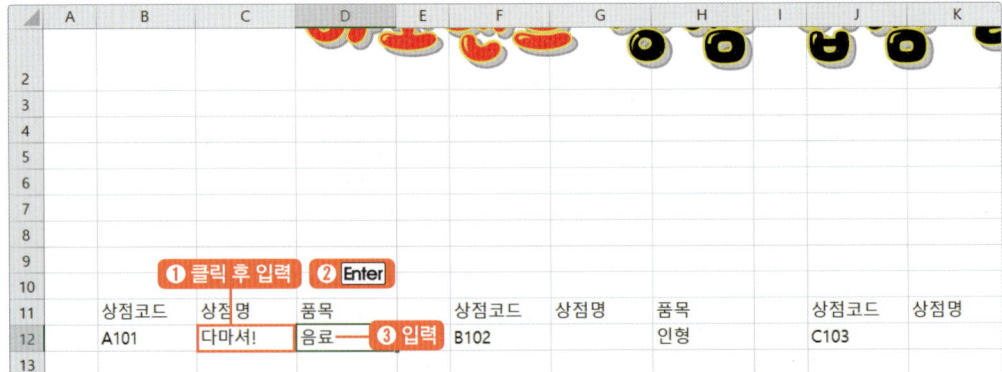

✓ TIP 입력된 내용 확인하기

데이터가 입력된 셀을 선택한 후 '수식 입력줄'에서 입력된 내용을 확인할 수 있으며, 필요에 따라 수정할 수도 있습니다.

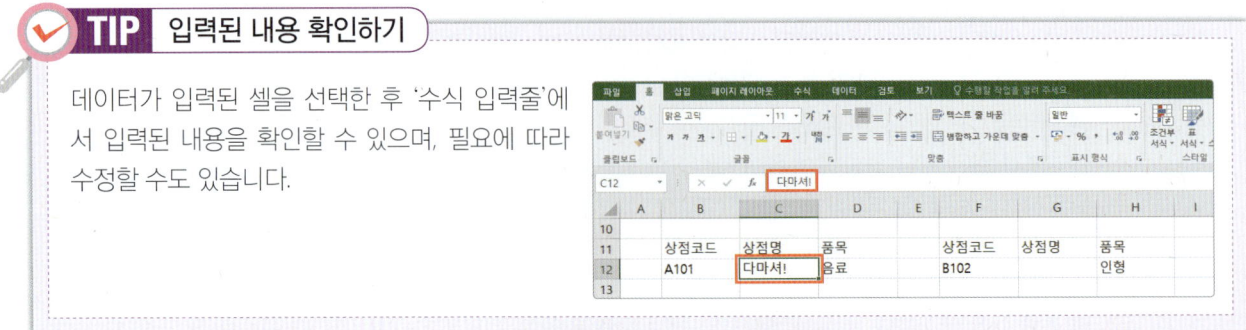

4. [B13] 셀을 클릭하여 '위치 : 어드벤처 A구역'을 입력한 후 Enter 키를 눌러 입력된 내용을 확인합니다.

   ※ 해당 셀을 선택한 후 수식 입력줄에 데이터를 직접 입력하는 방법( )도 있습니다.

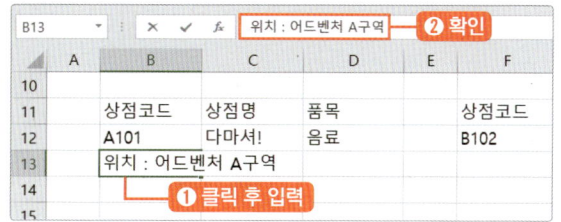
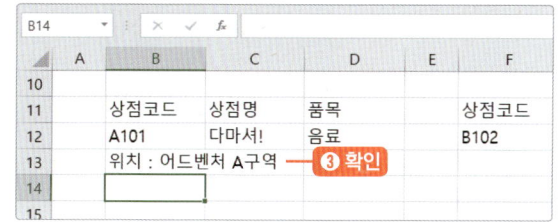

03 한자 변환 및 특수문자 입력하기

1. [D23] 셀을 더블클릭하여 셀 안쪽에 커서가 활성화되면 입력된 텍스트(품목)를 드래그하여 블록으로 지정한 후 한자 키를 누릅니다.

   ※ [D23] 셀을 선택한 후 F2 키를 눌러 커서가 활성화되었을 때 블록으로 지정하는 방법도 있습니다.

2. [한글/한자 변환] 대화상자가 나오면 '品目'이 선택된 것을 확인한 후 <변환> 단추를 클릭합니다. 이어서, Enter 키를 눌러 입력된 한자를 확인합니다.

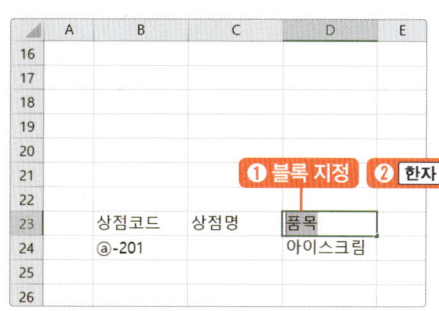
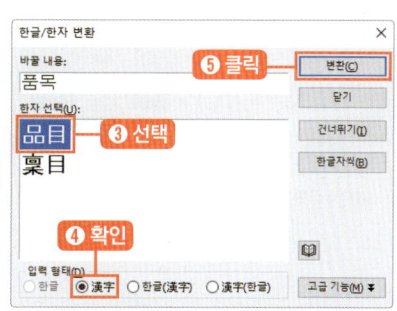

3. [C24] 셀을 클릭한 후 한글 자음 'ㅁ'을 입력하고 한자 키를 눌러 보기 변경 단추(»)를 클릭합니다.

4. 특수문자 목록에서 '♥'를 찾아 선택한 후 그림과 같이 '♥뿅뿅♥'을 입력합니다.

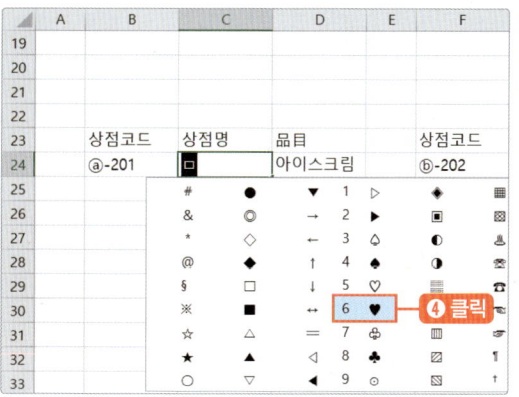

> **TIP 특수문자를 입력하는 다양한 방법**
>
> ① 한글 자음(ㄱ, ㄴ, ㄷ,~ㅎ)을 입력한 후 한자 키를 누르기
> ② [삽입]-[기호]-기호(Ω)를 클릭하기

5. 동일한 방법으로 아래 그림을 참고하여 각각의 셀에 데이터를 입력합니다.
   ※ 원모양 특수문자(ⓐ, ⓑ, ⓒ, ⓓ)는 자음 'ㅇ'에서 찾을 수 있습니다.
   ※ 프로그램 오른쪽 하단의 '확대/축소 도구(- ——— + 100 %)'를 이용하여 작업 워크시트의 비율을 조절할 수 있습니다.

6. 시트 오른쪽의 상점 이미지를 알맞게 배치하여 작업을 완료합니다.

7. 모든 작업이 끝나면 [파일]-[저장]을 선택하거나 [빠른 실행 도구 모음]에서 **저장(💾)**을 클릭합니다.
   ※ 저장 바로 가기 키 : Ctrl + S

> **TIP 다른 이름으로 저장하기**
>
> ① [파일]-[다른 이름으로 저장]-[찾아보기(📁)]를 클릭합니다. [다른 이름으로 저장] 대화 상자가 나오면 파일을 저장할 위치(예: 바탕화면)를 지정합니다.
> ② 위치 지정이 완료되면 파일 이름 입력 칸에 원하는 파일명을 입력한 후 <저장> 단추를 클릭합니다.

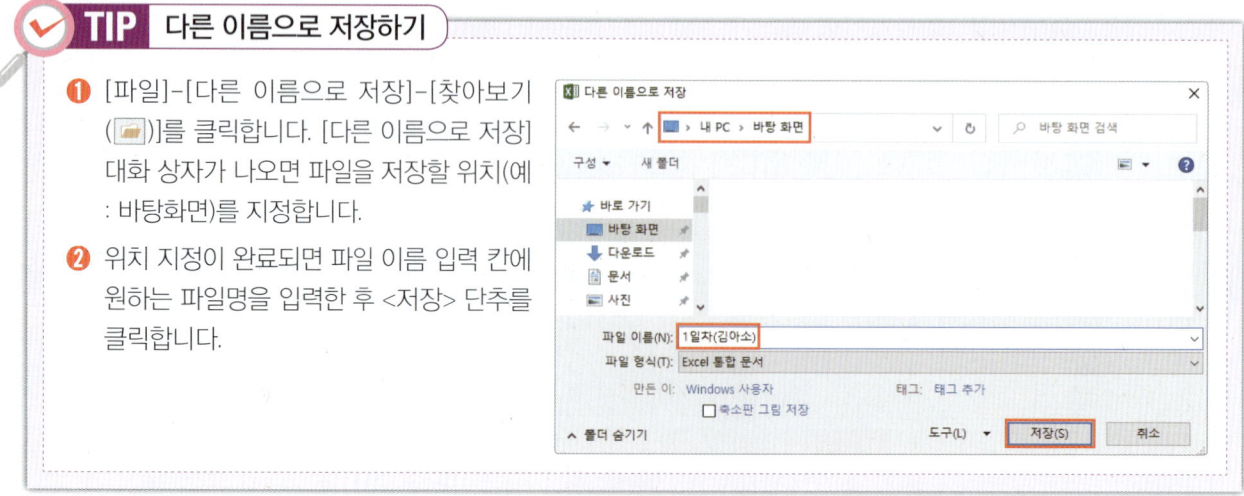

1일차 경영 마무리하기

미션 01 시트 작성

📁 불러올 파일 : 1일차_미션01.xlsx 📄 완성된 파일 : 1일차_미션01(완성).xlsx

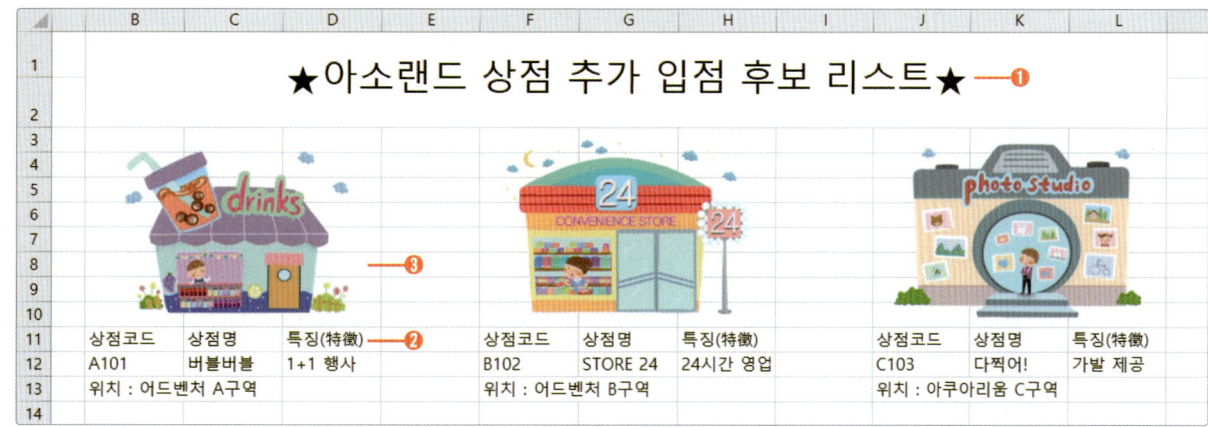

작업 순서

1. 병합된 [B1:L2] 셀을 클릭하여 제목을 입력
2. 완성 이미지를 참고하여 데이터를 입력
   ※ 입력된 '특징'을 '특징(特徵)'으로 변경하기 위해서는 해당 단어를 블록으로 지정한 후 한자 키를 눌러 [한글/한자 변환] 대화상자가 나오면 입력 형태를 ⦿한글(漢字) 로 선택합니다.
3. 완성 이미지를 참고하여 상점 이미지를 배치

▲ 작업순서에 없는 내용은 출력형태를 참고하여 작성

미션 02 수식 계산

📁 불러올 파일 : 1일차_미션02.xlsx 📄 완성된 파일 : 1일차_미션02(완성).xlsx

조건

1. [C3] 셀을 클릭 → =A3+B3을 입력한 후 Enter
2. [A7:C7] 셀을 클릭 → =1+2+3+4+5+6+7+8+9+10을 입력한 후 Enter

	A	B	C
1	★ 아소랜드 상점 입점 현황 ★		
2	입점 개수	입점 후보 개수	총합계
3	8	5	13
4			
5			
6	★ 1부터 10까지 더하기 ★		
7	55		
8			

TIP

수식 계산에 필요한 셀 주소([A3], [B3] 등)는 해당 셀을 마우스로 클릭하여 입력할 수도 있습니다.

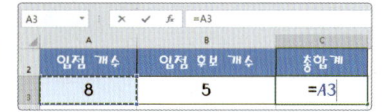

2일차 셀 병합과 글꼴 서식 지정

- 셀을 병합하는 방법을 알아봅니다.
- 글꼴 서식을 변경하는 방법을 알아봅니다.

📂 불러올 파일 : 2일차.xlsx   📄 완성된 파일 : 2일차(완성).xlsx

완성작품 미리보기

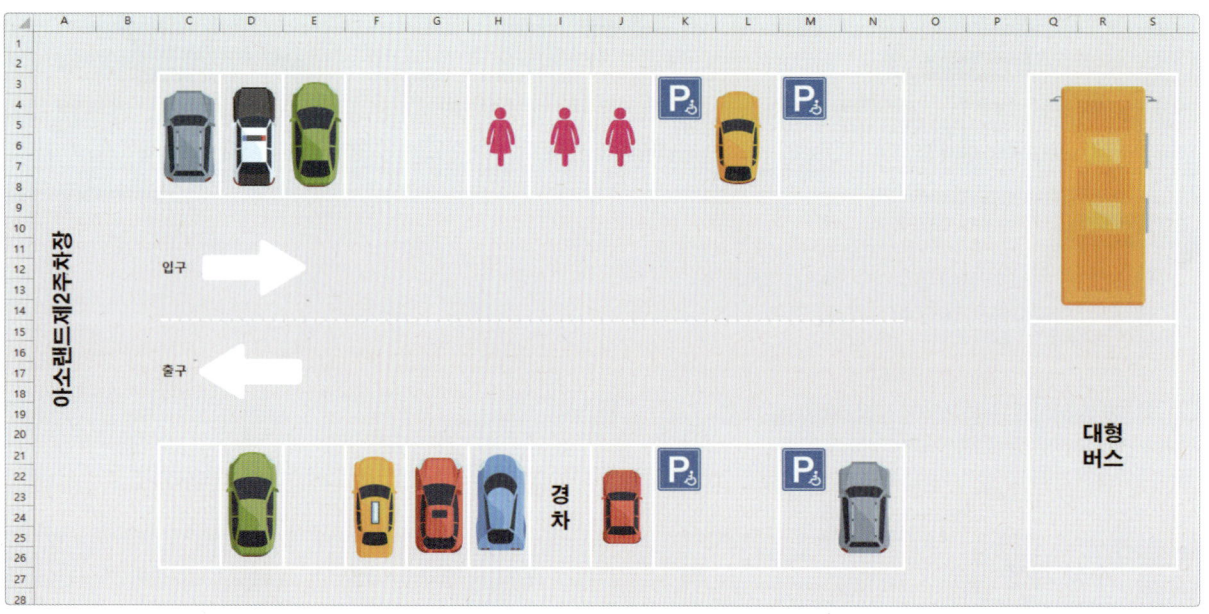

경영스토리 읽어보기!

아소랜드를 찾아오는 관람객들이 늘어나면서 주차 공간이 혼잡해지기 시작했습니다. 관람객들의 편의를 위해 더 많은 차들을 주차할 수 있도록 제2주차장을 건설합니다.

재미있는 픽셀아트! (2일차_픽셀아트.xlsx)

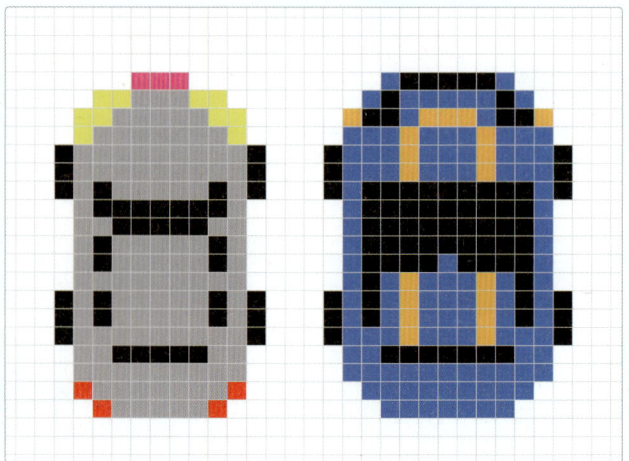

TIP

Ctrl 키를 누른 채 셀을 클릭하면 여러 개의 셀을 동시에 선택할 수 있습니다.

01 셀 병합하기

셀 병합이란 여러 개의 셀을 하나의 셀로 합치는 것을 말하며, 주로 문서의 제목 등을 표현할 때 자주 사용하게 됩니다.

1. [파일]-[열기]-**[찾아보기( )]**를 클릭합니다. [열기] 대화상자가 나오면 [불러올 파일]-[경영 2일차]에서 **2일차.xlsx**를 선택한 후 <열기> 단추를 클릭합니다.

※ 열기 바로 가기 키 : Ctrl + O

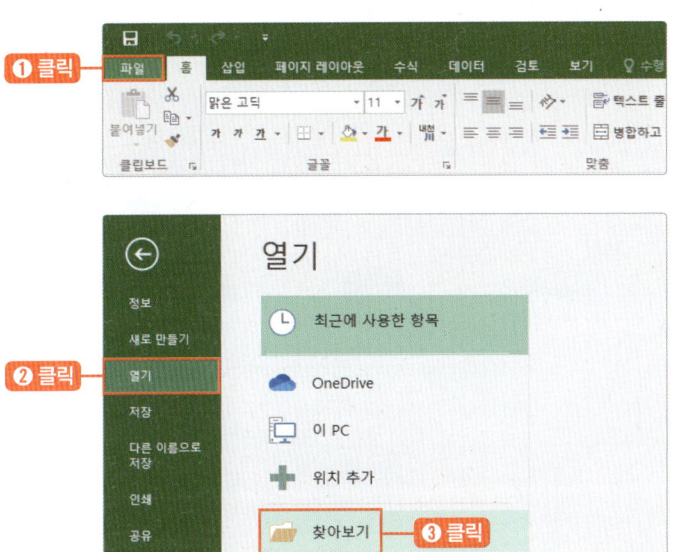
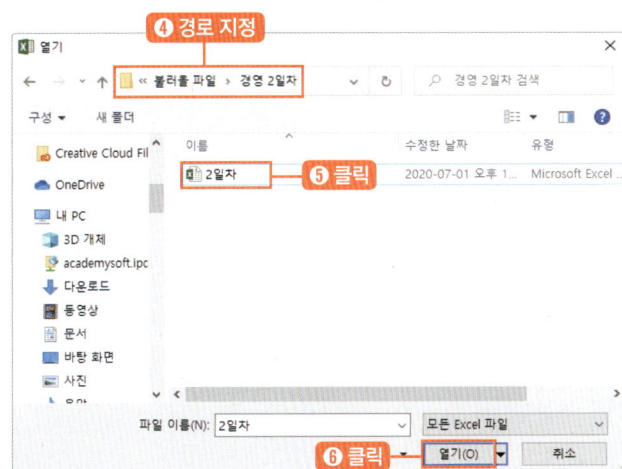

2. 2일차 파일이 열리면 [C3]셀에서 [C8]셀까지 드래그한 후 [홈]-[맞춤]-**[병합하고 가운데 맞춤( )]**을 클릭합니다.

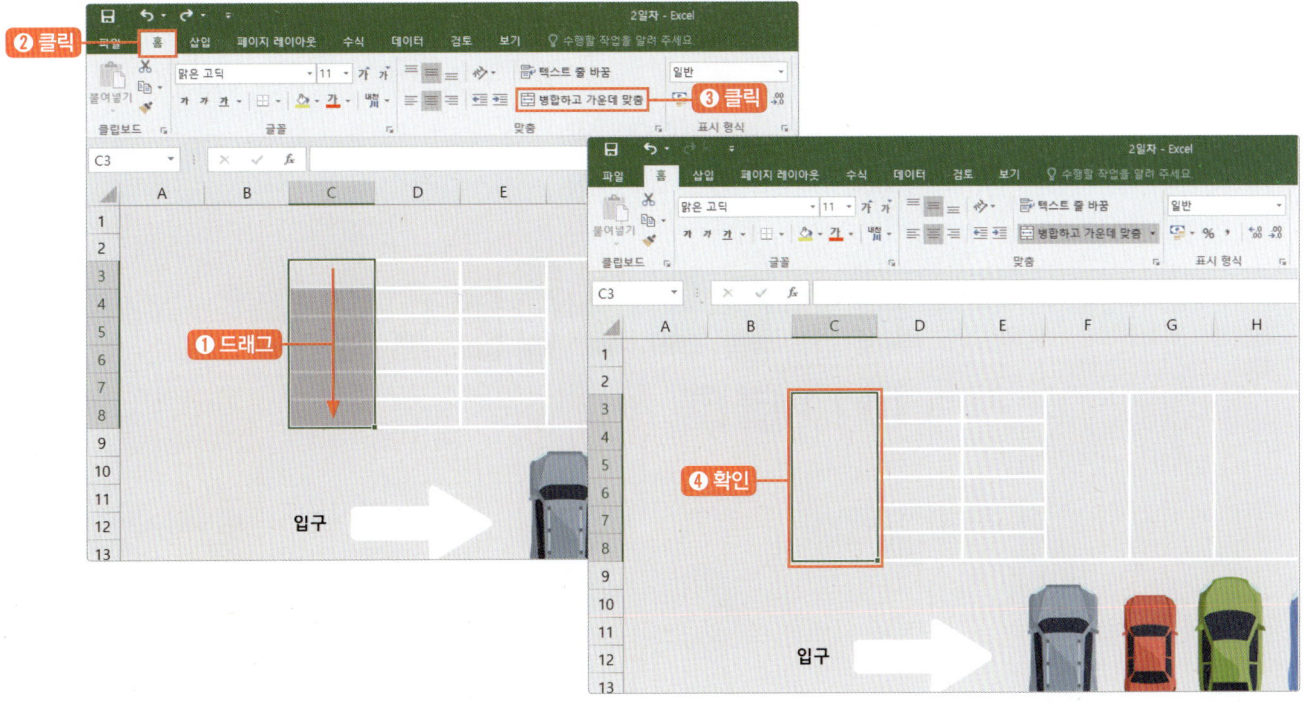

경영 2일차 주차장 짓기!_셀 병합과 글꼴 서식 지정

3. [D3]셀에서 [D8]셀까지 드래그한 후 **Ctrl** 키를 누른채 [E3:E8], [K3:L8], [M3:N8] 범위를 각각 드래그합니다.

4. 그림과 같이 셀 범위가 선택된 것을 확인한 후 [홈]-[맞춤]-**[병합하고 가운데 맞춤(圖)]**을 클릭합니다.

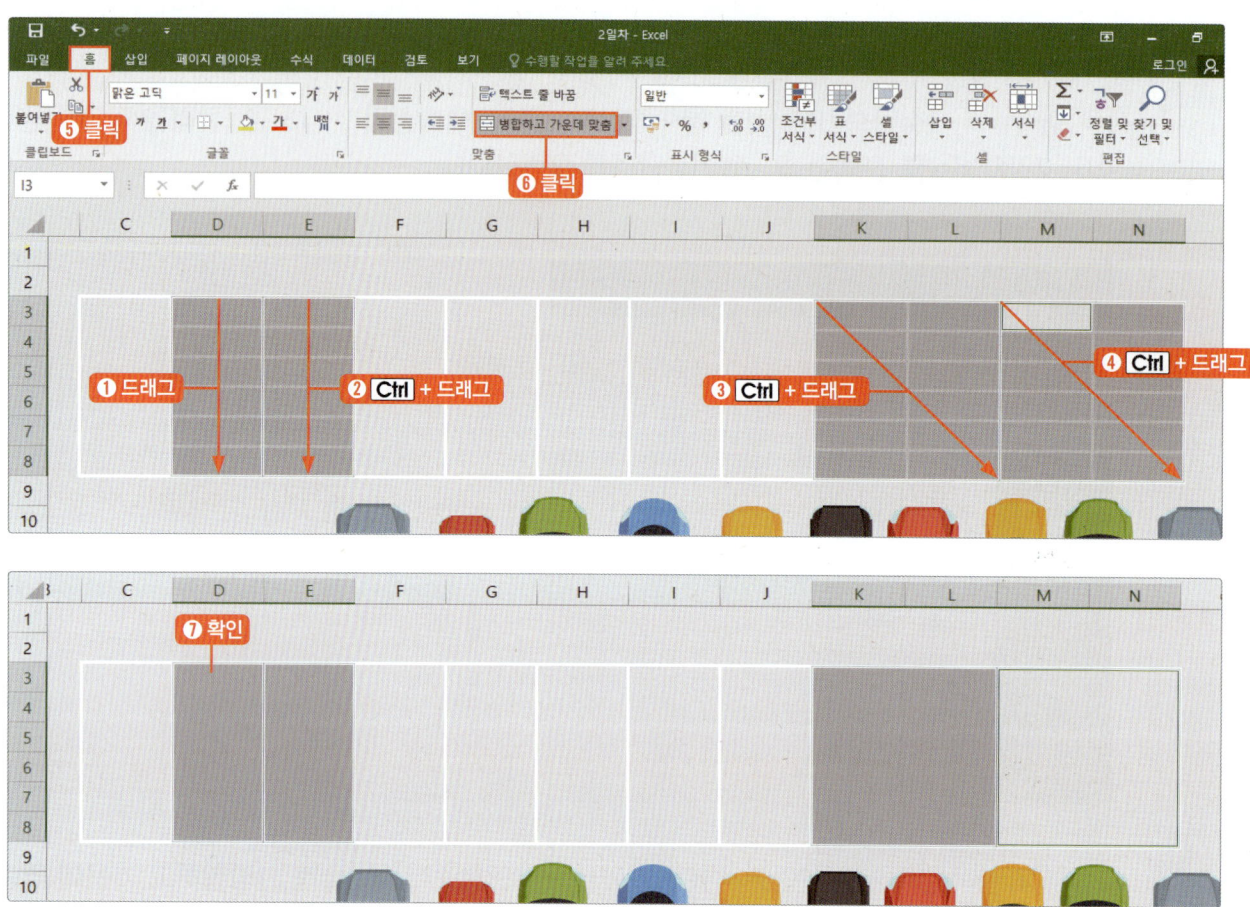

5. 똑같은 방법으로 아래 그림을 참고하여 각각의 셀들을 병합합니다.

> **TIP** [셀 서식] 대화상자를 이용한 '셀 병합' 및 '셀 병합 취소'
>
> - 병합할 셀들을 선택한 후 Ctrl + 1 키([셀 서식]의 바로 가기 키)를 누릅니다.
> - [셀 서식] 대화상자의 [맞춤] 탭에서 '셀 병합'을 클릭하여 체크 표시(V)를 지정합니다.
>   ※ 해당 방법을 이용할 경우 셀에 입력되는 텍스트는 기본 정렬로 지정됩니다.
> - 병합된 셀의 취소 : 병합된 셀을 선택한 후 [홈]-[맞춤]에서 병합하고 가운데 맞춤 아이콘을 다시 클릭하거나 [셀 서식] 대화상자의 [맞춤] 탭에서 '셀 병합'의 체크 표시를 해제합니다.

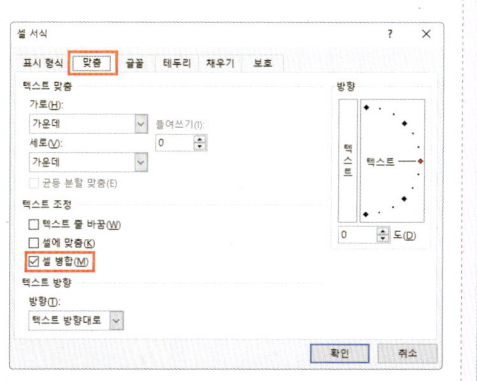

02 셀에 텍스트를 입력한 후 글꼴 서식 변경하기

1. 병합된 [A1:A28] 셀을 클릭하여 **'아소랜드제2주차장'**을 입력합니다.

   ※ 상단 수식 입력줄()에서 입력된 텍스트를 확인할 수 있습니다.

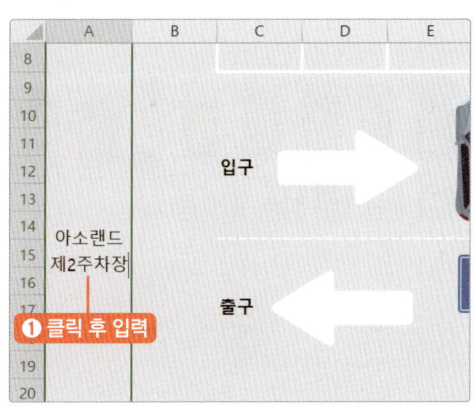
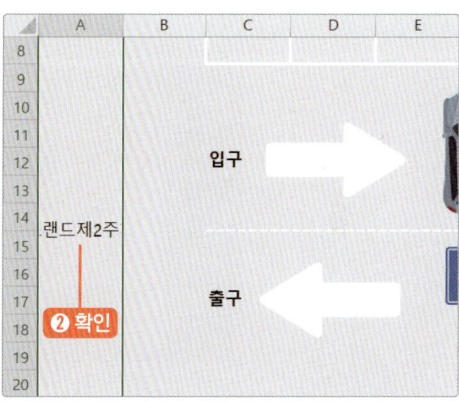

2. 병합된 [A1:A28] 셀이 선택된 상태에서 [홈]-[맞춤]-[(방향)]-**텍스트 위로 회전( )**을 클릭합니다.

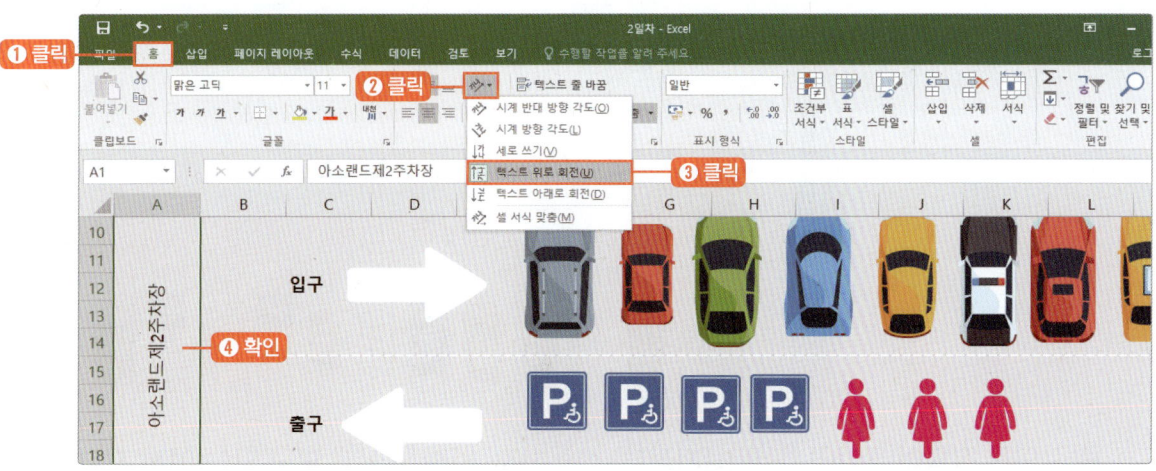

3. 병합된 [I21:I26] 셀을 선택합니다. 이어서, '**경**'을 입력한 후 `Alt`+`Enter` 키를 눌러 한 줄 아래에 '**차**'를 입력합니다.

4. 동일한 방법으로 병합된 [Q15:S26] 셀에 '**대형**', '**버스**'를 두 줄로 입력합니다.

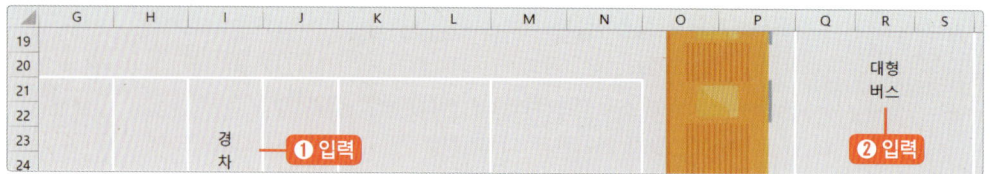

5. 그림을 참고하여 '아소랜드제2주차장'이 입력된 셀을 클릭한 후 `Ctrl` 키를 누른 채 '경차', '대형버스' 텍스트가 입력된 셀을 각각 선택합니다.

   ※ `Ctrl` 키를 이용하여 셀을 다중으로 선택할 수 있습니다.

6. [홈]-[글꼴]에서 **글꼴(HY견고딕)**과 **글꼴 크기(18pt)**를 지정합니다.

   ※ 목록 단추(▼) 또는 직접 입력하여 '글꼴'과 '글꼴 크기'를 변경할 수 있습니다.

7. 시트 중간의 그림을 드래그하여 주차장을 완성해 봅니다.

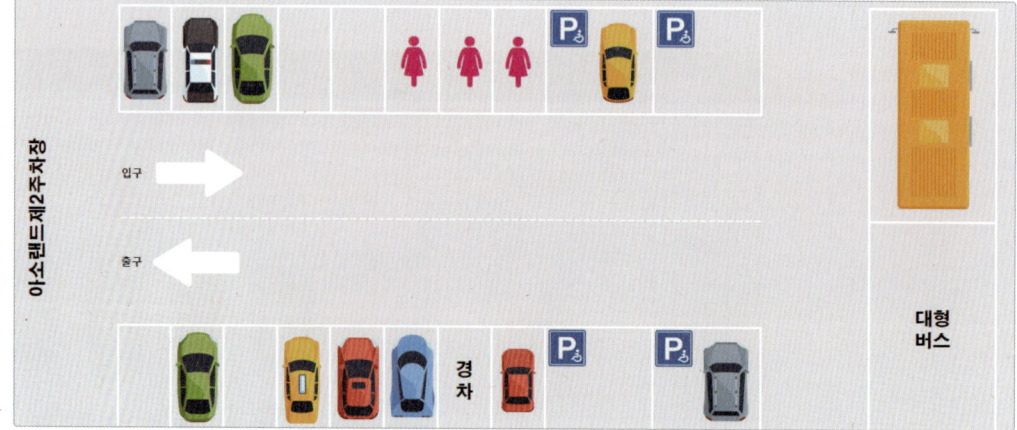

8. 모든 작업이 끝나면 [파일]-[저장]을 선택하거나 [빠른 실행 도구 모음]에서 **저장(💾)**을 클릭합니다.

   ※ 저장 바로 가기 키 : `Ctrl`+`S`

일차

경영 마무리하기

미션 01 시트 작성

📁 불러올 파일 : 2일차_미션01.xlsx   📗 완성된 파일 : 2일차_미션01(완성).xlsx

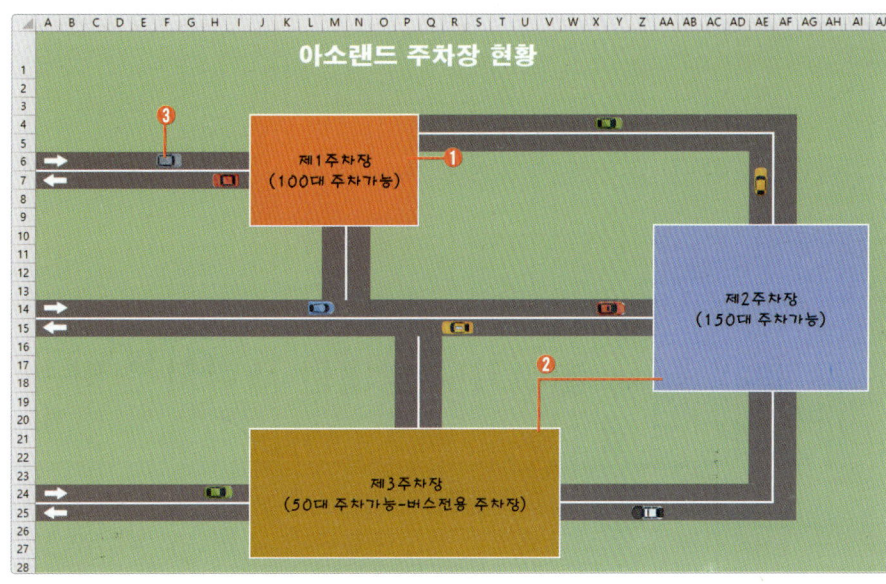

작업 순서

① 제1주차장 셀 병합([J4:P9]) → 두 줄로 내용을 입력 → 글꼴(HY엽서M, 14pt)
② '제2주차장' 및 '제3주차장'도 동일한 방법으로 작업
③ 완성 이미지를 참고하여 자동차 그림들을 배치
▲ 작업순서에 없는 내용은 출력형태를 참고하여 작성

미션 02 수식 계산

📁 불러올 파일 : 2일차_미션02.xlsx   📗 완성된 파일 : 2일차_미션02(완성).xlsx

	A	B	C	D
1	★ 아소랜드 주차장 주차대수 합계 ★			
2	제1주차장	제2주차장	제3주차장	합계
3	100	150	50	300
4				
5				
6	★ 아소랜드에 총 500대의 차를 주차하려면 제4주차장은 몇 대의 차를 주차할 수 있도록 만들어 할까요?★			
7	목표 주차 대수	현재 주차 가능 대수	제4주차장	
8	500	300	200	

조건

① [D3] 셀을 클릭 → =A3+B3+C3을 입력한 후 Enter
   ※ 수식 계산에 필요한 셀 주소([A3], [B3] 등)는 해당 셀을 마우스로 클릭하여 입력할 수도 있습니다.
② [C8] 셀을 클릭 → =A8-B8을 입력한 후 Enter

테두리와 채우기 서식 지정

- 열 너비 및 행 높이를 지정하는 방법을 알아봅니다.
- 셀에 테두리를 지정하고, 색상 및 무늬를 채우는 방법을 알아봅니다.

📂 불러올 파일 : 3일차.xlsx   📋 완성된 파일 : 3일차(완성).xlsx

아소랜드 놀이기구 중 오래된 안내판을 새롭게 설치하여 놀이공원 관람객들에게 정확한 정보 및 안전 수칙을 제공할 수 있도록 합니다.
안내판 설치 시 키가 작은 어린이 관람객을 위하여 발판을 준비합니다.

재미있는 픽셀아트! (3일차_픽셀아트.xlsx)

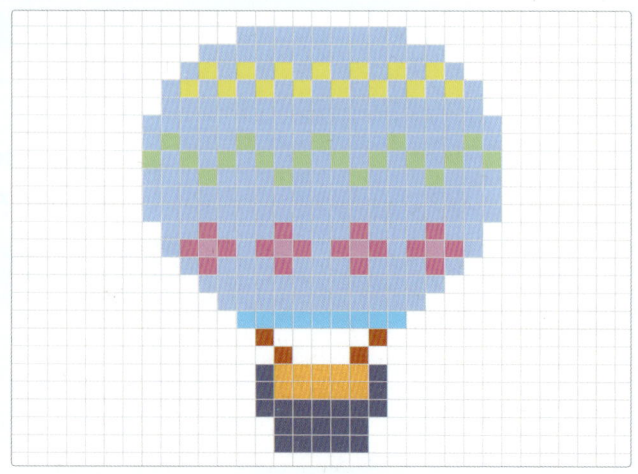

TIP
셀에 채워진 색상을 지우고 싶다면 [홈]-[글꼴]-채우기 색(🎨▼)의 목록 단추(▼)를 눌러 [채우기 없음]을 선택합니다.

018 엑셀 2016으로 경영하는 놀이공원

01 열 너비 및 행 높이 지정하기

1. [파일]-[열기]-**[찾아보기( )]**를 클릭합니다. [열기] 대화상자가 나오면 [불러올 파일]-[경영 3일차]에서 **3일차.xlsx**를 선택한 후 <열기> 단추를 클릭합니다.

   ※ 열기 바로 가기 키 : Ctrl + O

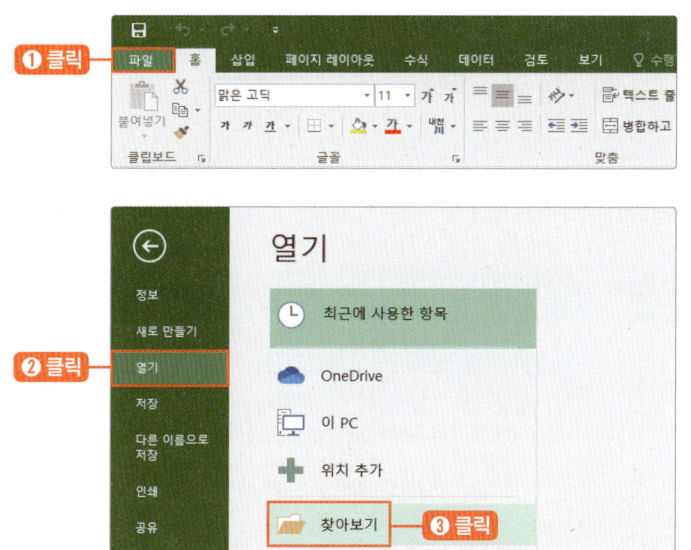
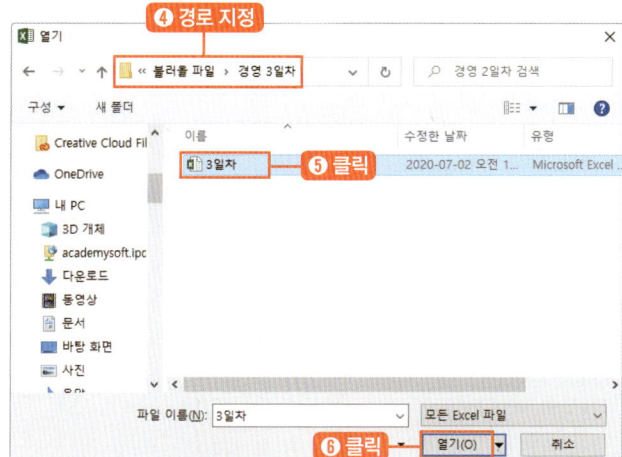

2. 3일차 파일이 열리면 **전체 선택( )** 단추를 눌러 모든 셀을 선택한 후 [홈]-[맞춤]-**가운데 맞춤( )**을 클릭합니다.

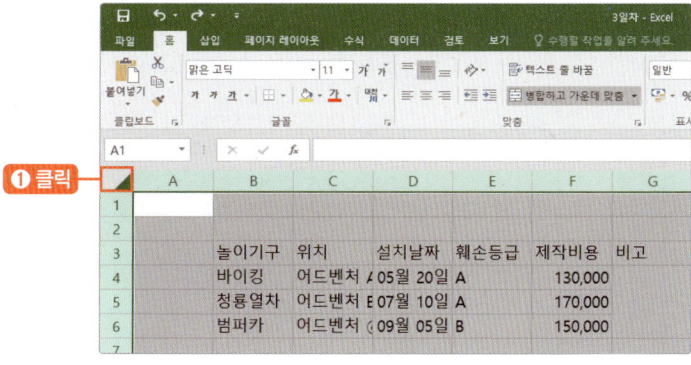
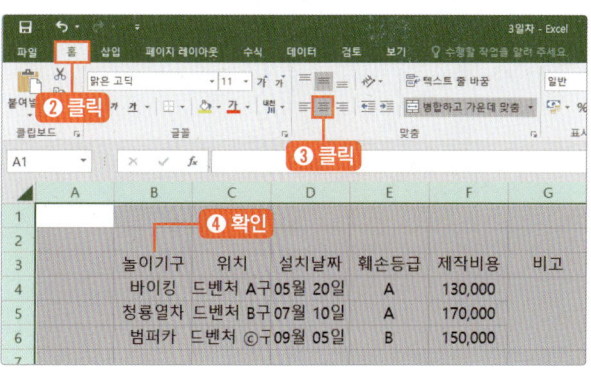

3. 특정 셀을 선택하여 전체 선택을 해제한 후 [A]열 머리글 위에서 마우스 오른쪽 버튼을 눌러 **[열 너비]**를 클릭합니다. 이어서, [열 너비] 대화상자가 나오면 '1'을 입력한 후 <확인> 단추를 클릭합니다.

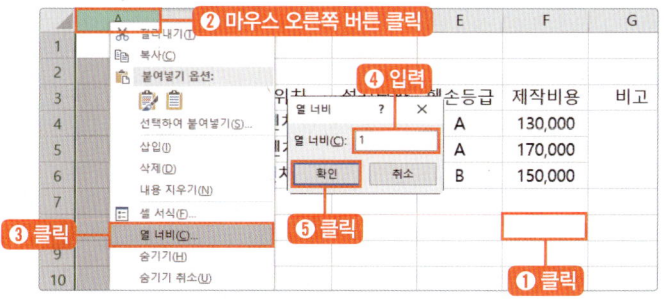
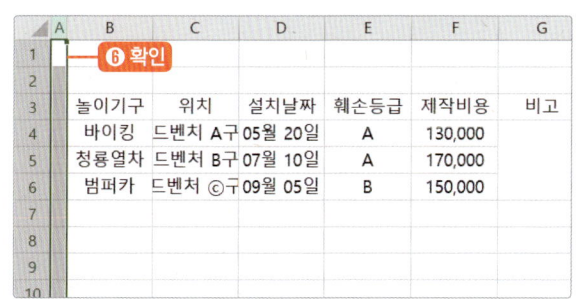

경영 3일차 안내판 재설치 현황 알아보기!_테두리와 채우기 서식 지정 **019**

4. [C]열과 [D]열 머리글을 드래그합니다. 이어서, [C]열과 [D]열 머리글 사이에 마우스 포인터를 위치(✥)시킨 후 더블클릭합니다.

   ※ 열 머리글 사이를 더블클릭하면 해당 열에 입력된 내용 중 가장 긴 데이터의 길이만큼 자동으로 셀의 너비가 조절됩니다.

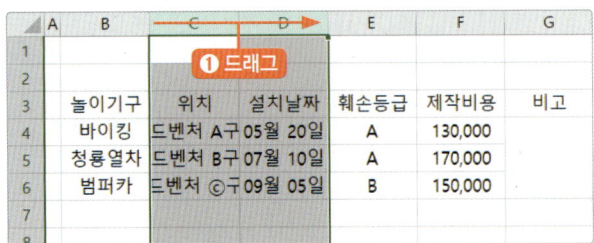
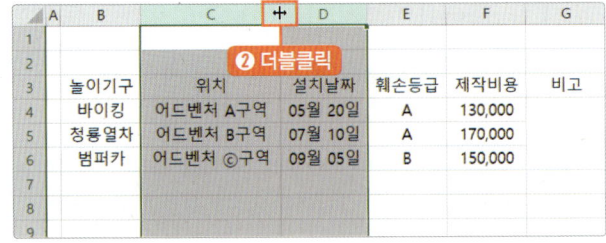

5. [1]행 머리글 위에서 마우스 오른쪽 버튼을 눌러 **[행 높이]**를 클릭합니다. 이어서, [행 높이] 대화상자가 나오면 '**50**'을 입력한 후 <확인> 단추를 클릭합니다.

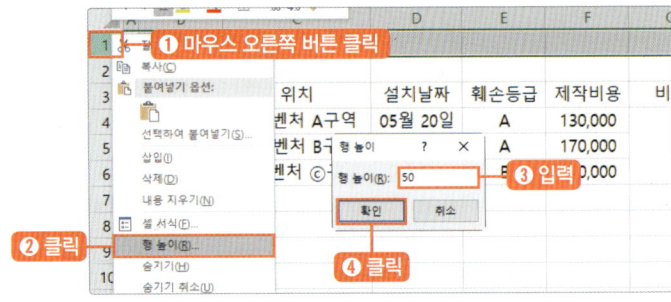
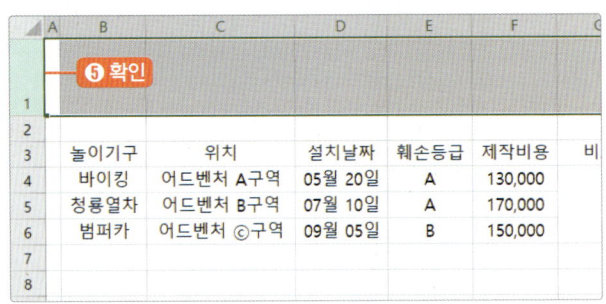

6. [3:6]행을 드래그한 후 블록으로 지정된 행 머리글 위에서 마우스 오른쪽 버튼을 눌러 **[행 높이]**를 클릭합니다. 이어서, [행 높이] 대화상자가 나오면 '**25**'를 입력한 후 <확인> 단추를 클릭합니다.

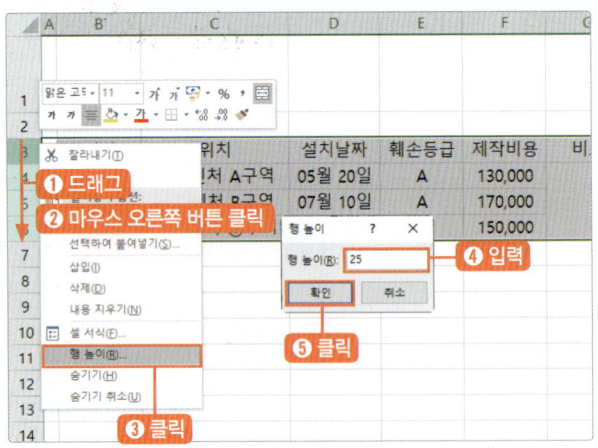
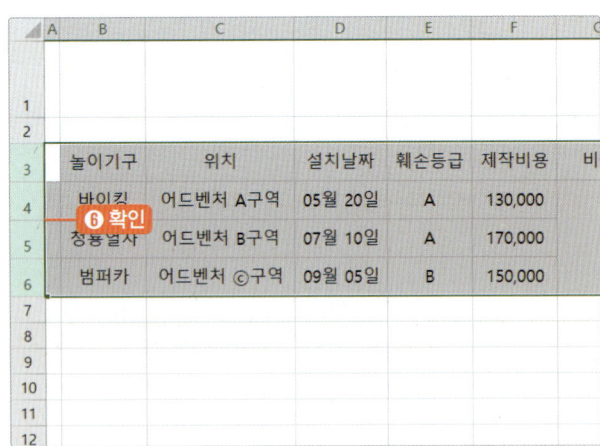

02 제목을 입력한 후 글꼴 서식 변경하기

1. [B1:G1] 영역을 드래그한 후 [홈]-[맞춤]-**병합하고 가운데 맞춤**(圖)을 클릭합니다.

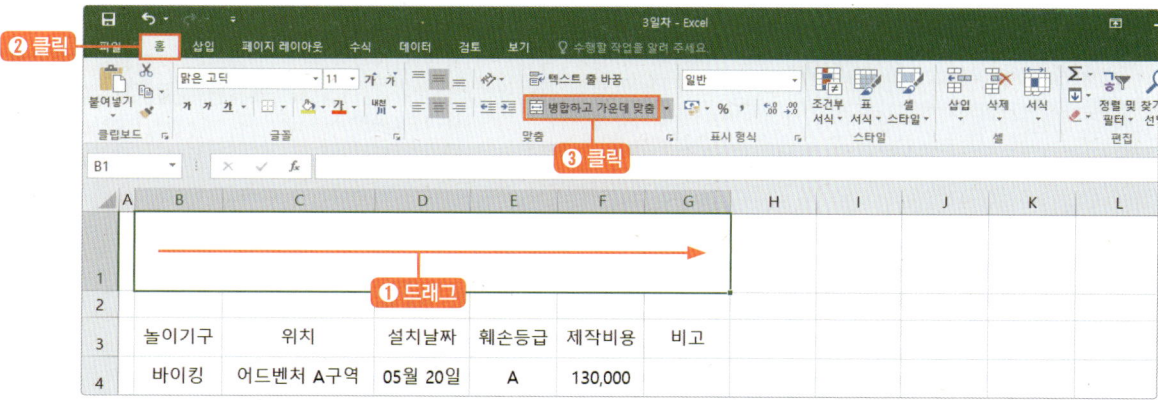

2. 병합된 [B1:G1] 셀이 선택된 상태에서 제목(**놀이기구 안내판 재설치 현황**)을 입력한 후 Enter 키를 누릅니다.

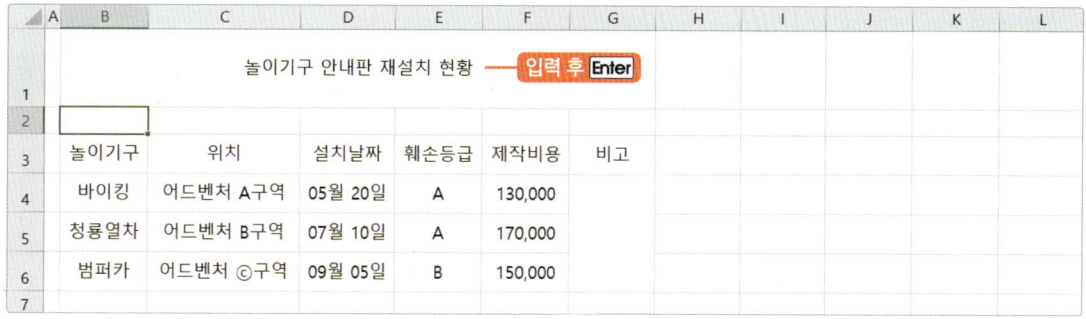

3. 병합된 [B1:G1] 셀을 선택한 후 [홈]-[글꼴]에서 **글꼴(HY헤드라인M)**과 **글꼴 크기(19pt)**를 지정합니다.

   ※ 글꼴 크기 '19'는 목록에 없기 때문에 글꼴 크기 입력 칸에 직접 입력(19▼)하여 변경합니다.

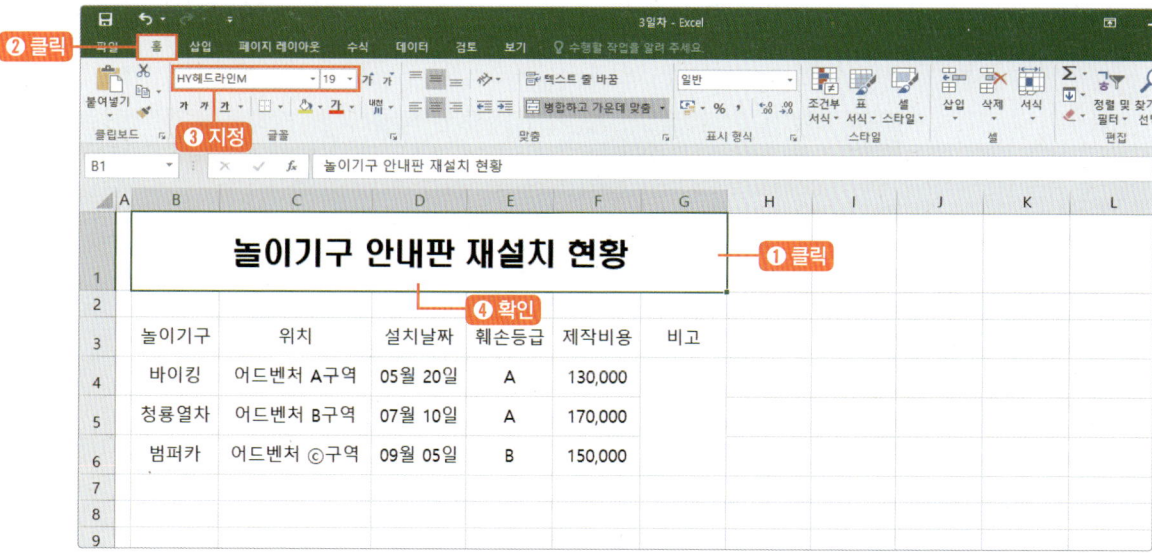

03 테두리 및 대각선 지정하기

1. [B3:G6] 영역을 드래그한 후 [홈]-[글꼴]-⊞▾(테두리)의 목록 단추(▾)를 눌러 **모든 테두리**를 클릭합니다.

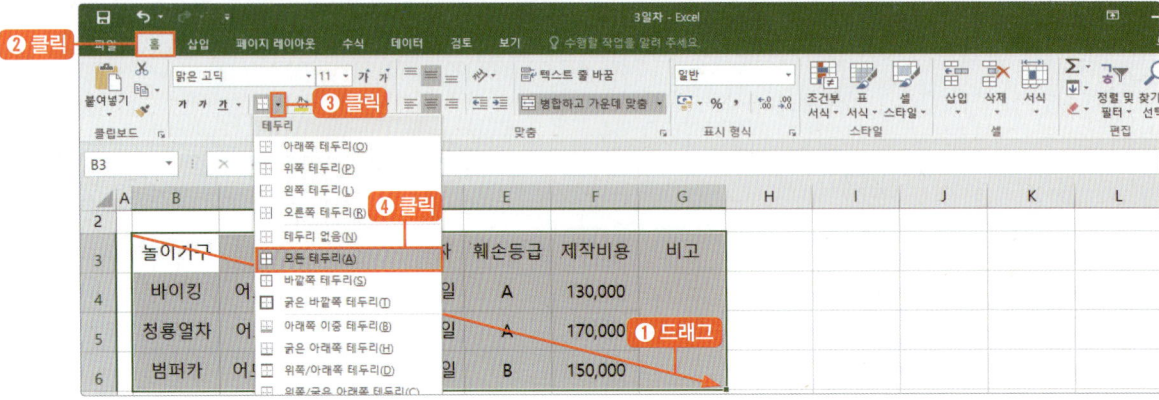

2. [B3:G6] 영역이 선택된 상태에서 [홈]-[글꼴]-⊞▾(테두리)의 목록 단추(▾)를 눌러 **굵은 바깥쪽 테두리**를 클릭합니다.

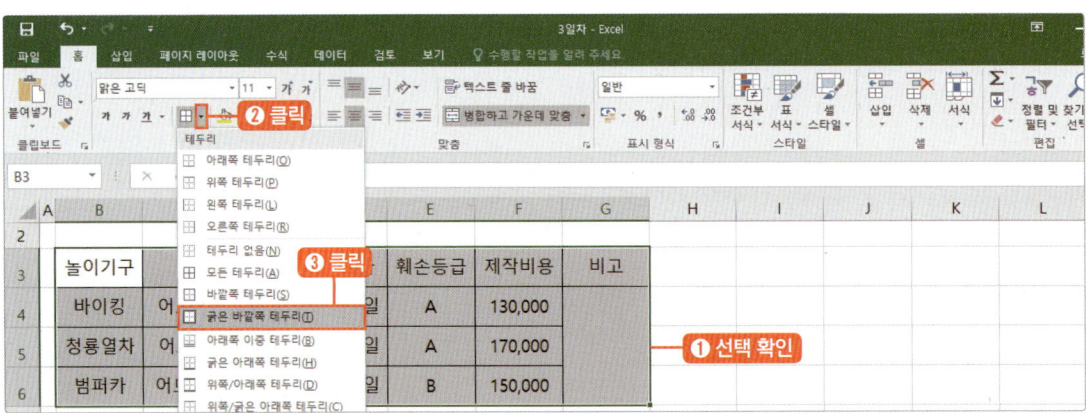

3. [B3:G3] 영역을 드래그한 후 [홈]-[글꼴]-⊞▾(테두리)의 목록 단추(▾)를 눌러 **아래쪽 이중 테두리**를 클릭합니다.

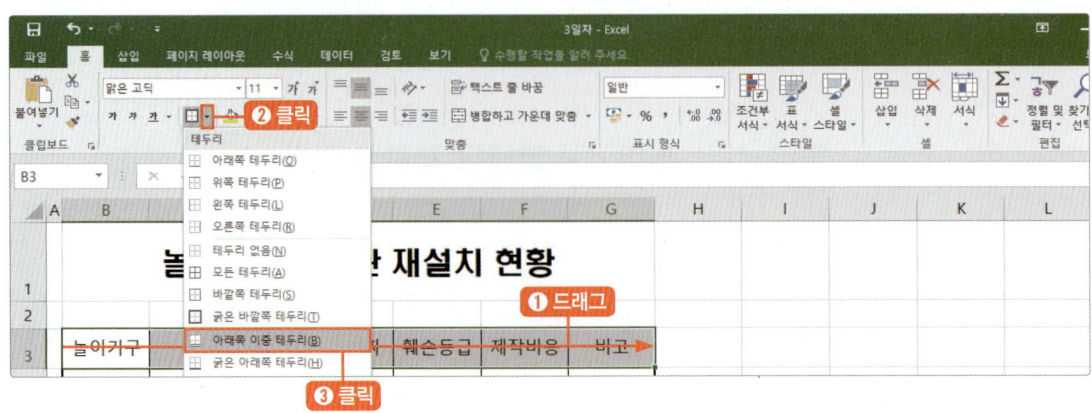

4. 병합된 [G4:G6] 셀 위에서 마우스 오른쪽 버튼을 눌러 **[셀 서식]**을 클릭합니다.

   ※ 해당 셀을 선택한 후 Ctrl + 1 키를 눌러도 결과는 동일합니다.

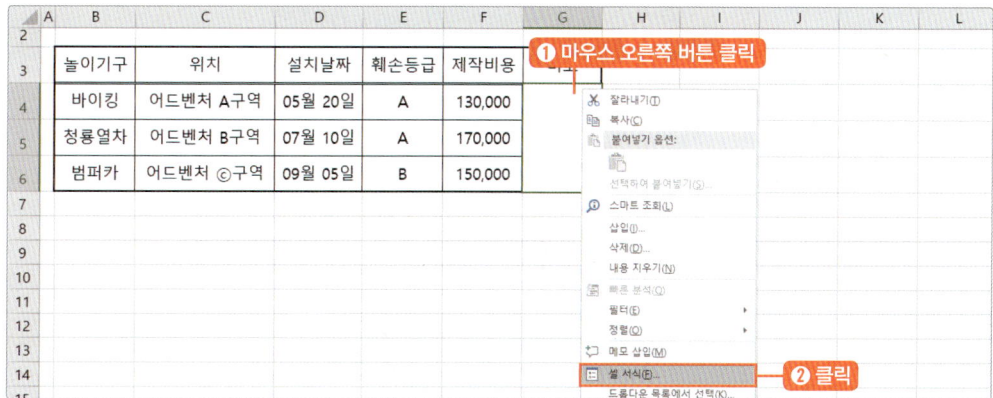

5. [셀 서식] 대화상자가 나오면 [테두리] 탭에서 **스타일**(───)과 **테두리**(◩, ◪)를 각각 선택한 후 <확인> 단추를 클릭합니다.

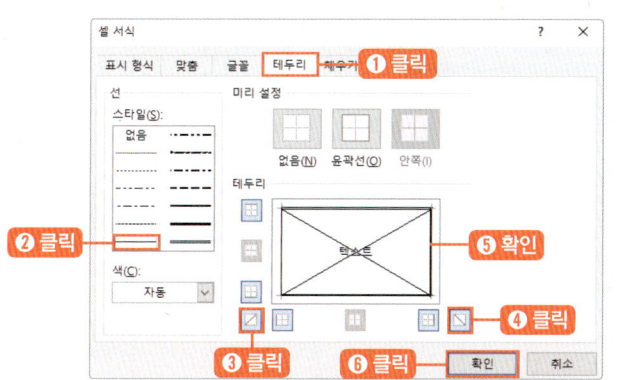 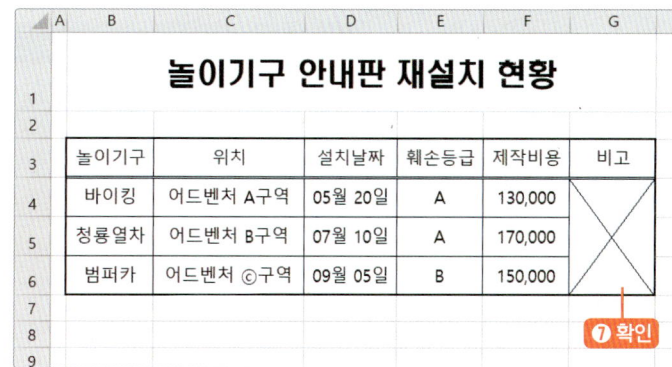

04 채우기 색상 변경 및 무늬 적용하기

1. [B3:G3] 영역을 드래그한 후 [홈]-[글꼴]-채우기 색()의 목록 단추(▼)를 눌러 **파랑**을 선택합니다.

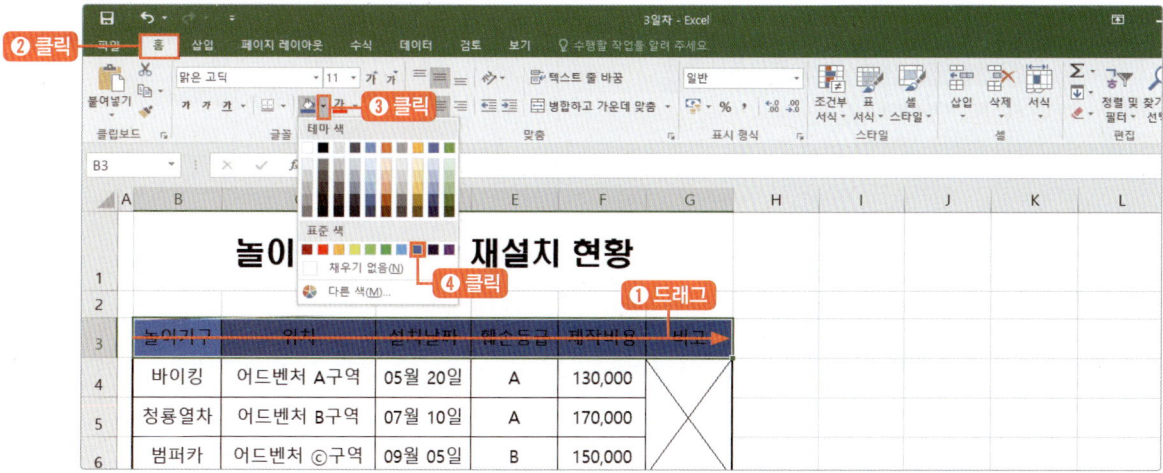

2. 채우기 색상이 변경되면 [홈]-[글꼴]에서 **굵게(가)**를 클릭한 후 글꼴 색(가)의 목록 단추(▼)를 눌러 **흰색, 배경 1**을 선택합니다.

3. [E4:E6] 영역을 드래그한 후 해당 영역 위에서 마우스 오른쪽 버튼을 눌러 **[셀 서식]**을 클릭합니다.

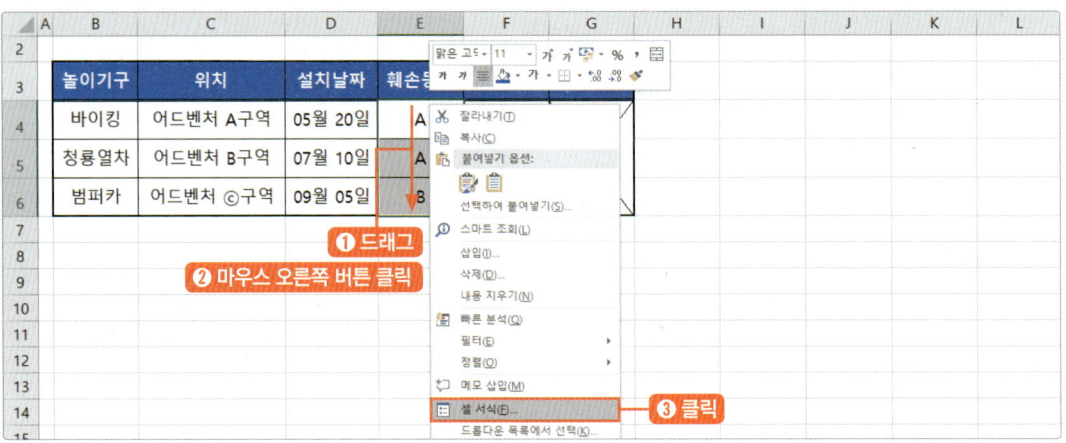

4. [셀 서식] 대화상자가 나오면 [채우기] 탭에서 '배경색, 무늬 색, 무늬 스타일'을 원하는 대로 지정한 후 <확인> 단추를 클릭합니다.

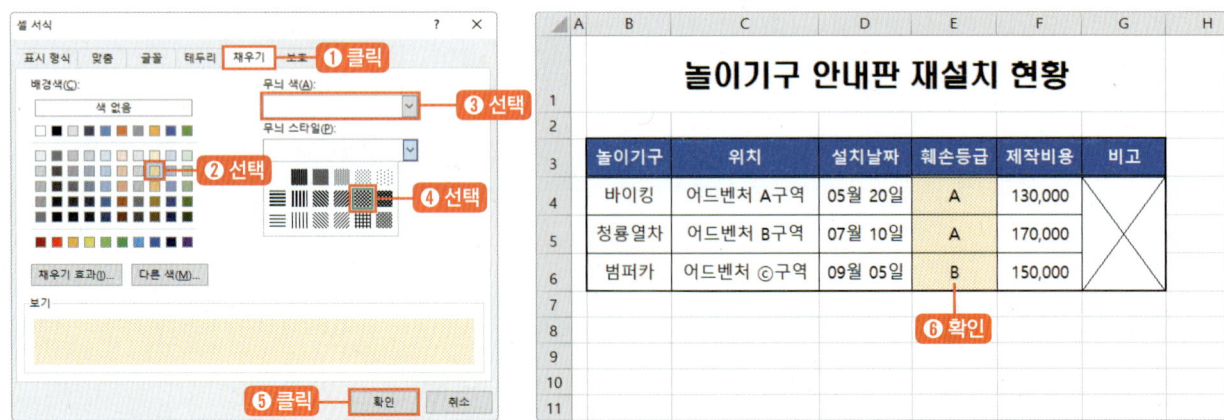

5. 모든 작업이 끝나면 [파일]-[저장]을 선택하거나 [빠른 실행 도구 모음]에서 **저장(💾)**을 클릭합니다.
   ※ 저장 바로 가기 키 : Ctrl + S

3일차 경영 마무리하기

미션 01 시트 작성

📁 불러올 파일 : 3일차_미션01.xlsx   💾 완성된 파일 : 3일차_미션01(완성).xlsx

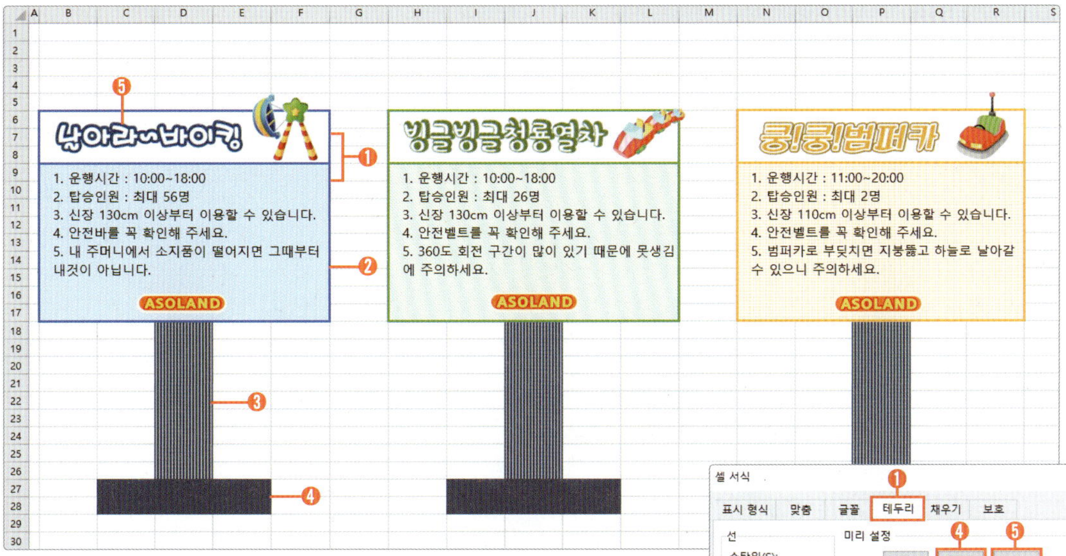

작업 순서

1. 병합된 [B6:F17], [H6:L17], [N6:R17] 셀 범위에 테두리를 지정
2. 병합된 [B9:F17], [H9:L17], [N9:R17] 셀에 무늬를 채움
3. 병합된 [D18:D26], [J18:J26], [P18:P26] 셀에 무늬를 채움
4. 병합된 [C27:E28], [I27:K28], [O27:Q28] 셀에 색을 채움
5. 완성 이미지를 참고하여 그림을 배치

▲ 작업순서에 없는 내용은 출력형태를 참고하여 작성

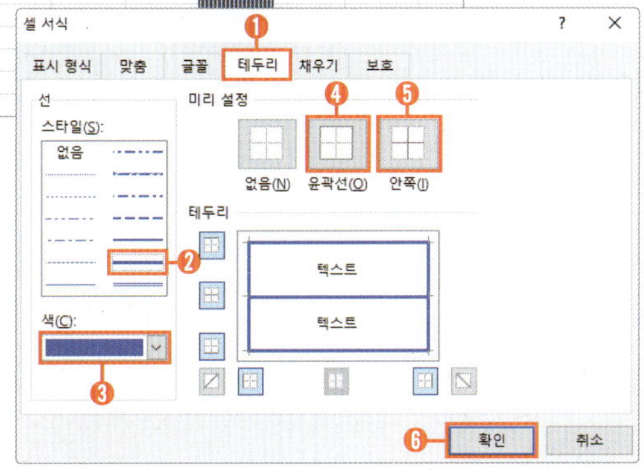

▲ 색을 변경한 후 테두리를 지정

미션 02 수식 계산

📁 불러올 파일 : 3일차_미션02.xlsx   💾 완성된 파일 : 3일차_미션02(완성).xlsx

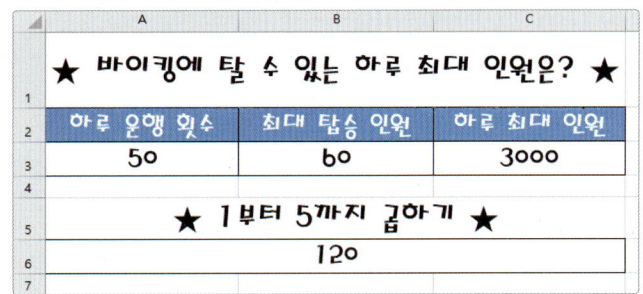

조건

1. [C3] 셀을 클릭 → =A3*B3을 입력한 후 **Enter**
2. [A6:C6] 셀을 클릭 → =1*2*3*4*5를 입력한 후 **Enter**

경영 3일차 안내판 재설치 현황 알아보기!_테두리와 채우기 서식 지정

4일차 행과 열 삽입/삭제와 그림으로 복사

- 행과 열을 삽입하고 삭제하는 방법을 알아봅니다.
- 셀을 그림으로 복사한 후 붙여넣는 방법을 알아봅니다.

📂 불러올 파일 : 4일차.xlsx   📄 완성된 파일 : 4일차(완성).xlsx

경영 스토리 읽어보기!

관람객들이 SNS를 이용하여 아소랜드를 홍보할 수 있도록 다양한 포토존이 필요합니다.
첫 번째 포토존은 아소랜드의 동물원을 배경으로 하여 멋지게 꾸며봅니다.

재미있는 픽셀아트! (4일차_픽셀아트.xlsx)

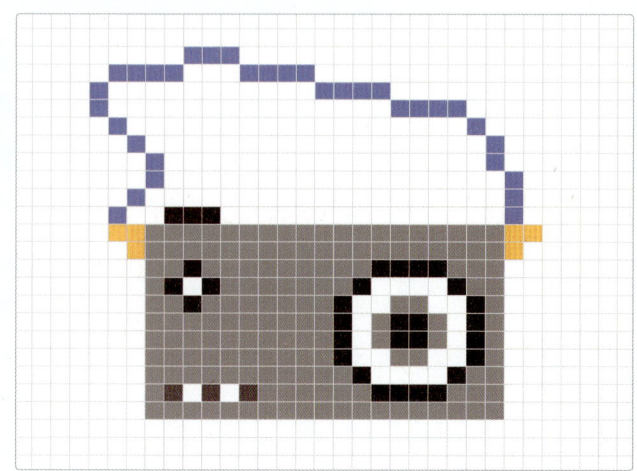

01 행 삽입 및 열 삭제하기

1. [파일]-[열기]-**[찾아보기( )]**를 클릭합니다. [열기] 대화상자가 나오면 [불러올 파일]-[경영 4일차]에서 **4일차.xlsx**를 선택한 후 <열기> 단추를 클릭합니다.
   ※ 열기 바로 가기 키 : `Ctrl` + `O`

2. 4일차 파일이 열리면 [액자] 시트에서 [8]행부터 [13]행 머리글을 드래그한 후 마우스 오른쪽 버튼을 눌러 **[삽입]**을 클릭합니다.
   ※ 행(열) 삽입하기 : [홈]-[셀]-삽입( )

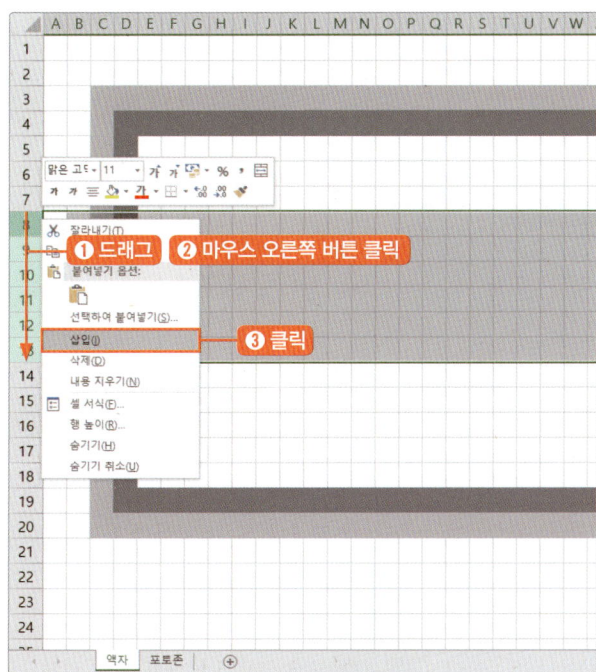
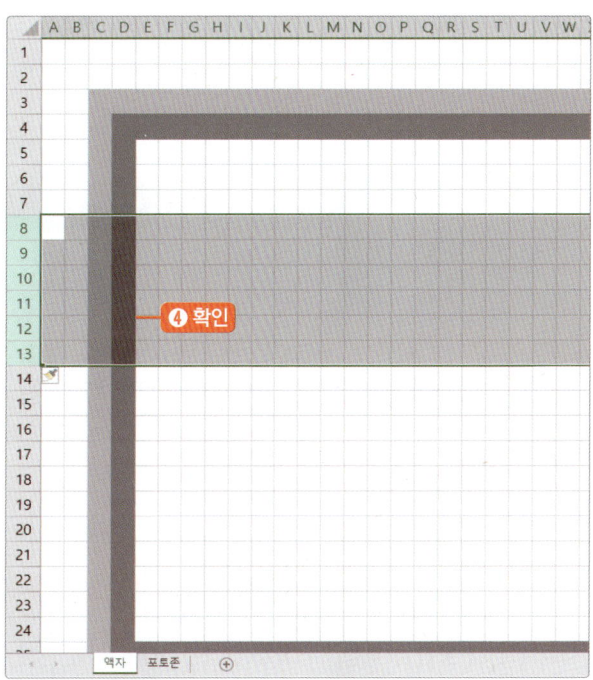

3. [E]열부터 [Y]열 머리글을 드래그한 후 마우스 오른쪽 버튼을 눌러 **[삭제]**를 클릭합니다.
   ※ 행(열) 삭제하기 : [홈]-[셀]-삭제( )

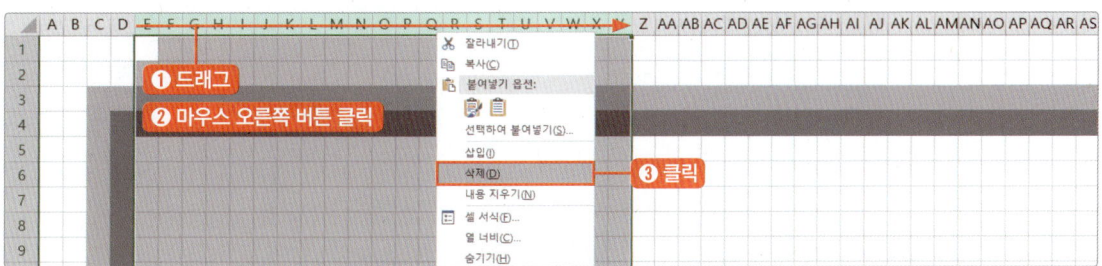

02 그림을 삽입한 후 대각선 지정하기

1. [E5] 셀을 선택한 후 [삽입]-[일러스트레이션]-**[그림( )]**을 클릭합니다.

   ※ 선택된 셀을 기준으로 그림이 삽입됩니다.

2. [그림 삽입] 대화상자가 나오면 [불러올 파일]-[경영 4일차]에서 원하는 동물 이미지를 선택한 후 <삽입> 단추를 클릭합니다.

3. 그림이 삽입된 것을 확인한 후 [C3] 셀과 [AL26] 셀을 각각 선택합니다.

   ※ 만약 그림의 크기가 액자와 맞지 않을 경우에는 그림의 조절점( )을 드래그하여 크기를 조절합니다.
   ※ Ctrl 키를 이용하여 비연속적인 셀을 한 번에 선택할 수 있습니다.

4. **Ctrl** + **1** 키를 눌러 [셀 서식] 대화상자가 나오면 [테두리] 탭에서 **스타일(──)과 대각선 테두리(◸)**를 선택한 후 <확인> 단추를 클릭합니다.

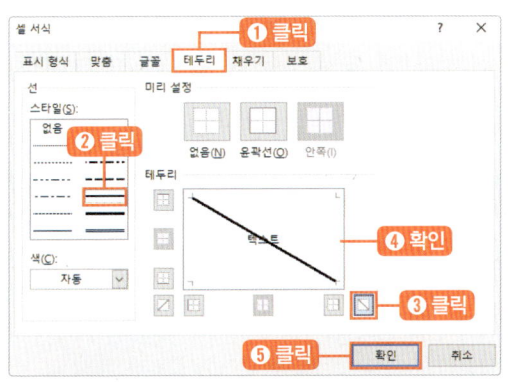

> **TIP 테두리 색상 변경하기**
>
> [셀 서식] 대화상자의 [테두리] 탭에서 테두리(대각선)의 색상을 변경할 수 있습니다. 주의할 점은 색상을 먼저 선택한 후 테두리를 지정해야만 선택한 색상의 테두리가 적용됩니다.

5. 동일한 방법으로 [C26] 셀과 [AL3] 셀에 대각선 테두리(◸)를 지정합니다.

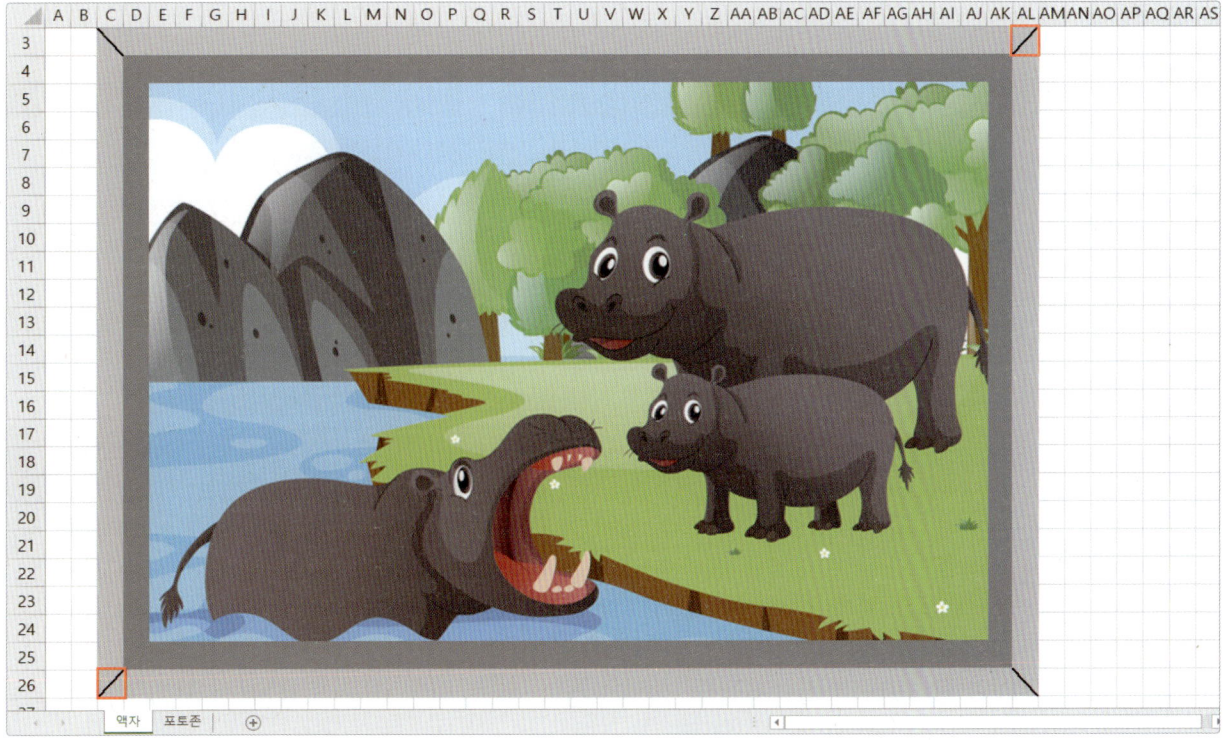

03 그림으로 복사하기

1. [C3:AL26] 영역을 드래그한 후 [홈]-[클립보드]-[복사( )]의 목록 단추( )를 눌러 **그림으로 복사**를 선택합니다. 이어서, [그림 복사] 대화상자가 나오면 <확인> 단추를 클릭합니다.

2. [포토존] 시트의 [B3] 셀을 선택한 후 [홈]-[클립보드]-**[붙여넣기( )]**를 클릭합니다. 이어서, 삽입된 그림 위에서 마우스 오른쪽 버튼을 눌러 **[맨 뒤로 보내기]**를 클릭합니다.

3. [보기]-[표시]-**눈금선**의 **선택을 해제**한 후 시트 오른쪽의 여러 가지 이미지를 배치하여 포토존을 완성합니다.

   ※ 그림을 선택했을 때 나타나는 조절점( )을 드래그하여 그림의 크기를 조절할 수 있습니다.

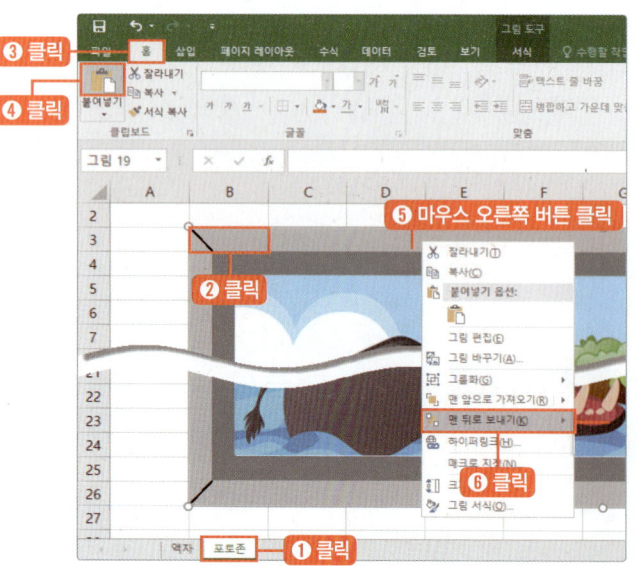
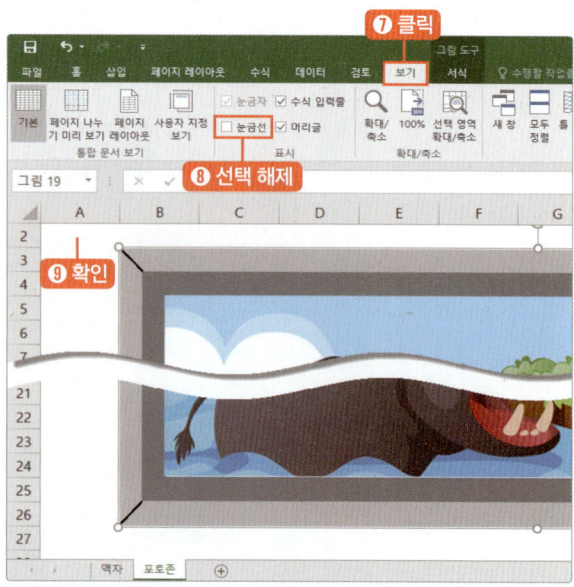

4. 모든 작업이 끝나면 [파일]-**[저장]**을 선택하거나 [빠른 실행 도구 모음]에서 **저장( )**을 클릭합니다.

   ※ 저장 바로 가기 키 : Ctrl + S

4일차 경영 마무리하기

미션 01 시트 작성

📁 불러올 파일 : 4일차_미션01.xlsx   💾 완성된 파일 : 4일차_미션01(완성).xlsx

작업 순서

① [8]~[14] 행을 드래그하여 행 삽입
② [E]~[Y] 열을 드래그하여 열 삭제
③ 그림을 삽입(야경)
④ [C3], [C27], [AL3], [AL27] 셀에 대각선 테두리를 지정
⑤ [C3:AL27] 범위를 드래그하여 그림으로 복사한 후 [포토존] 시트의 [B3] 셀에 붙여넣기 → [맨 뒤로 보내기]
⑥ [포토존] 시트의 눈금선을 해제한 후 완성 이미지를 참고하여 그림을 배치
▲ 작업순서에 없는 내용은 출력형태를 참고하여 작성

미션 02 수식 계산

📁 불러올 파일 : 4일차_미션02.xlsx   💾 완성된 파일 : 4일차_미션02(완성).xlsx

A	B	C
★ 포토존 사진을 출력할 때 발생하는 개인 부담금은 얼마? ★		
인원	사진 출력 비용	1인 부담금
5	16,000	3200
★ 10을 2로 나누기 ★		
5		

조건

① [C3] 셀을 클릭 → =B3/A3을 입력한 후 Enter
② [A6:C6] 셀을 클릭 → =10/2를 입력한 후 Enter

5일차 자동 채우기 및 표시 형식 지정

- 자동 채우기 기능을 이용하여 빠르게 데이터를 입력하는 방법을 알아봅니다.
- 입력된 데이터에 다양한 표시 형식을 지정하는 방법을 알아봅니다.

📁 불러올 파일 : 5일차.xlsx   📁 완성된 파일 : 5일차(완성).xlsx

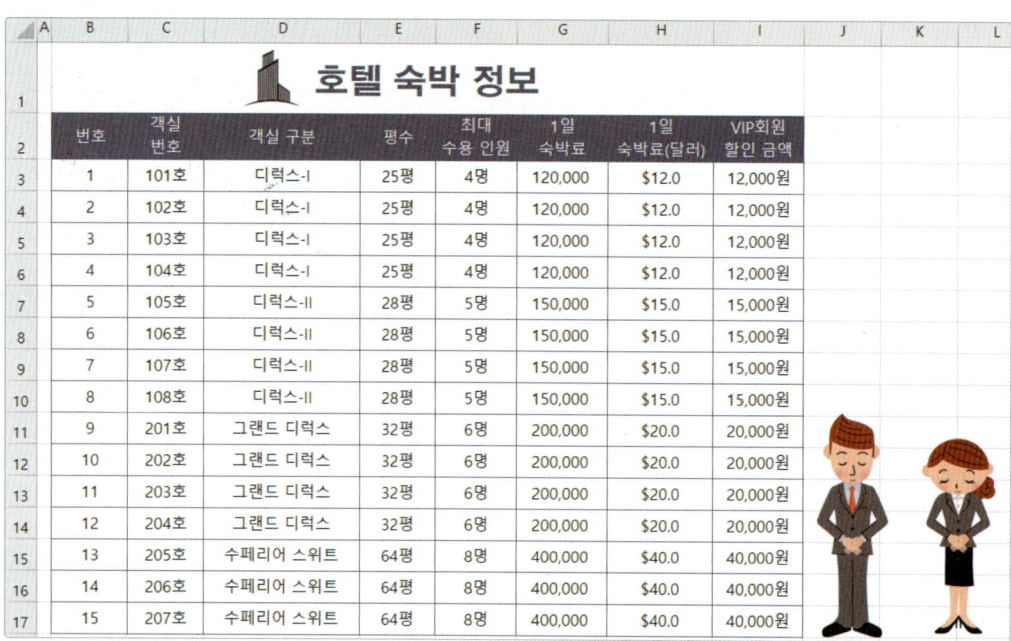

경영스토리 읽어보기!

놀이공원 안에 호텔이 완공되어 이용객들이 조금 더 편안하게 아소랜드를 즐길 수 있게 되었습니다. 호텔 숙박 정보 및 이벤트(일식 뷔페 무료 이용권)를 확인할 수 있도록 자료를 정리하여 홈페이지 및 SNS에 홍보합니다.

재미있는 픽셀아트! (5일차_픽셀아트.xlsx)

01 자동 채우기 기능 알아보기

자동 채우기 기능을 이용하면 관련된 데이터를 일정한 형식에 맞추어 쉽게 입력할 수 있습니다.

1. [파일]-[열기]-[**찾아보기(** 📁 **)**]를 클릭합니다. [열기] 대화상자가 나오면 [불러올 파일]-[경영 5일차]에서 **5일차.xlsx**를 선택한 후 <열기> 단추를 클릭합니다.
   ※ 열기 바로 가기 키 : `Ctrl` + `O`

2. 5일차 파일이 열리면 [B3] 셀을 클릭한 후 셀의 채우기 핸들(📥) 위에 마우스 포인터를 위치시킵니다.

3. `Ctrl` 키를 누른 상태에서 마우스 포인터가 ╬ 모양으로 변경되면 [B17] 셀까지 드래그합니다.

4. [C3] 셀을 클릭한 후 셀의 채우기 핸들(📥)을 [C10] 셀까지 드래그합니다.

5. 이어서, [C11] 셀을 클릭한 후 [C17] 셀까지 자동 채우기를 이용하여 데이터를 입력합니다.

경영 5일차 숙박 정보 안내하기!_자동 채우기 및 표시 형식 지정 **033**

TIP 채우기 핸들( )의 사용

- 반복되는 문자열이나 연속되는 데이터를 자동으로 입력할 때 편리하게 사용할 수 있습니다.
  [예] 1월, 2월, 3월…, 월요일, 화요일, 수요일… 등
- 채우기 핸들의 표시
  - 채우기 핸들에 마우스 포인터를 위치시키면 모양으로 변경됩니다.
  - Ctrl 키를 누른 채 채우기 핸들에 마우스 포인터를 위치시키면 모양으로 변경됩니다.
- 숫자가 입력된 셀의 채우기 핸들을 드래그 할 경우
  - 숫자가 그대로 복사됩니다.
  - Ctrl 키를 누른 채 드래그 할 경우 1씩 증가되면서 자동 채우기가 실행됩니다.
- '채우기예제.xlsx' 파일을 불러온 후 자동 채우기를 연습해 보세요.

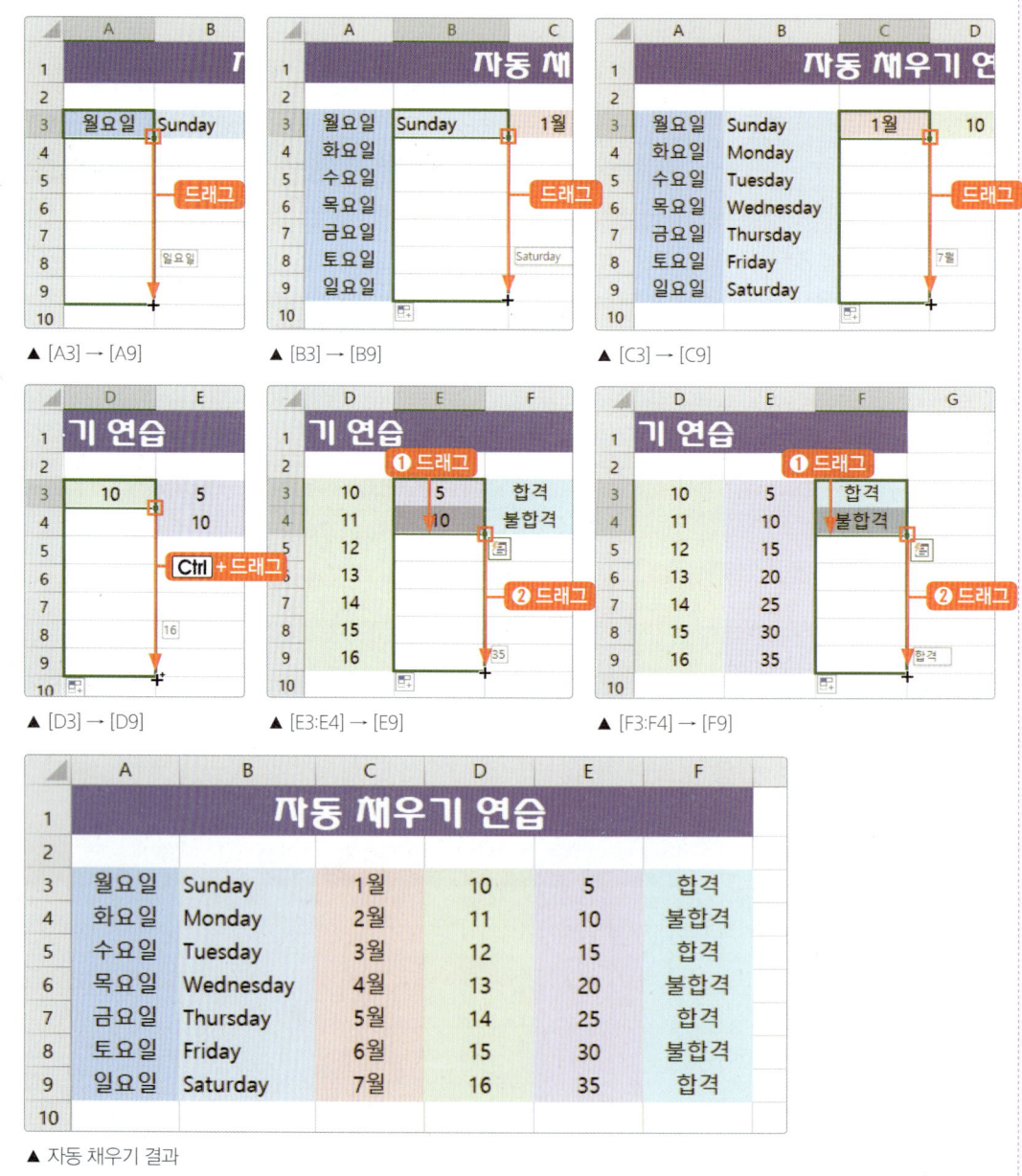

▲ 자동 채우기 결과

6. [D3:F3] 영역을 드래그한 후 `Ctrl` 키를 누른 채 채우기 핸들(■)을 [F6] 셀까지 드래그합니다.

7. 동일한 방법으로 [D7:F7], [D11:F11], [D15:F15] 영역을 이용하여 자동 채우기로 아래 그림과 같이 데이터를 입력합니다.

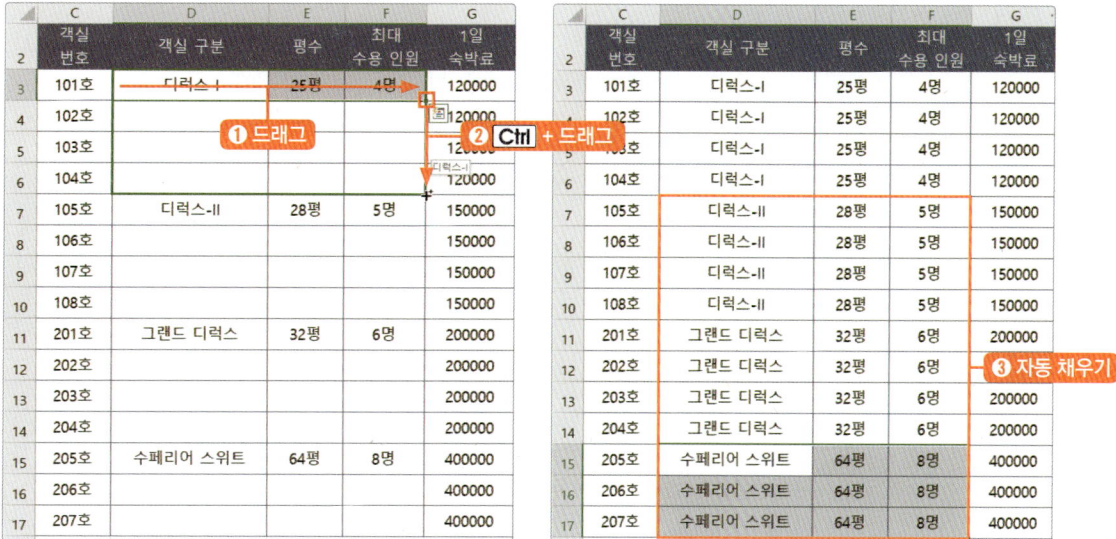

02 [셀 서식] 대화상자에서 표시 형식 지정하기

데이터가 입력된 셀에는 화폐 기호, 날짜, 시간, 백분율 등의 여러 가지 표시 형식을 지정할 수 있습니다.

1. [G3:G17] 영역을 드래그한 후 블록으로 지정된 영역 위에서 마우스 오른쪽 버튼을 눌러 **[셀 서식]**을 클릭합니다.

   ※ 해당 범위를 선택한 후 `Ctrl` + `1` 키를 눌러도 결과는 동일합니다.

2. [셀 서식] 대화상자가 나오면 범주를 **숫자**로 지정한 후 **1000 단위 구분 기호(,) 사용**을 선택합니다. 이어서, <확인> 단추를 클릭합니다.

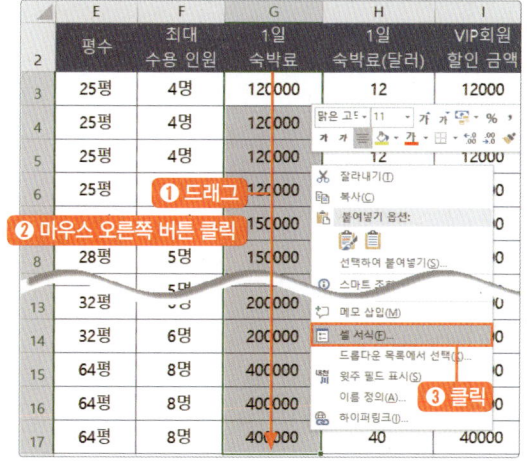
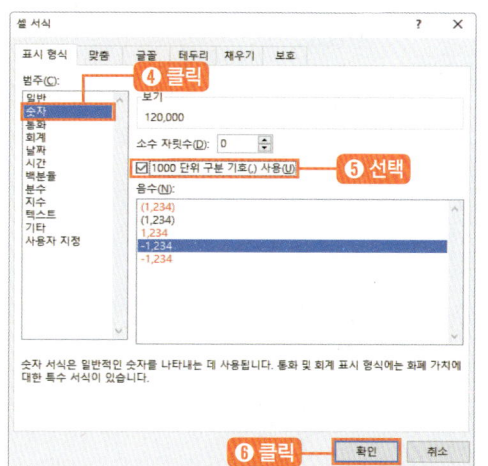
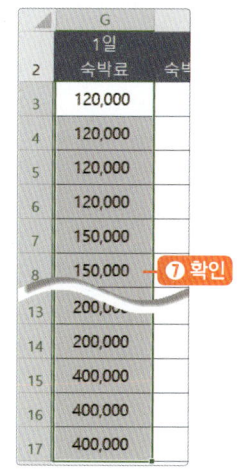

> **TIP** [홈]-[표시 형식]에서 지정하는 방법
>
> ❶ 표시 형식 : 목록 단추를 눌러 여러 가지 표시 형식(일반, 숫자, 날짜, 시간 등)을 지정
> ❷ 회계 표시 : 다양한 회계 표시 형식을 지정
> ❸ 백분율(%) : 백분율로 셀 값을 표시(예 : 0.1 → 10%, 0.5 → 50%)
> ❹ 쉼표 스타일(,) : 1000 단위 마다 구분 기호(,)를 표시(예 : 2500 → 2,500)
> ❺ 자릿수 늘림 : 클릭할 때마다 소수 자릿수를 하나씩 늘려서 표시(예 : 1.5 → 1.50 → 1.500)
> ❻ 자릿수 줄임 : 클릭할 때마다 소수 자릿수를 하나씩 줄여서 표시(예 : 1.500 → 1.50 → 1.5)

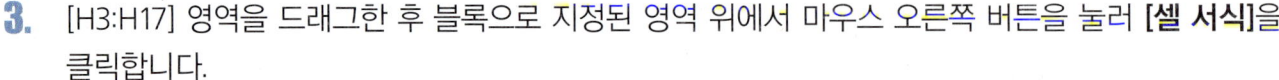

3. [H3:H17] 영역을 드래그한 후 블록으로 지정된 영역 위에서 마우스 오른쪽 버튼을 눌러 **[셀 서식]**을 클릭합니다.

※ 해당 범위를 선택한 후 `Ctrl` + `1` 키를 눌러도 결과는 동일합니다.

4. [셀 서식] 대화상자가 나오면 범주를 **통화**로 지정한 후 **기호($)**를 선택합니다. 이어서, **소수 자릿수(1)**를 입력한 후 <확인> 단추를 클릭합니다.

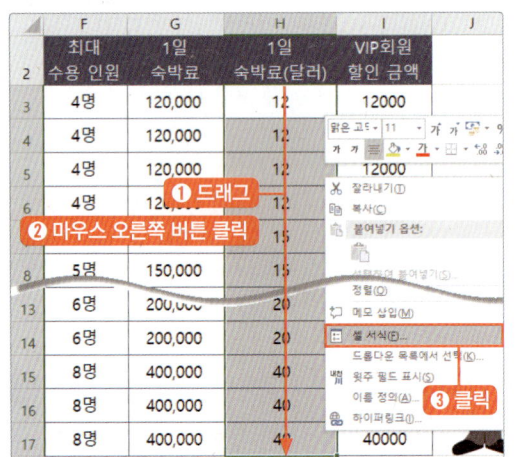
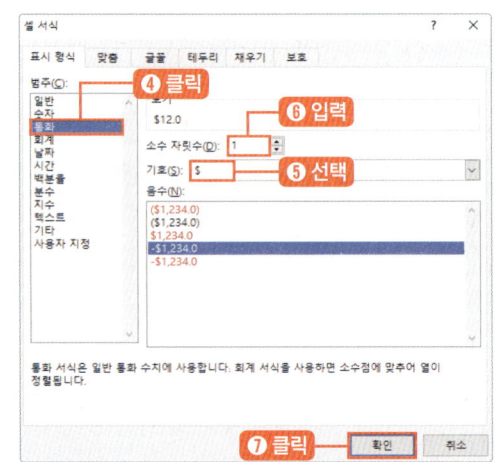
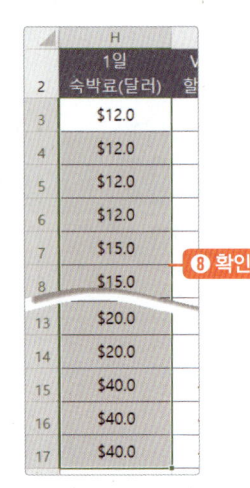

> **TIP** 회계 서식과 통화 서식 비교하기

◀ 범주를 회계로 지정했을 때

◀ 범주를 통화로 지정했을 때

5. [I3:I17] 영역을 드래그한 후 블록으로 지정된 영역 위에서 마우스 오른쪽 버튼을 눌러 **[셀 서식]**을 클릭합니다.
   ※ 해당 범위를 선택한 후 Ctrl + 1 키를 눌러도 결과는 동일합니다.

6. [셀 서식] 대화상자가 나오면 범주를 **사용자 지정**으로 선택합니다. 이어서, **#,##0**을 선택하여 형식 입력 칸 뒤쪽에 **"원"**을 입력한 후 <확인> 단추를 클릭합니다.

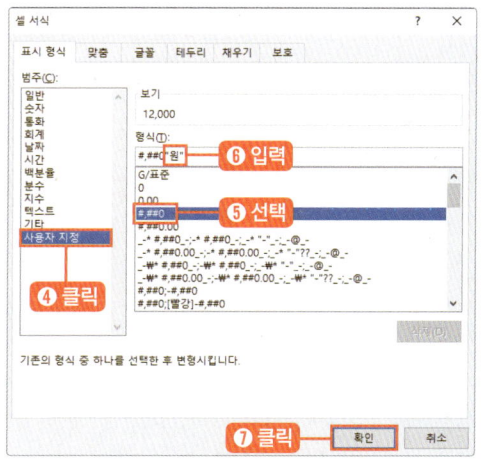

7. 모든 작업이 끝나면 [파일]-**[저장]**을 선택하거나 [빠른 실행 도구 모음]에서 **저장( )**을 클릭합니다.
   ※ 저장 바로 가기 키 : Ctrl + S

TIP [셀 서식]-[표시 형식] 탭의 '사용자 지정'

사용자가 직접 형식을 작성하여 셀 값을 표시할 수 있습니다.

◀ ❶의 사용자 지정 형식 : @"초등학교"

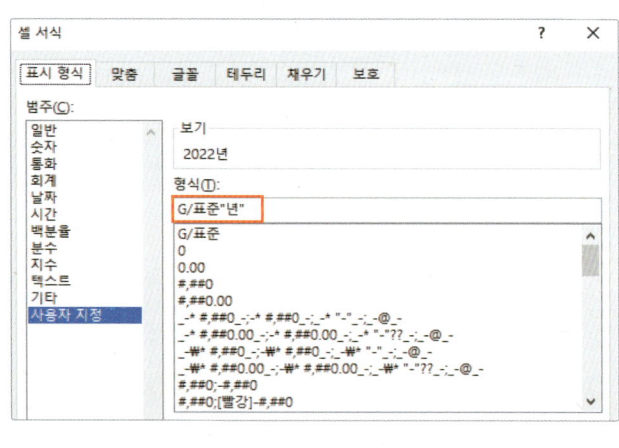

◀ ❷의 사용자 지정 형식 : G/표준"년"

◀ ❸의 사용자 지정 형식 : #,###

- @ : 특정한 문자를 붙여서 표시할 때 사용합니다.
- # : #의 자리에는 셀에 입력된 숫자가 적용되어 표시되며, 콤마(,)는 숫자 3자리마다 ','를 표시하여 보여줍니다.

경영 마무리하기

미션 01 시트 작성

📁 **불러올 파일** : 5일차_미션01.xlsx   💾 **완성된 파일** : 5일차_미션01(완성).xlsx

아소랜드 놀이기구 정보

번호	놀이기구명	평균탑승 인원(명)	평균대기 시간(분)	키제한 (이상)	이용요금(원)	50명 이상 단체 할인금액
1	회전목마	20	10분	100cm	4,000	1,200원
2	허리케인	20	10분	130cm	4,000	1,200원
3	플라잉 레스큐	20	10분	90cm	4,000	1,200원
4	자이로드롭	20	10분	140cm	4,000	1,200원
5	스카이 댄싱	20	10분	100cm	4,000	1,200원
6	슈팅 고스트	25	20분	110cm	4,500	1,350원
7	빙글빙글 청룡열차	25	20분	120cm	4,500	1,350원
8	붕붕카	25	20분	90cm	4,500	1,350원
9	마법학교	25	20분	100cm	4,500	1,350원
10	릴리 댄스	25	20분	100cm	4,500	1,350원
11	렛츠 트위스트	30	25분	120cm	5,000	1,500원
12	더블 락스핀	30	25분	140cm	5,000	1,500원
13	날아라 바이킹	30	25분	130cm	5,000	1,500원

작업 순서

1. 완성 이미지를 참고하여 데이터를 자동 채우기로 입력
2. [F3:F15] : 셀 서식의 표시형식-숫자를 이용하여 1000단위 구분 기호 표시
3. [G3:G15] : 셀 서식의 표시형식-사용자 지정을 이용하여 #,##0"원"자를 추가

▲ 작업순서에 없는 내용은 출력형태를 참고하여 작성

미션 02 수식 계산

📁 **불러올 파일** : 5일차_미션02.xlsx   💾 **완성된 파일** : 5일차_미션02(완성).xlsx

	A	B	C
1	★ 회전목마와 허리케인의 요금이 같은가요? ★		
2	회전목마	허리케인	비교 결과 확인
3	4000	4000	TRUE
4			
5	★ 회전목마와 바이킹의 요금이 같은가요? ★		
6	회전목마	바이킹	비교 결과 확인
7	4000	5000	FALSE

조건

1. [C3] 셀을 클릭 → =A3=B3을 입력한 후 **Enter**
2. [C7] 셀을 클릭 → =A7=B7을 입력한 후 **Enter**

6일차 — 엑셀의 기본 계산 기능(사칙연산)

기프트샵 할인 행사 열기!

- 계산식을 이용한 사칙연산 방법을 알아봅니다.
- 자동 합계 기능을 이용한 사칙연산 방법을 알아봅니다.

📂 예제파일 : 6일차.xlsx   📄 완성된 파일 : 6일차(완성).xlsx

완성작품 미리보기

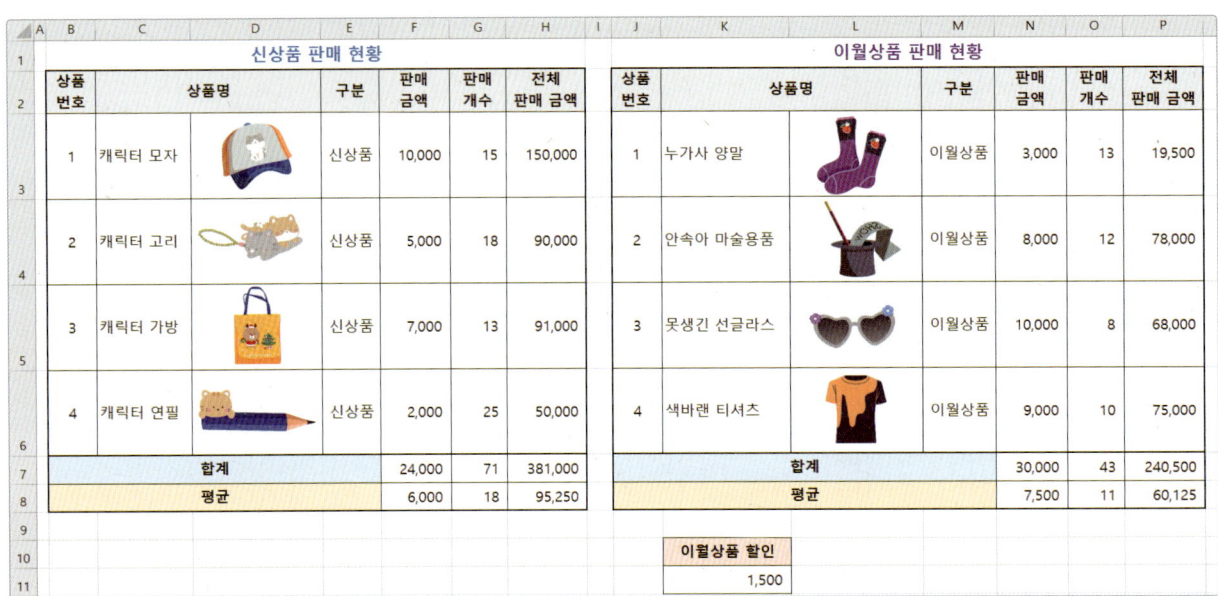

경영 스토리 읽어보기!

아소랜드 기프트샵의 매출이 계속 줄어들어 이월 상품 이벤트를 개최하려고 합니다.
누가사 양말, 안속아 마술용품, 못생긴 선글라스, 색바랜 티셔츠를 할인하여 판매하고, 어린이 친구들이 좋아하는 캐릭터를 다양한 상품과 접목시킨 신상품도 함께 진열하여 판매합니다.

재미있는 픽셀아트! (6일차_픽셀아트.xlsx)

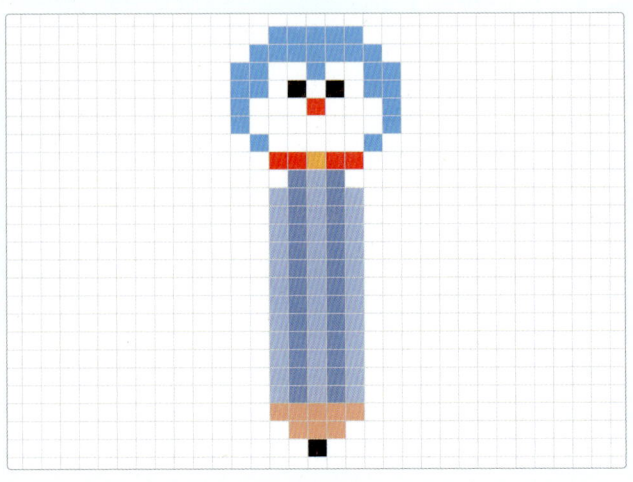

01 계산식을 이용하여 값 구하기

계산식(수식)이란 특정 값을 계산하기 위한 수식을 의미하며, 엑셀의 모든 수식은 '=' 또는 '+' 기호로 시작합니다.

1. [파일]-[열기]-[**찾아보기()**]를 클릭합니다. [열기] 대화상자가 나오면 [불러올 파일]-[경영 6일차]에서 **6일차.xlsx**를 선택한 후 <열기> 단추를 클릭합니다.
   ※ 열기 바로 가기 키 : **Ctrl** + **O**

2. 6일차 파일이 열리면 [H3] 셀을 클릭하여 **=F3*G3**을 입력한 후 **Enter** 키를 누릅니다.
   ※ 수식 계산에 필요한 셀 주소([F3], [G3] 등)는 마우스로 해당 셀을 클릭하여 입력할 수도 있습니다.

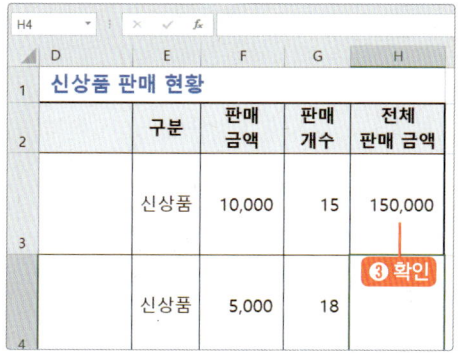

3. 수식 계산이 완료된 [H3] 셀의 채우기 핸들(⊞)을 [H6] 셀까지 드래그합니다.
   ※ 자동 채우기를 실행하면 참조된 셀 주소가 자동으로 변경(F4*G4, F5*G5...)되면서 수식이 계산됩니다.

> **TIP 산술 연산자**
> - 더하기, 빼기, 곱하기, 나누기와 같은 기본적인 수학 연산을 수행합니다.
> - 종류 : +(더하기), -(빼기), *(곱하기), /(나누기), ^(지수) 등이 있습니다.

4. [H7] 셀을 클릭하여 **=H3+H4+H5+H6**을 입력한 후 **Enter** 키를 누릅니다.

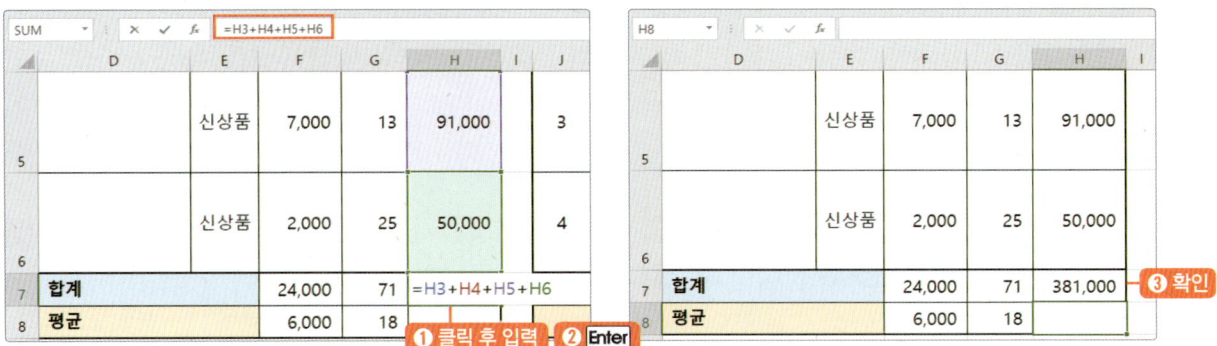

5. [H8] 셀을 클릭하여 **=(H3+H4+H5+H6)/4**를 입력한 후 **Enter** 키를 누릅니다.

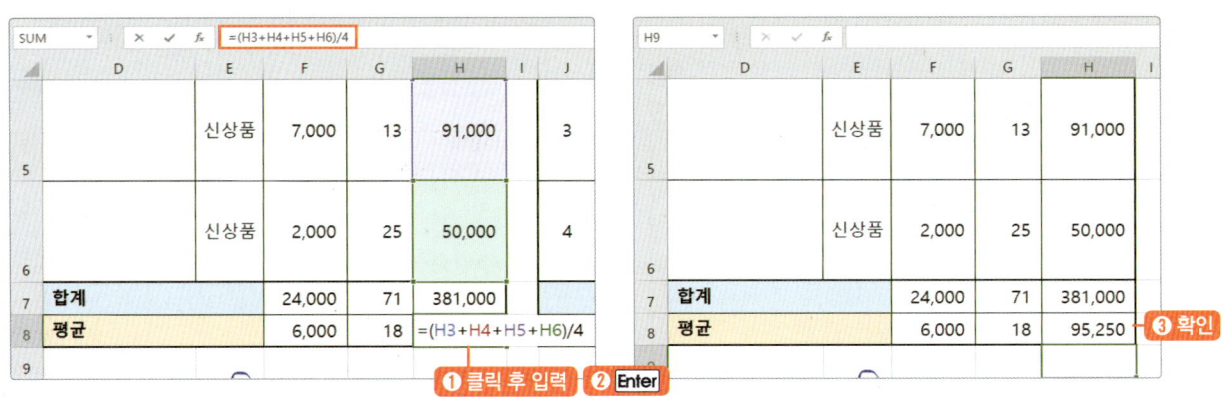

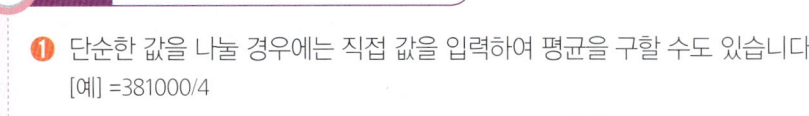

❶ 단순한 값을 나눌 경우에는 직접 값을 입력하여 평균을 구할 수도 있습니다.
[예] =381000/4

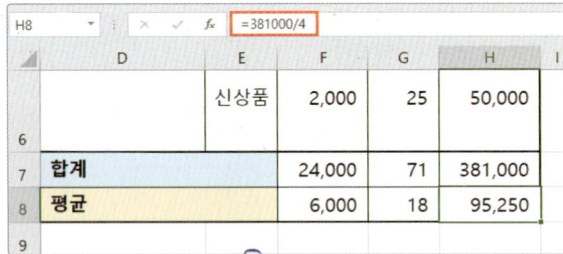

❷ 또다른 수식이 들어가는 경우에는 먼저 계산할 수식을 괄호로 묶어서 처리한 후 개수만큼 나누어 평균을 구할 수 있습니다.
[예] =(H3+H4+H5+H6)/4

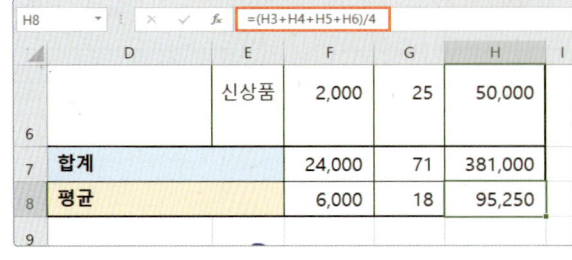

02 절대 참조와 상대 참조 알아보기

> 채우기 핸들을 이용하여 수식이 입력된 셀을 복사할 경우, 이동된 위치에 따라 참조된 셀 주소가 자동으로 바뀌게 됩니다. 이것을 '상대 참조'라고 하며, 특정 행 또는 열을 고정시키는 것을 '절대 참조'라고 합니다.

1. [P3] 셀을 클릭한 후 아래 수식 입력 과정을 참고하여 **=(N3-$K$11)*O3**을 입력합니다.

※ =(N3-$K$11)*O3을 바로 입력하는 방법도 있습니다.

● 수식 입력 과정

=(입력 → [N3] 셀 클릭 → - 입력 → [K11] 셀 클릭 → F4 키 →)* 입력 → [O3] 셀 클릭 → Enter

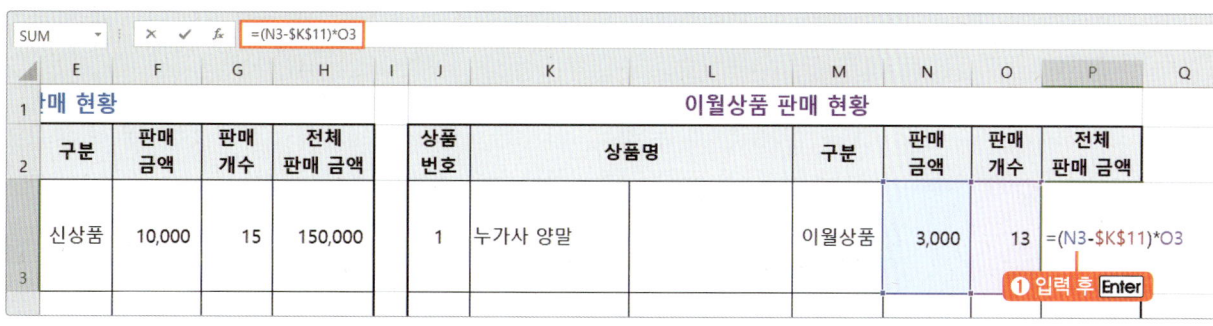

2. [P3] 셀의 자동 채우기 핸들(﹕)을 [P6] 셀까지 드래그합니다.

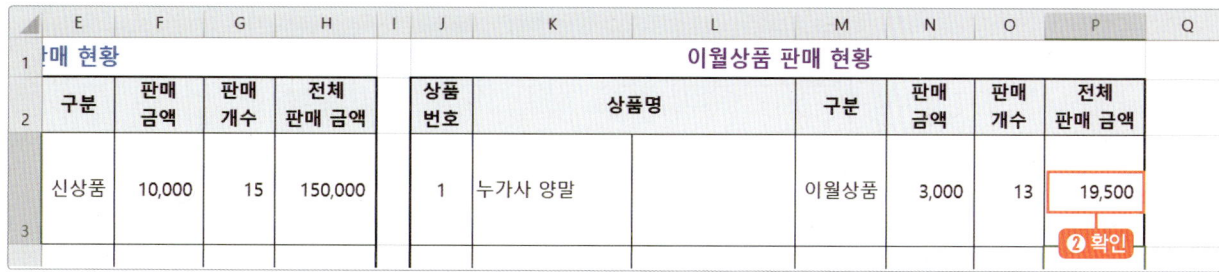

> **TIP 절대 참조**
> - 절대 참조란 특정 셀의 위치가 포함된 수식을 작성한 후 해당 셀을 복사(자동 채우기) 또는 이동할 때 셀의 주소가 바뀌지 않도록 고정하는 방식입니다.
> - 절대 참조 방식은 셀 주소의 열과 행 앞에 '$'를 붙여주는 방식으로 표현합니다.(예 : $K$11)
> - 셀 주소에 자동으로 '$'를 입력하는 기능 키(F4 키) : K11 → $K$11 → K$11 → $K11
>   (F4 키를 한 번씩 번갈아 누를 때마다 참조 형식이 변경됨)

03 자동 합계 기능을 이용하여 합계와 평균을 구하기

자동 합계 기능을 이용하면 간단한 방법으로 '합계, 평균, 숫자 개수, 최대값, 최소값'을 계산할 수 있습니다.

1. '판매 금액, 판매 개수, 전체 판매 금액'의 합계를 구하기 위해 [N3:P6] 영역을 드래그한 후 [홈]-[편집]- ∑자동 합계 ▼ (자동 합계)의 목록 단추(▼)를 눌러 **[합계]**를 선택합니다.

   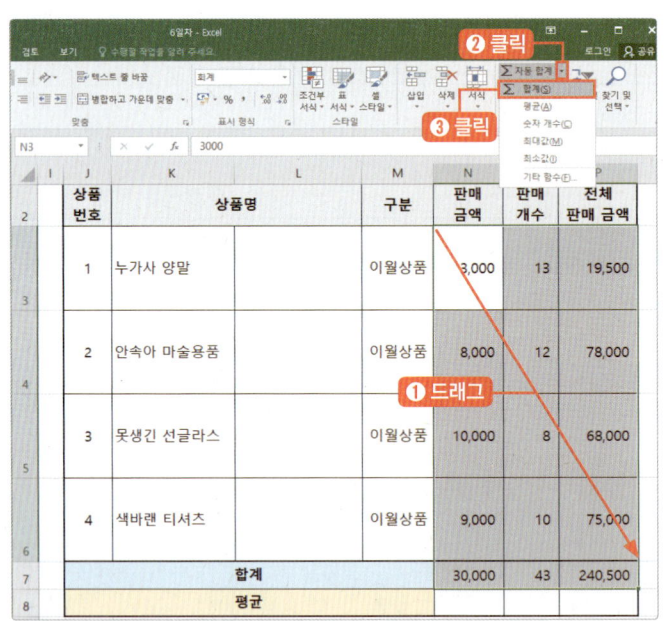

2. 동일한 방법으로 '판매 금액, 판매 개수, 전체 판매 금액'의 '평균'을 구해 봅니다.
   ※ [N3:P6] 영역을 드래그한 후 자동 합계 기능의 '평균'을 선택합니다.

		합계	30,000	43	240,500
		평균	7,500	11	60,125

3. 완성 이미지를 참고하여 시트 아래쪽의 그림들을 알맞은 위치에 배치합니다.

4. 모든 작업이 끝나면 [파일]-**[저장]**을 선택하거나 [빠른 실행 도구 모음]에서 **저장()**을 클릭합니다.
   ※ 저장 바로 가기 키 : **Ctrl** + **S**

6일차 경영 마무리하기

미션 01 시트 작성

📁 불러올 파일 : 6일차_미션01.xlsx   📁 완성된 파일 : 6일차_미션01(완성).xlsx

아소랜드 스낵바 주말 판매현황

번호	품명	금요일	토요일	일요일	합계	평균
1	핫도그	50	70	100	220	73.3333333
2	햄버거	70	50	80	200	66.6666667
3	츄러스	100	90	120	310	103.333333
4	쥐포	80	70	100	250	83.3333333
5	호두과자	90	110	130	330	110
6	솜사탕	100	120	140	360	120
전체 합계		490	510	670		
전체 평균		81.66667	85	111.6667		

작업 순서

1. [G3:G8] 영역에 수식을 입력하여 합계를 구함
2. [H3:H8] 영역에 수식을 입력하여 평균을 구함
3. [D9:F9] 영역에 자동 합계 기능을 이용하여 전체 합계를 구함
4. [D10:F10] 영역에 자동 합계 기능을 이용하여 전체 평균을 구함
▲ 작업순서에 없는 내용은 출력형태를 참고하여 작성

미션 02 수식 계산

📁 불러올 파일 : 6일차_미션02.xlsx   📁 완성된 파일 : 6일차_미션02(완성).xlsx

	A	B	C
1	★ 모자의 판매 개수가 양말보다 많거나 같은가요? ★		
2	모자 판매 개수	양말 판매 개수	비교 결과 확인
3	15	13	TRUE
4			
5	★ 가방의 판매 금액이 티셔츠보다 크거나 같은가요? ★		
6	가방 판매 금액	티셔츠 판매 금액	비교 결과 확인
7	7000	9000	FALSE
8			
9	★ 이월상품 판매 금액이 신상품보다 큰가요? ★		
10	신상품 판매 금액	이월상품 판매 금액	비교 결과 확인
11	381,000	240,500	FALSE

TIP 관계연산자

- = : 같다
- \> : 크다(초과)
- < : 작다(미만)
- \>= : 크거나 같다(이상)
- <= : 작거나 같다(이하)

조건

1. [C3] 셀을 클릭 → =A3>=B3을 입력한 후 Enter
2. [C7] 셀을 클릭 → =A7>=B7을 입력한 후 Enter
3. [C11] 셀을 클릭 → =B11>A11을 입력한 후 Enter

그림 삽입

- 그림을 삽입한 후 회전, 자르기 및 그림의 배경을 투명하게 설정하는 방법을 알아봅니다.
- 삽입된 그림에 효과(네온, 그림자)를 적용하는 방법을 알아봅니다.

재미있는 픽셀아트! (7일차_픽셀아트.xlsx)

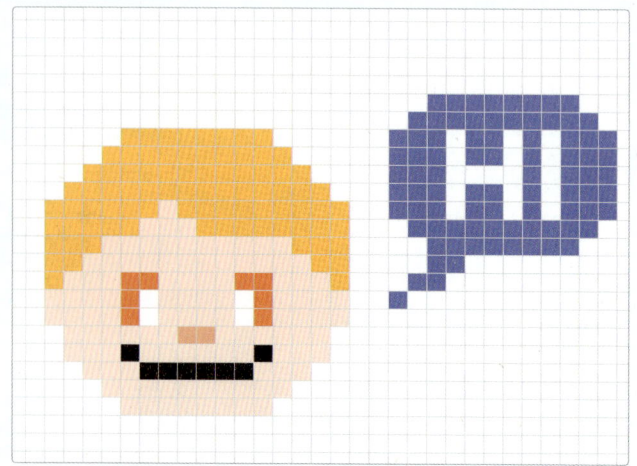

아소랜드 어드벤처 테마를 한 눈에 알아볼 수 있도록 일러스트 그림을 이용하여 배치도를 작성한 후 관람객들에게 안내 책자를 만들어 제공합니다. 안내 책자는 외국인 관람객들의 편의를 위해 다양한 언어로 번역하여 제공합니다.

01 그림 자르기 및 투명한 색 설정하기

그림을 삽입하여 원하는 부분만 잘라낸 후 배경을 투명한 색으로 지정할 수 있습니다.

1. [파일]-[열기]-[**찾아보기(📁)**]를 클릭합니다. [열기] 대화상자가 나오면 [불러올 파일]-[경영 7일차]에서 **7일차.xlsx**를 선택한 후 <열기> 단추를 클릭합니다.
   ※ 열기 바로 가기 키 : `Ctrl` + `O`

2. 7일차 파일이 열리면 [삽입]-[일러스트레이션]-[**그림(🖼)**)]을 클릭합니다.

3. [그림 삽입] 대화상자가 나오면 [불러올 파일]-[경영 7일차]에서 **놀이기구** 이미지를 선택한 후 <삽입> 단추를 클릭합니다.

4. 엑셀 창 오른쪽 하단에 `-`(축소)를 클릭하여 화면 보기 배율을 축소한 후 삽입된 그림을 확인합니다.

경영 7일차 아소랜드 배치도 만들기!_그림 삽입 **047**

5. 삽입된 그림에서 불필요한 부분을 자르기 위해 [서식]-[크기]-**[자르기( )]**를 클릭합니다.

6. 그림 모서리의 자르기 구분선( )을 드래그하여 **회전목마** 부분만 남긴 후 Esc 키를 눌러 필요한 부분만 잘라냅니다.

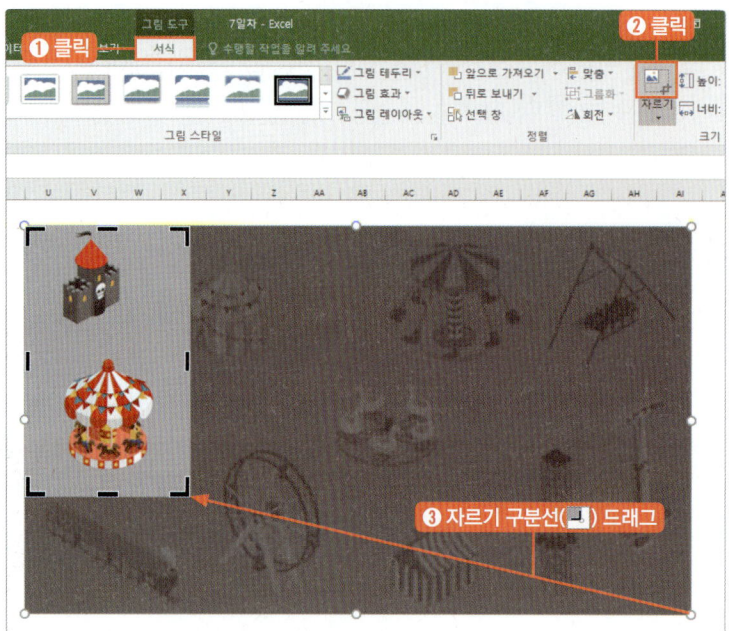
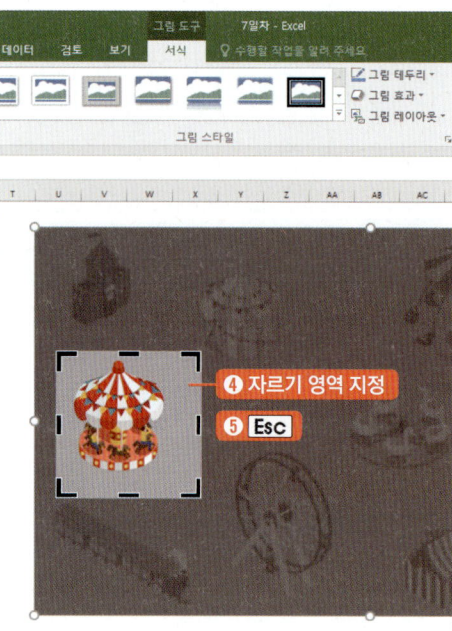

7. [서식]-[조정]-[색( )]-**[투명한 색 설정( )]**을 클릭한 후 마우스 포인터가   모양으로 변경되면 삽입된 그림의 회색 부분을 선택하여 투명하게 변경합니다. 이어서, 그림의 크기 및 위치를 조절합니다.

> **TIP 투명한 색 설정**
>
> 투명한 색 설정은 그림에서 원하는 부분의 색을 투명하게 변경하는 기능으로 이미지의 배경을 지울 때 유용하게 사용할 수 있습니다. 단, 투명하게 지정하려는 부분이 단색이어야 하고, 선명한 그림일 경우에만 깨끗하게 색상을 지울 수 있습니다.

02 그림의 위치(앞·뒤)를 지정하기

두 개 이상의 이미지가 겹치게 될 경우 그림들의 위치를 앞쪽 또는 뒤쪽으로 배치할 수 있습니다.

1. [삽입]-[일러스트레이션]-**[그림()]**을 클릭합니다. 이어서, [그림 삽입] 대화상자가 나오면 [불러올 파일]-[경영 7일차]에서 **상점** 이미지를 선택한 후 <삽입> 단추를 클릭합니다.

2. 삽입된 그림에서 **음료 상점** 부분만 남긴 후 자르기합니다. 이어서, 배경을 투명한 색으로 지정한 후 아래 그림을 참고하여 크기 및 위치를 조절합니다.

※ [서식]-[크기]-[자르기(📐)] / [서식]-[조정]-[색(🖼)]-[투명한 색 설정(🖌)]

3. 동일한 방법으로 **도넛 상점**을 삽입한 후 음료 상점과 겹치도록 배치합니다.

4. 음료 상점 위에서 마우스 오른쪽 버튼을 눌러 **[맨 앞으로 가져오기]**를 클릭합니다.

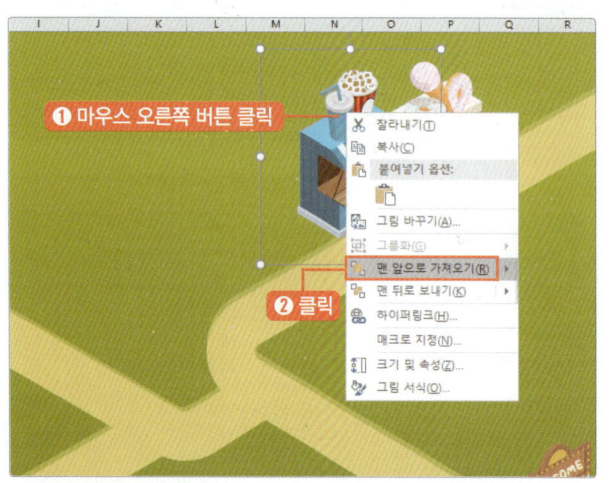

> **TIP** 개체의 위치(앞·뒤)를 변경하기
>
> - 바로 가기 메뉴의 [맨 앞으로 가져오기]를 클릭하면 개체를 맨 앞쪽으로 가져올 수 있습니다.
> - 바로 가기 메뉴의 [맨 뒤로 보내기]를 클릭하면 개체를 맨 뒤쪽으로 보낼 수 있습니다.
> - [서식]-[정렬]-[앞으로 가져오기] / [서식]-[정렬]-[뒤로 보내기] 메뉴를 이용하는 방법도 있습니다.
>
>

03 그림을 복사한 후 좌우대칭하기

1. [삽입]-[일러스트레이션]-**[그림(　)]**을 클릭합니다. 이어서, [그림 삽입] 대화상자가 나오면 [불러올 파일]-[경영 7일차]에서 **기타3** 이미지를 선택한 후 <삽입> 단추를 클릭합니다.

2. 아래 그림을 참고하여 크기 및 위치를 조절합니다.

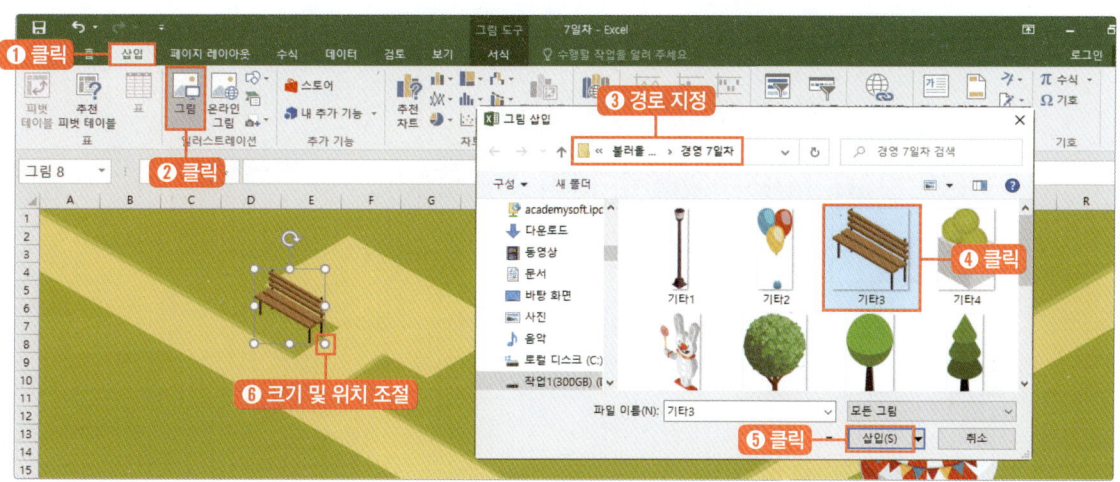

3. 삽입된 나무의자를 Ctrl 키를 누른 채 드래그하여 복사합니다.

4. 복사된 나무의자가 선택된 상태에서 [서식]-[정렬]-[회전(　)]-**좌우 대칭(　)**을 클릭합니다. 이어서, 나무의자의 위치를 변경합니다.

> ✓ **TIP** 개체를 회전시키기
>
> - [서식]-[정렬]-[회전(　)]을 이용하여 개체를 오른쪽 또는 왼쪽으로 90도씩 회전시킬 수 있습니다.
> - [서식]-[정렬]-[회전(　)]을 이용하여 개체를 대칭(상하/좌우)시킬 수 있습니다.
> - 개체 위쪽에 나타나는 회전 조절점(　)을 드래그하여 오른쪽 또는 왼쪽으로 원하는 각도만큼 회전시킬 수 있습니다.

04 그림 효과 지정하기(네온, 그림자)

1. [경영 7일차] 폴더에서 **기타1**과 **기타2** 이미지를 각각 삽입한 후 아래 그림과 같이 배치합니다.

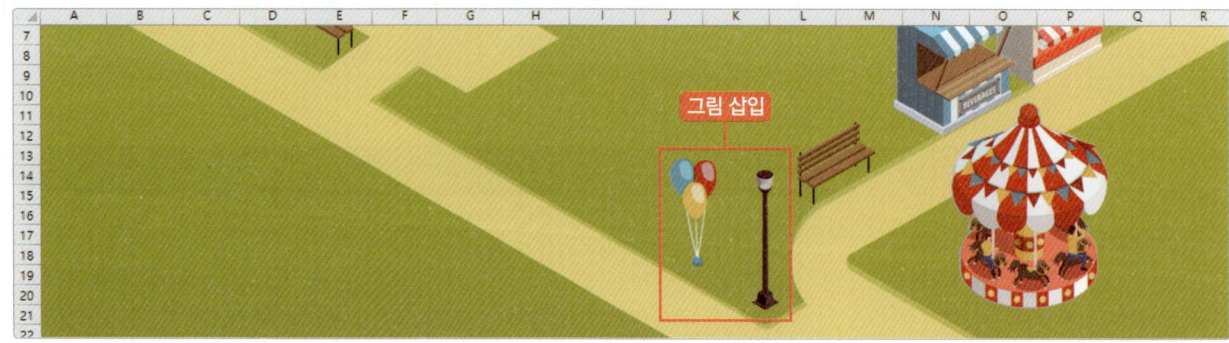

> **TIP** 그림을 다중으로 선택하기
>
> [그림 삽입] 대화상자에서 **Ctrl** 키를 누른 채 원하는 그림을 각각 선택하여 한 번에 두 개 이상의 그림을 삽입할 수 있습니다.

2. 가로등 이미지를 선택한 후 [서식]-[그림 스타일]-[그림 효과]-[네온]-**황금색, 11pt 네온, 강조색 4**를 클릭합니다.

3. 이어서, 풍선 이미지를 선택한 후 [그림 효과]-[그림자]-[원근감]-**원근감 대각선 오른쪽 위**를 클릭합니다.

4. 모든 작업이 끝나면 [파일]-[저장]을 선택하거나 [빠른 실행 도구 모음]에서 **저장( )**을 클릭합니다.
   ※ 저장 바로 가기 키 : **Ctrl** + **S**
   ※ 아소랜드 배치도는 경영 마무리하기(053p)를 통해 완성합니다.

7일차 경영 마무리하기

미션 01 시트 작성

📁 불러올 파일 : 7일차_미션01.xlsx 💾 완성된 파일 : 7일차_미션01(완성).xlsx

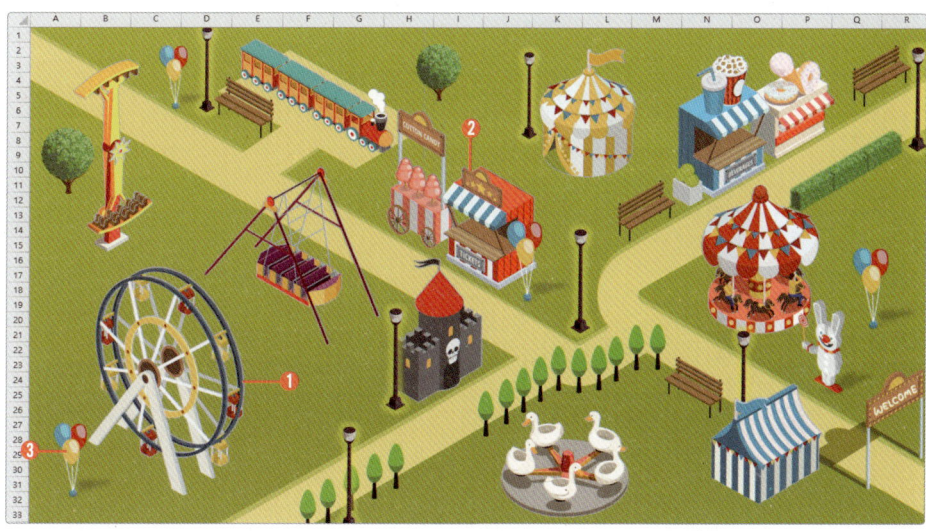

작업 순서

1. 놀이기구 이미지를 삽입한 후 자르기 및 투명한 색 설정 기능으로 다양한 놀이기구들을 배치
2. 상점 이미지를 삽입한 후 자르기 및 투명한 색 설정 기능으로 다양한 상점들을 배치
3. 기타1~11 이미지를 삽입한 후 여러 가지 그림 효과를 적용
   ※ 그림 경로 : [불러올 파일]-[경영 7일차]
   ▲ 작업순서에 없는 내용은 출력형태를 참고하여 작성

미션 02 수식 계산

📁 불러올 파일 : 7일차_미션02.xlsx 💾 완성된 파일 : 7일차_미션02(완성).xlsx

TIP 관계연산자

- = : 같다
- \> : 크다(초과)
- < : 작다(미만)
- \>= : 크거나 같다(이상)
- <= : 작거나 같다(이하)

A	B	C
★ 아소랜드 7월 입장객은 12월보다 적거나 같은가요? ★		
7월 입장객	12월 입장객	비교 결과 확인
160	140	FALSE
★ 바이킹 탑승가능 인원은 관람차보다 적거나 같은가요? ★		
관람차 탑승가능 인원	바이킹 탑승가능 인원	비교 결과 확인
56	56	TRUE
★ 롤러코스터 평균 대기시간이 바이킹보다 짧은가요? ★		
롤러코스터 대기시간	바이킹 대기시간	비교 결과 확인
50	40	FALSE

조건

1. [C3] 셀을 클릭 → =A3<=B3을 입력한 후 Enter
2. [C7] 셀을 클릭 → =B7<=A7을 입력한 후 Enter
3. [C11] 셀을 클릭 → =A11<B11을 입력한 후 Enter

경영 7일차 아소랜드 배치도 만들기!_그림 삽입

8일차 경영 중간 점검하기

선생님 확인	부모님 확인

1 아래 내용을 읽고 정답을 찾아 문제를 풀어보세요.

01 다음 중 엑셀 2016의 파일 형식은 무엇일까요?

① *.jpg   ② *.pptx   ③ *.cell   ④ *.xlsx

02 다음 중 엑셀 기능에 대한 설명으로 옳지 않은 것은 무엇일까요?

① 수치를 입력하고 계산할 때 적합한 프로그램이다.
② 저장하기의 바로 가기 키는 Ctrl + S 이다.
③ 셀 안에 두 줄 이상의 데이터를 입력할 경우에는 Alt + Enter 키를 누른다.
④ 행과 열이 만나 구성되는 작은 사각형을 워크시트라고 한다.

03 다음 중 두 개 이상의 셀을 하나로 합칠 때 사용하는 기능의 이름은 무엇일까요?

① 텍스트 줄 바꿈   ② 병합하고 가운데 맞춤   ③ 표시 형식   ④ 가운데 맞춤

04 다음 중 그림 삽입 기능에 대한 설명으로 옳지 않은 것은 무엇일까요?

① 한 번에 하나의 그림만 삽입할 수 있다.   ② 그림의 크기를 자유롭게 바꿀 수 있다.
③ 불필요한 부분을 잘라낼 수 있다.   ④ 그림의 배경을 투명하게 설정할 수 있다.

05 셀의 오른쪽 하단에 ▬를 드래그하여 데이터를 자동으로 입력하는 기능을 무엇이라고 할까요?

① 자동 맞춤   ② 자동 정렬   ③ 자동 채우기   ④ 자동 선택

06 아래 그림과 같이 사용자 지정 서식을 적용한 결과로 알맞은 값은 무엇일까요?

① 별빛   ② 별빛초등학교   ③ 별빛초   ④ 별빛@초등학교

2. 작성 조건을 참고하여 시트를 완성해 보세요.

📂 **불러올 파일** : 8일차.xlsx   💾 **완성된 파일** : 8일차(완성).xlsx

번호	이름	사진	주요업무	친절 점수	성실 점수	인기 점수	합계	평균
1	정다운		주차관리	80	80	90	250	83.33
2	최달래		의무실	100	90	90	280	93.33
3	이엉뚱		청소담당	80	90	90	260	86.67
4	이깜찍		안내담당	90	100	80	270	90.00
5	최가드		안전요원	90	100	100	290	96.67
전체 평균 점수				88	92	90		

제목: ♥ 아소랜드 상반기 우수 사원 점수 현황 ♥

조건

1. 열 너비 및 행 높이 지정
   - 열 너비: [A]열-1, [B]열-5, [C:J]열-12
   - 행 높이: [1]행-50, [2]행-35, [3:7]행-60, [8]행-35
2. 제목: [B1:J1] 영역을 병합한 후 내용을 입력
3. 테두리 지정 및 색 채우기
   - [B2:J8]: 모든 테두리, 굵은 바깥쪽 테두리
   - [I8:J8]: 대각선
   - [B2:J2], [B8:E8]: 색 채우기(노랑)
4. [B3:B7]: 채우기 핸들 기능을 이용하여 데이터를 입력
5. [I3:I7]: 수식을 이용하여 친절 점수, 성실 점수, 인기 점수의 **합계**를 계산
6. [J3:J7]: 수식을 이용하여 친절 점수, 성실 점수, 인기 점수의 **평균**을 계산
   - [셀 서식]-숫자(천 단위, 소수 자릿수 2자리)
7. [F8:H8]: 자동 합계 기능을 이용하여 평균 계산
8. [D3:D7]: 이미지를 배치

함수 마법사(1)

디저트 메뉴를 추가하기!

- SUM 함수를 이용하여 합계를 구하는 방법을 알아봅니다.
- RANK.EQ 함수를 이용하여 순위를 구하는 방법을 알아봅니다.

📁 불러올 파일 : 9일차.xlsx   📄 완성된 파일 : 9일차(완성).xlsx

완성작품 미리보기

경영 스토리 읽어보기!

5월 가정의 달을 맞이하여 카페에 새로운 디저트 메뉴를 추가하려고 합니다. 손님들이 가장 좋아하는 음료 3종류를 선정한 후 디저트(조각 케이크, 와플 등)와 함께 판매될 수 있도록 세트 메뉴를 만들어 제공합니다.

재미있는 픽셀아트! (9일차_픽셀아트.xlsx)

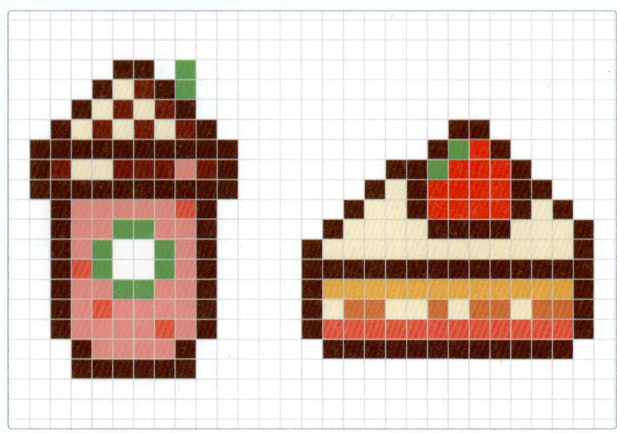

01 합계 구하기(SUM 함수)

함수란 SUM, AVERAGE, RANK 등과 같이 미리 정의되어 있는 수식으로, 특정 값이 입력되면 일련의 규칙에 의해 그에 대응하는 값을 산출하는 기능입니다. 함수로 값을 계산할 때 '함수마법사'를 이용하게 되면 초보자도 쉽게 함수 문제를 해결할 수 있습니다.

1. [파일]-[열기]-**[찾아보기(📁)]**를 클릭합니다. [열기] 대화상자가 나오면 [불러올 파일]-[경영 9일차]에서 **9일차.xlsx**를 선택한 후 <열기> 단추를 클릭합니다.

※ 열기 바로 가기 키 : **Ctrl** + **O**

2. SUM 함수를 이용하여 음료의 '4월 판매수량 **총합계**'를 구해보도록 합니다.

3. 9일차 파일이 열리면 [E10] 셀을 선택한 후 **함수 삽입(fx)**을 클릭합니다.

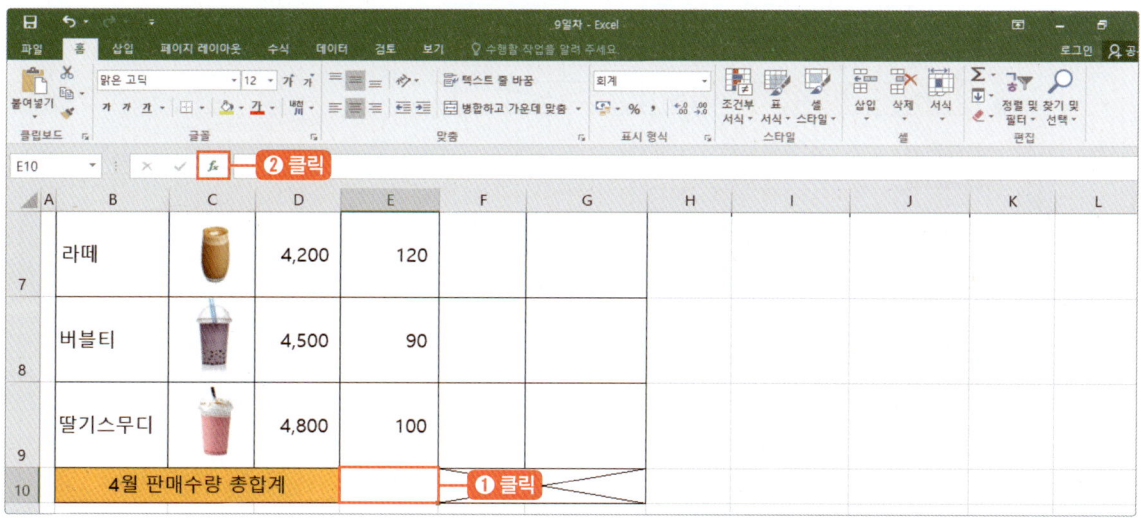

4. [함수 마법사] 대화상자가 나오면 '함수 검색' 입력 칸에 사용할 함수명(**SUM**)을 입력한 후 <검색> 단추를 클릭합니다. 이어서, 해당 함수가 선택되면 다시 <확인> 단추를 클릭합니다.

※ [함수 마법사] 대화상자의 함수 선택 목록은 작업 환경에 따라 다르게 보입니다.
※ 해당 함수가 보이지 않을 경우에는 '범주 선택'을 '모두'로 변경한 후 검색합니다.

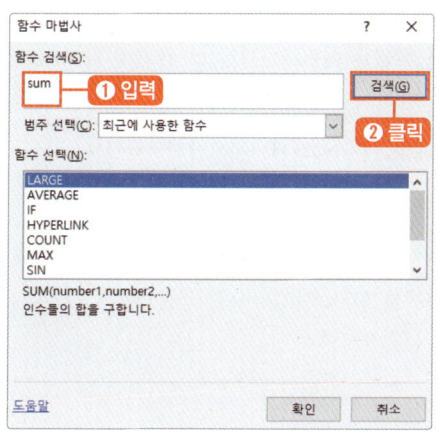 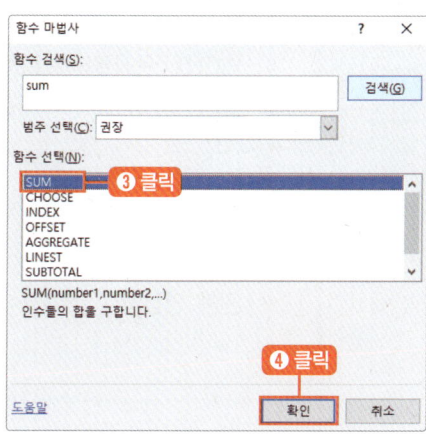

5. [함수 인수] 대화상자가 나오면 Number1 입력 칸의 내용을 모두 삭제한 후 [E3:E9] 영역을 드래그하여 범위로 지정합니다. 이어서, <확인> 단추를 클릭한 후 결과를 확인합니다.

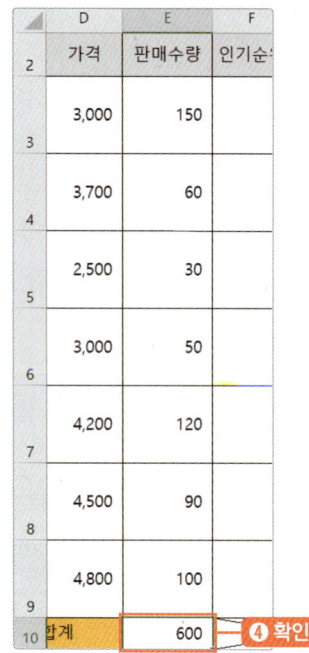

> **TIP** SUM 함수 파헤치기!
>
> [특정 범위의 합계를 구하는 함수]
> - Number1 : 합계를 구하려는 값들로 해당 값은 직접 입력하거나 셀 범위를 지정

> **TIP** 다양한 함수와 관계 연산자 알아보기
>
> - SUM : 특정 범위의 합계를 구하는 함수
> - AVERAGE : 특정 범위의 평균을 구하는 함수
> - RANK.EQ : 특정 범위에서 순위를 구하는 함수
> - MAX : 특정 범위에서 최대값(가장 큰 값)을 구하는 함수
> - MIN : 특정 범위에서 최소값(가장 작은 값)을 구하는 함수
> - IF : 특정 조건을 지정하여 해당 조건에 만족하면 '참'에 해당하는 값을 표시하며, 그렇지 않을 경우 '거짓'에 해당하는 값을 표시하는 함수
> - LEFT : 문자열의 왼쪽을 기준으로 원하는 수 만큼의 문자를 표시하는 함수
> - RIGHT : 문자열의 오른쪽을 기준으로 원하는 수 만큼의 문자를 표시하는 함수
> - MID : 문자열의 시작 위치와 표시할 문자의 수를 지정하여 내용을 표시하는 함수
> - LARGE : 특정 범위에서 입력한 숫자 번째로 큰 값을 표시하는 함수
> - SMALL : 특정 범위에서 입력한 숫자 번째로 작은 값을 표시하는 함수
> - COUNTIF : 셀 범위에서 조건에 만족하는 셀의 개수를 구하여 표시하는 함수
> - 관계 연산자 : =(같다), >(크다/초과), <(작다/미만), >=(크거나 같다/이상), <=(작거나 같다/이하), <>(다르다/같지 않다)

02 순위 구하기(RANK.EQ 함수)

1. RANK.EQ 함수를 이용하여 인기**순위**를 구해보도록 합니다.

2. [F3] 셀을 선택한 후 **함수 삽입**(fx)을 클릭합니다.

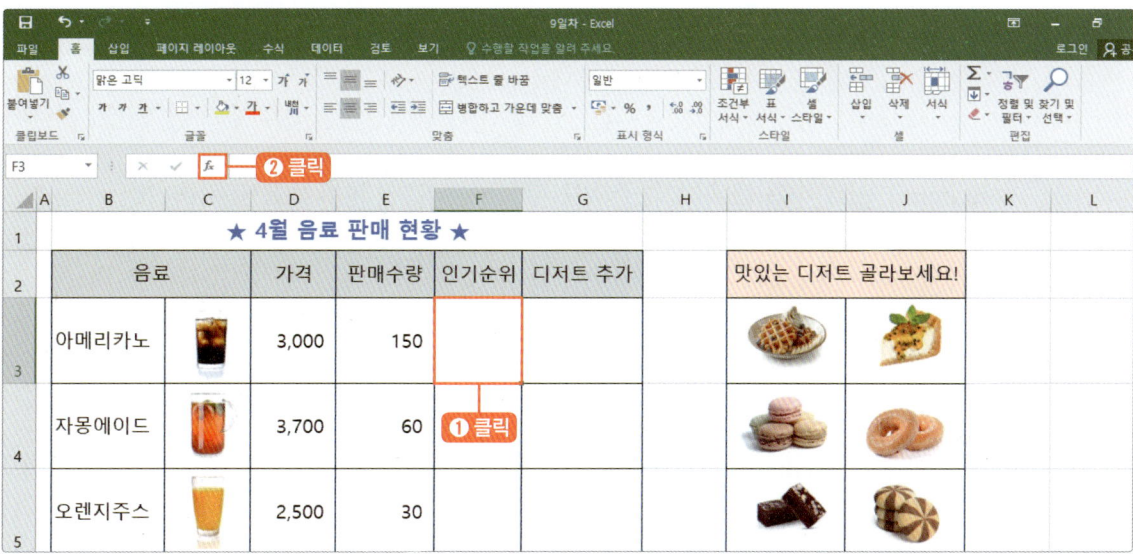

3. [함수 마법사] 대화상자가 나오면 '함수 검색' 입력 칸에 사용할 함수명(**RANK.EQ**)을 입력한 후 <검색> 단추를 클릭합니다. 이어서, 해당 함수가 선택되면 다시 <확인> 단추를 클릭합니다.

※ 해당 함수가 보이지 않을 경우에는 '범주 선택'을 '모두'로 변경한 후 검색합니다.

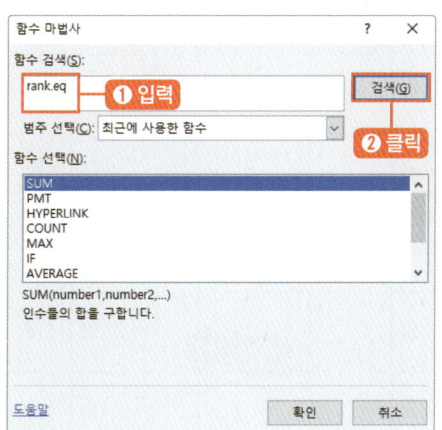
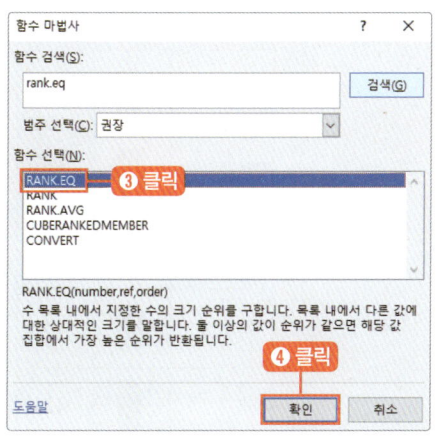

✅ TIP RANK.EQ 함수 파헤치기

[특정 범위에서 순위를 구하는 함수]

- Number : 순위를 구하려는 수
- Ref : 순위를 구하려는 목록의 배열(셀 범위) 또는 셀 주소
- Order : 오름차순(0이 아닌 다른 값) 또는 내림차순(0 또는 생략)을 지정

※ 오름차순 정렬 순서(내림차순은 반대) : 숫자(1, 2, 3…순) → 특수문자 → 영문(A→Z순) → 한글(ㄱ→ㅎ순) → 논리값 → 오류값 → 공백(빈) 셀

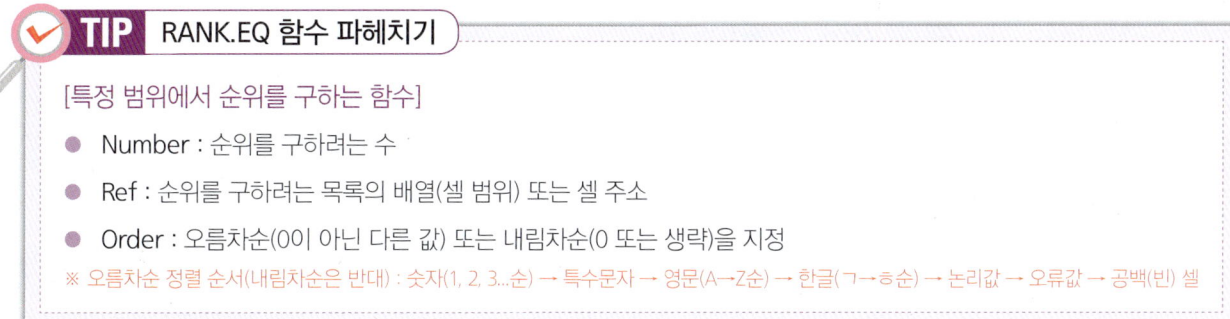

4. [함수 인수] 대화상자가 나오면 아래 그림을 참고하여 각각의 인수 값을 입력한 후 <확인> 단추를 클릭하여 결과를 확인합니다.

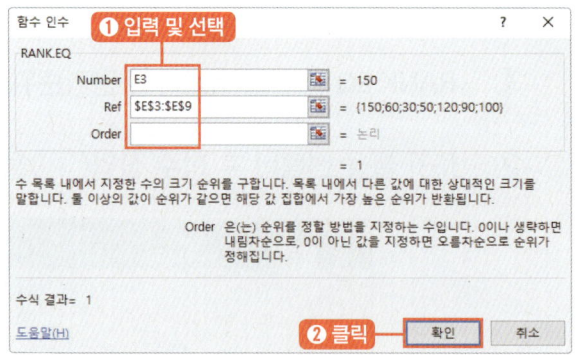

- Number 입력 칸을 클릭한 후 순위를 구할 기준 값인 [E3] 셀을 클릭합니다.
- Ref 입력 칸을 클릭한 후 순위를 구할 셀 범위([E3:E9])를 드래그하고, F4 키를 눌러 행과 열을 각각 고정합니다.
    ※ F4 키를 눌러도 범위 전체가 절대 참조로 지정되지 않을 경우에는 Ref 입력 칸의 내용을 드래그(Ref E3:E9)하여 블록으로 지정한 후 F4 키를 눌러 고정(Ref $E$3:$E$9)시킬 수 있습니다.

5. [F3] 셀에 함수 결과(순위)가 표시되면 채우기 핸들( )을 [F9] 셀까지 드래그하여 음료들의 판매 순위를 확인합니다.

6. 이어서, 판매 순위가 높은 음료 순서 1~3위에 디저트를 추가하여 시트를 완성합니다.

7. 모든 작업이 끝나면 [파일]-[저장]을 선택하거나 [빠른 실행 도구 모음]에서 저장( )을 클릭합니다.
    ※ 저장 바로 가기 키 : Ctrl + S

9일차 경영 마무리하기

미션 01 시트 작성

📁 불러올 파일 : 9일차_미션01.xlsx　💾 완성된 파일 : 9일차_미션01(완성).xlsx

	A	B	C	D	E	F
1		★ 아소랜드 인기놀이기구 ★			
2		놀이기구명	이용요금(원)	하루 이용객수(명)	평균대기 시간	인기 순위
3		회전목마	4,000	500	10분	3
4		허리케인	5,000	300	30분	6
5		플라잉 레스큐	4,000	480	10분	4
6		쿵!쿵!범퍼카	4,500	250	10분	7
7		자이로드롭	5,000	650	20분	2
8		엑스 트레인	5,000	120	20분	8
9		바이킹	5,000	700	30분	1
10		스카이 댄싱	4,500	350	20분	5
11		인기 놀이기구 하루 이용객수 총합계			3,350		
12						

작업 순서
① 순위[F3:F10] : 하루 이용객수(명)을 기준으로 내림차순 순위를 구함(RANK.EQ)
② 합계[D11] : 하루 이용객수(명)의 총합계를 구함(SUM)
▲ 작업순서에 없는 내용은 출력형태를 참고하여 작성

미션 02 함수 계산

📁 불러올 파일 : 9일차_미션02.xlsx　💾 완성된 파일 : 9일차_미션02(완성).xlsx

	A	B	C	D	E
1		★ 아소랜드 인기놀이기구 ★			
2		놀이기구명	이용요금(원)	하루 이용객수(명)	평균대기 시간
3		회전목마	4,000	500	10분
4		허리케인	5,000	300	30분
5		플라잉 레스큐	4,000	480	10분
6		쿵!쿵!범퍼카	4,500	250	10분
7		자이로드롭	5,000	650	20분
8		엑스 트레인	5,000	120	20분
9		바이킹	5,000	700	30분
10		스카이 댄싱	4,500	350	20분
11		인기 놀이기구 하루 이용객수 평균			418.75	
12					

AVERAGE 함수
● 기능 : 평균을 구하는 함수
● 형식 : =AVERAGE(셀 범위)

조건
① 평균[D11] : 하루 이용객수(명)의 평균을 구함(AVERAGE)
② [셀 서식] 기능을 이용하여 [D11] 셀을 '회계-소수 자릿수 2자리'까지 표시

 **함수 마법사(2)**

- 함수 마법사를 이용하여 다양한 함수를 계산하는 방법에 대해 알아봅니다.
- 관계 연산자(=, >=, <=, >, < 등)를 이용하는 방법을 알아봅니다.

📂 불러올 파일 : 10일차.xlsx   📗 완성된 파일 : 10일차(완성).xlsx

구분	이름	종류	판매금액	판매수량	비고
한우불고기S7400	한우불고기	세트	7400	75	
모짜렐라인S6100	모짜렐라인	세트	6100	123	
핫크리스피S6300	핫크리스피	세트	6300	63	
뉴새우버거N3400	뉴새우버거	단품	3400	196	인기메뉴
뉴리치버거S6800	뉴리치버거	세트	6800	33	
불고기버거S5200	불고기버거	세트	5200	171	인기메뉴
뉴데리버거N2500	뉴데리버거	단품	2500	254	인기메뉴

♣ 아소랜드 햄버거 상점 매출 현황 ♣

2번째로 많이 팔린 햄버거의 수량	196
최대 판매수량-최소 판매수량	221
종류가 단품인 햄버거의 개수	2
세트 메뉴 판매수량의 평균	93

경영 스토리 읽어보기!

남녀노소 누구나 좋아하는 햄버거 가게는 아소랜드에서도 판매율 1위를 유지하고 있습니다. 햄버거 상점의 매출 현황을 분석한 후 더 많은 이용객들이 햄버거를 구매할 수 있도록 햄버거 상점 2호점을 개점하도록 합니다.

재미있는 픽셀아트! (10일차_픽셀아트.xlsx)

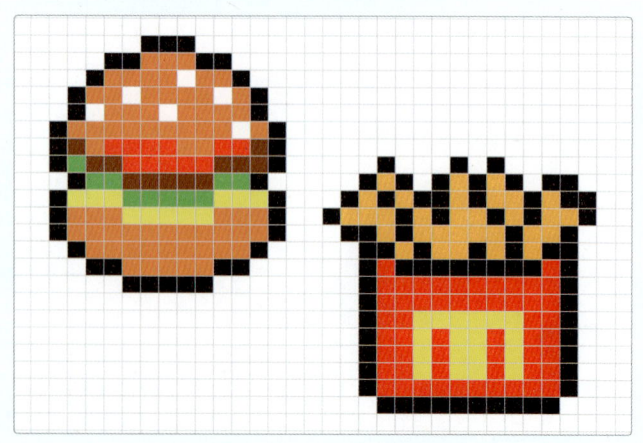

01 RIGHT 함수 사용하기

RIGHT 함수는 문자열의 오른쪽을 기준으로 원하는 수 만큼의 문자를 표시하는 함수입니다.

1. [파일]-[열기]-**[찾아보기( )]**를 클릭합니다. [열기] 대화상자가 나오면 [불러올 파일]-[경영 10일차]에서 **10일차.xlsx**를 선택한 후 <열기> 단추를 클릭합니다.
   ※ 열기 바로 가기 키 : `Ctrl` + `O`

2. **RIGHT** 함수를 이용하여 햄버거 메뉴의 판매금액을 구해보도록 합니다.

3. 10일차 파일이 열리면 [E4] 셀을 선택한 후 **함수 삽입( )**을 클릭합니다. 이어서, **RIGHT** 함수를 찾아 <확인> 단추를 클릭합니다.
   ※ 해당 함수가 보이지 않을 경우에는 '범주 선택'을 '모두'로 변경한 후 검색합니다.

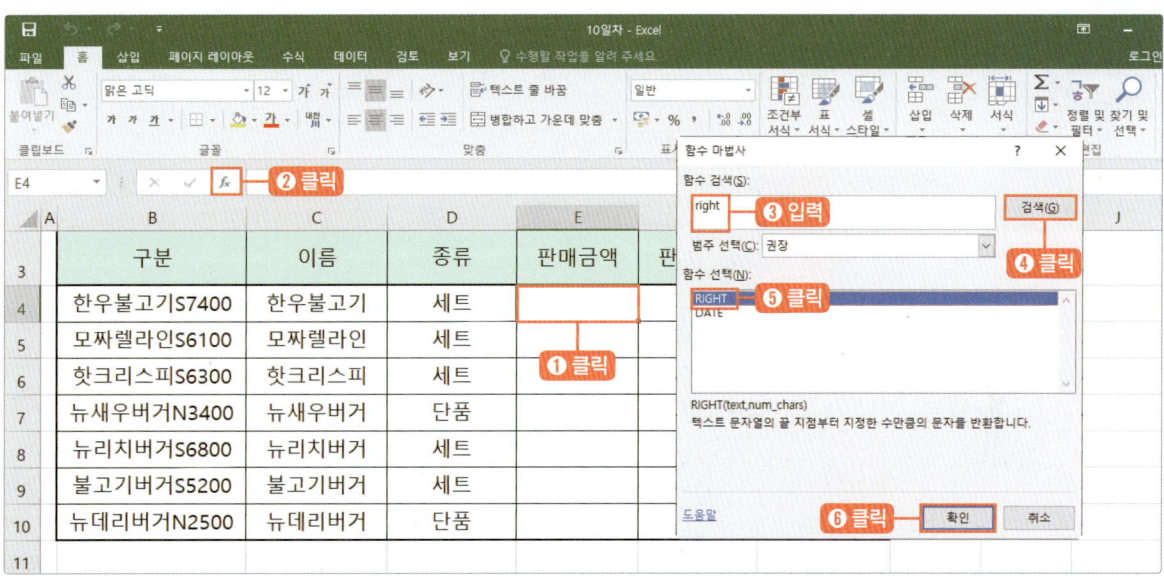

4. [함수 인수] 대화상자가 나오면 아래와 같이 각각의 인수 값을 입력한 후 <확인> 단추를 클릭합니다.

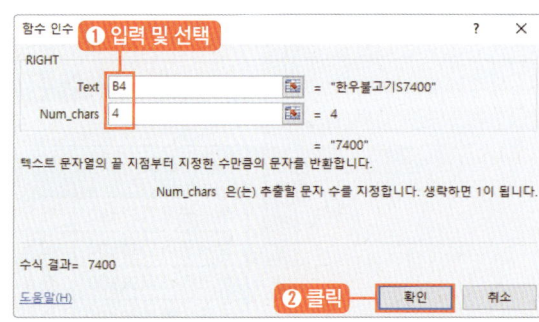

- Text 입력 칸을 클릭한 후 추출하려는 문자가 들어있는 셀([B4])을 클릭합니다.
- Num_chars 입력 칸을 클릭한 후 추출하려는 문자 수(**4**)를 입력합니다.
  ※ 추출하려는 문자 수를 입력하지 않을 경우, 맨 오른쪽 첫 번째 글자만 추출합니다.

5. [E4] 셀에 계산된 함수의 결과를 확인(=RIGHT(B4,4))한 후 채우기 핸들( )을 [E10] 셀까지 드래그합니다.

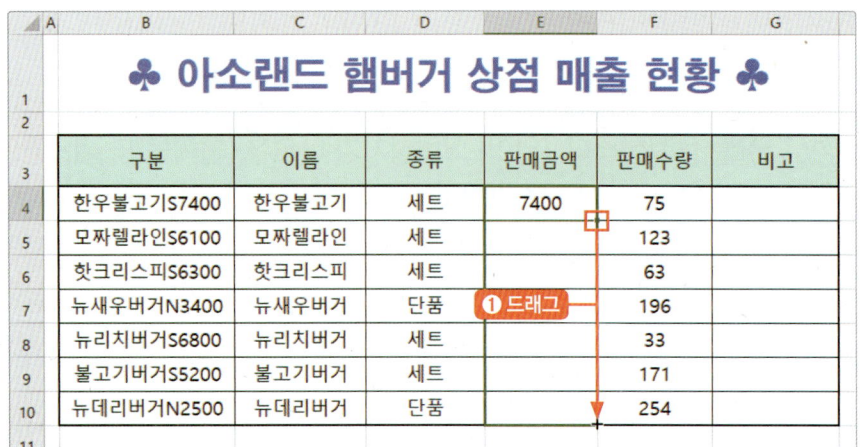

02 IF 함수 사용하기

IF 함수는 특정 조건을 지정하여 해당 조건에 만족하면 '참'에 해당하는 값을 표시하며, 그렇지 않으면 '거짓'에 해당하는 값을 표시하는 함수입니다.

1. **IF** 함수를 이용하여 판매수량이 150 이상이면 '비고'란에 '인기메뉴'를 표시해 보도록 하겠습니다.

2. [G4] 셀을 선택한 후 **함수 삽입**()을 클릭합니다. 이어서, **IF** 함수를 찾아 <확인> 단추를 클릭합니다.
   ※ 해당 함수가 보이지 않을 경우에는 '범주 선택'을 '모두'로 변경한 후 검색합니다.

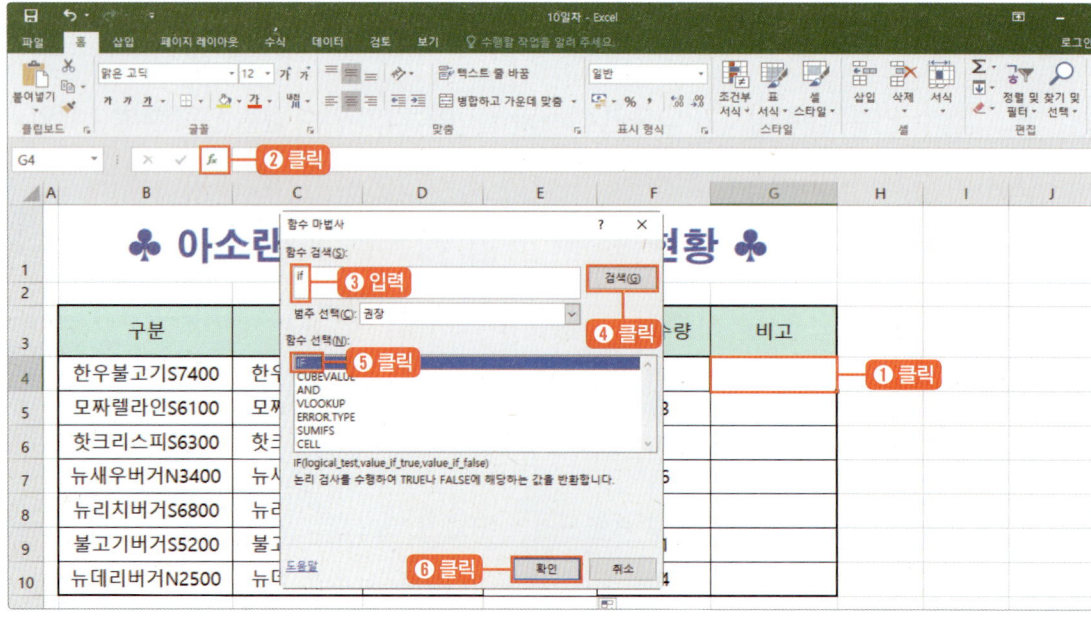

3. [함수 인수] 대화상자가 나오면 아래와 같이 각각의 인수 값을 입력한 후 <확인> 단추를 클릭합니다.

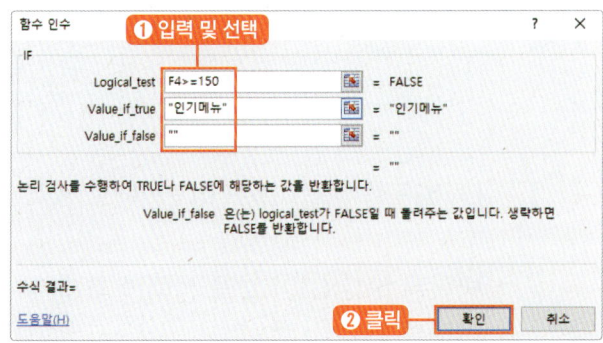

- Logical_test 입력 칸을 클릭한 후 **F4>=150**을 입력합니다.
  ※ 첫 번째 입력 칸에는 조건(예 : 판매수량이 150 이상)을 입력합니다.
- Value_if_true 입력 칸을 클릭한 후 **"인기메뉴"**를 입력합니다.
- Value_if_false 입력 칸을 클릭한 후 **""**를 입력합니다.
  ※ ""를 입력하면 공백(빈 칸)으로 표시됩니다.

4. [G4] 셀에 계산된 함수의 결과를 확인( )한 후 채우기 핸들( )을 [G10] 셀까지 드래그합니다.
   ※ 판매수량이 150 이상일 경우에만 '비고'란에 인기메뉴를 표시하고, 그렇지 않을 경우에는 공백(빈 칸)으로 표시합니다.

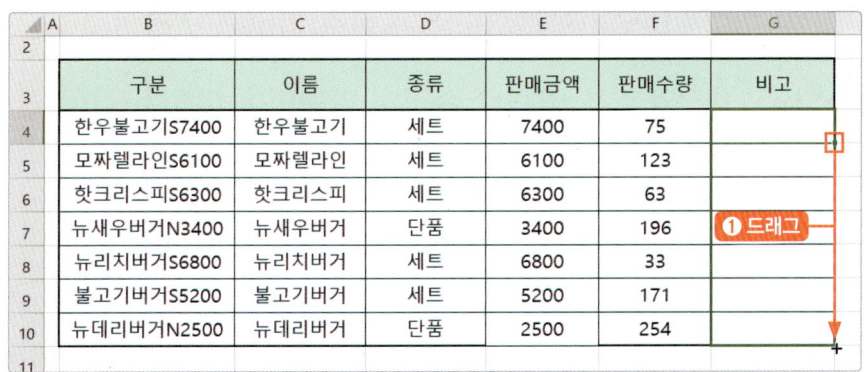

5. [B3:G10] 영역을 선택한 후 [홈]-[글꼴]- (테두리)의 목록 단추( )를 눌러 **굵은 바깥쪽 테두리**를 클릭합니다.
   ※ 채우기 핸들을 이용하여 데이터를 입력하게 되면 셀 서식이 함께 복사됩니다. 만약 셀 서식 복사를 원치 않을 경우에는 채우기 핸들 작업 후 표시되는 자동 채우기 옵션( )을 클릭하여 [서식 없이 채우기]를 선택하면 데이터만 입력됩니다.

구분	이름	종류	판매금액	판매수량	비고
한우불고기S7400	한우불고기	세트	7400	75	
모짜렐라인S6100	모짜렐라인	세트	6100	123	
핫크리스피S6300	핫크리스피	세트	6300	63	
뉴새우버거N3400	뉴새우버거	단품	3400	196	인기메뉴
뉴리치버거S6800	뉴리치버거	세트	6800	33	
불고기버거S5200	불고기버거	세트	5200	171	인기메뉴
뉴데리버거N2500	뉴데리버거	단품	2500	254	인기메뉴

굵은 바깥쪽 테두리 적용

03 LARGE 함수 사용하기

LARGE 함수는 특정 범위에서 입력한 숫자 번째로 큰 값을 구하여 표시하는 함수입니다.

1. **LARGE** 함수를 이용하여 2번째로 많이 팔린 햄버거의 수량을 구해보도록 하겠습니다.

2. 병합된 [F12:G12] 셀을 선택한 후 **함수 삽입**()을 클릭합니다. 이어서, **LARGE** 함수를 찾아 <확인> 단추를 클릭합니다.
   ※ 해당 함수가 보이지 않을 경우에는 '범주 선택'을 '모두'로 변경한 후 검색합니다.

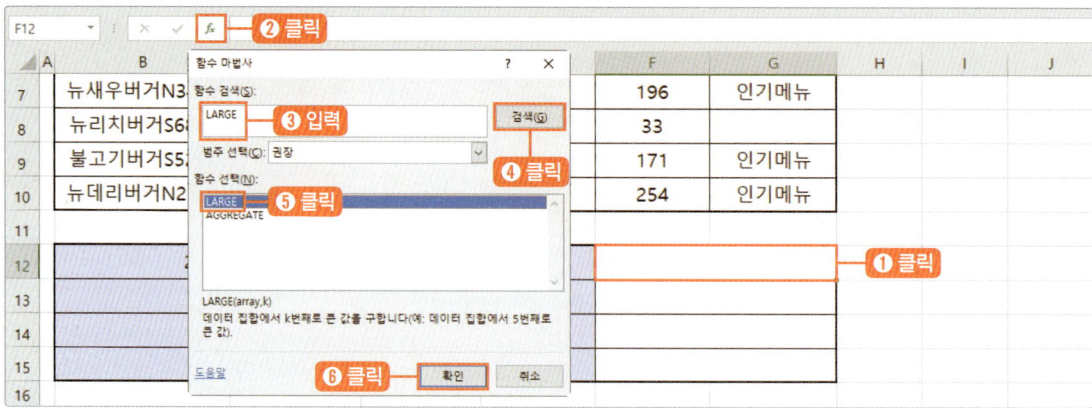

3. [함수 인수] 대화상자가 나오면 아래와 같이 각각의 인수 값을 입력한 후 <확인> 단추를 클릭합니다.

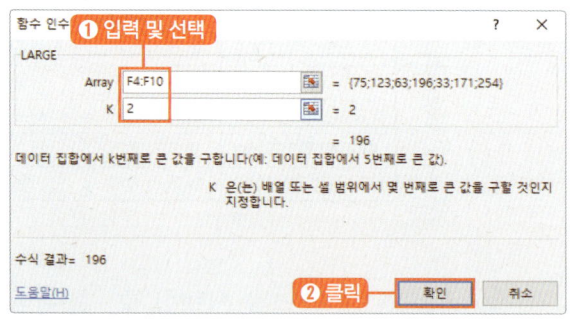

   - Array 입력 칸을 클릭한 후 **F4:F10**을 입력(또는 범위를 지정)합니다.
     ※ 첫 번째 입력 칸에는 데이터의 목록 범위를 지정합니다.
   - K 입력 칸을 클릭한 후 **2**를 입력합니다.
     ※ 2번째로 큰 값을 구하기 위해 2를 입력합니다.

4. [F12:G12] 셀에 계산된 함수의 결과를 확인(=LARGE(F4:F10,2))합니다.

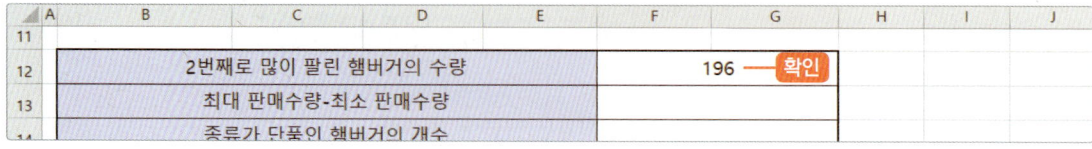

04 MAX, MIN 함수 사용하기

MAX 함수는 특정 범위에서 가장 큰 값을 구하는 함수이고, MIN 함수는 특정 범위에서 가장 작은 값을 구하는 함수입니다.

1. **MAX** 함수를 이용하여 최대 판매수량을 구해보도록 하겠습니다.

2. 병합된 [F13:G13] 셀을 선택한 후 **함수 삽입(fx)**을 클릭합니다. 이어서, **MAX** 함수를 찾아 <확인> 단추를 클릭합니다.
   ※ 해당 함수가 보이지 않을 경우에는 '범주 선택'을 '모두'로 변경한 후 검색합니다.

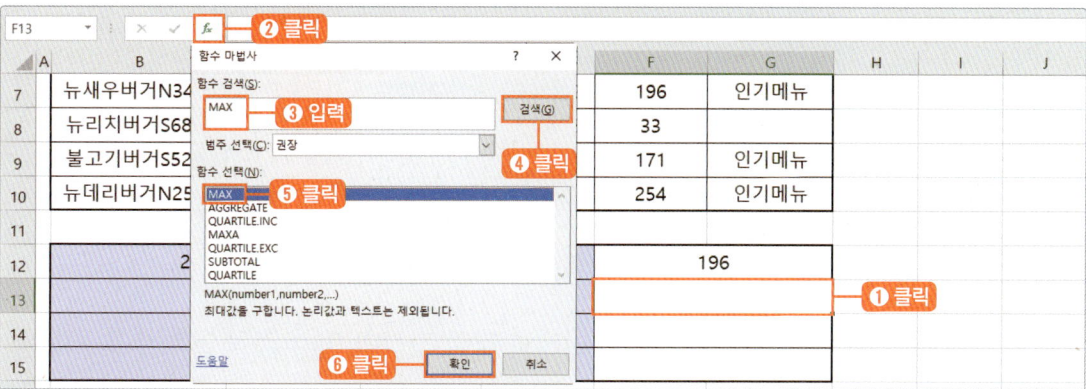

3. [함수 인수] 대화상자가 나오면 아래와 같이 각각의 인수 값을 입력한 후 <확인> 단추를 클릭합니다.

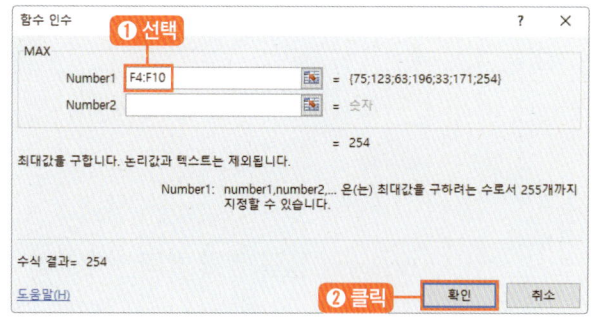

   - Number1 입력 칸을 클릭한 후 **F4:F10**을 입력(또는 범위를 지정)합니다.
     ※ 가장 큰 값을 구하기 위한 데이터의 목록 범위를 지정합니다.

4. [F13:G13] 셀에 계산된 함수의 결과를 확인(=MAX(F4:F10))합니다.

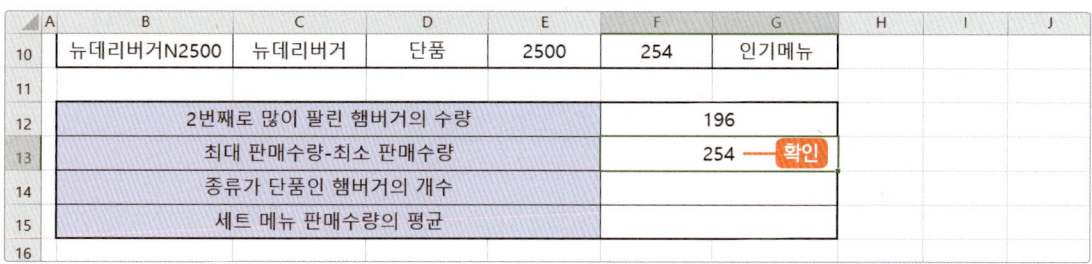

5. MIN 함수를 이용하여 최소 판매수량을 구한 후, 최대값과 최소값의 차이를 구해보도록 하겠습니다.

6. [F13:G13] 셀을 선택한 후 수식 입력줄 맨 뒤쪽을 클릭하여 '-'를 입력합니다. 이어서, 다시 **함수 삽입** (fx)을 클릭하여 MIN 함수를 찾은 후 <확인> 단추를 클릭합니다.
   ※ 해당 함수가 보이지 않을 경우에는 '범주 선택'을 '모두'로 변경한 후 검색합니다.

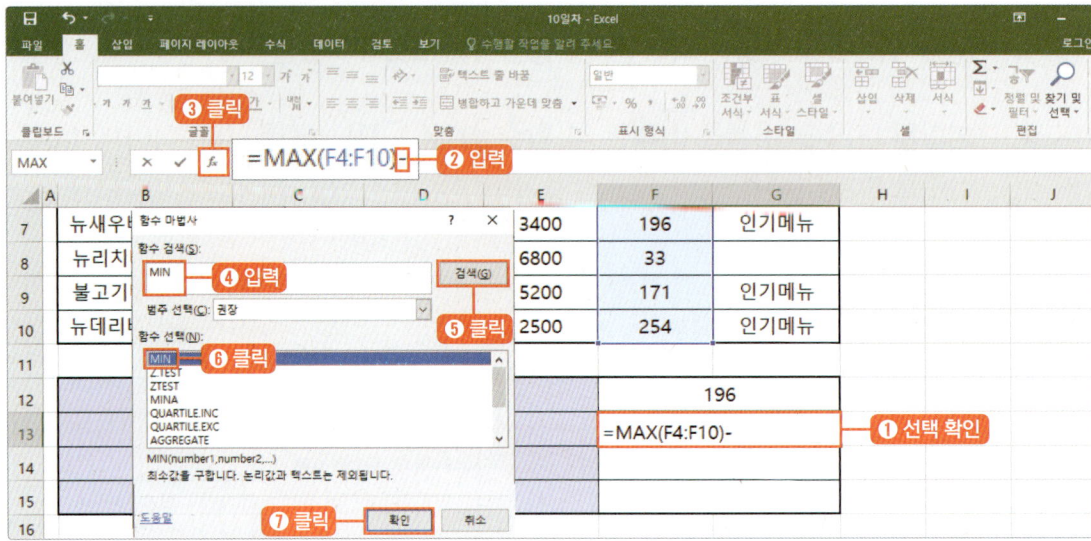

7. [함수 인수] 대화상자가 나오면 아래와 같이 각각의 인수 값을 입력한 후 <확인> 단추를 클릭합니다.

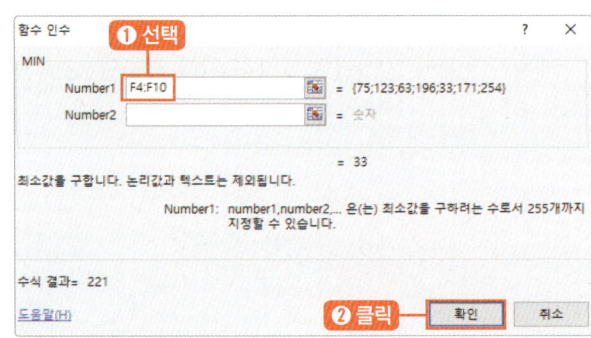

   - Number1 입력 칸을 클릭한 후 **F4:F10**을 입력(또는 범위를 지정)합니다.
   ※ 가장 작은 값을 구하기 위한 데이터의 목록 범위를 지정합니다.

8. [F13:G13] 셀에 계산된 함수의 결과를 확인(=MAX(F4:F10)-MIN(F4:F10))합니다.

05 COUNTIF 함수 사용하기

COUNTIF 함수는 셀 범위에서 조건과 만족하는 셀의 개수를 구하여 표시하는 함수입니다.

1. **COUNTIF** 함수를 이용하여 종류가 단품인 햄버거의 개수를 구해보도록 하겠습니다.

2. 병합된 [F14:G14] 셀을 선택한 후 **함수 삽입**( )을 클릭합니다. 이어서, **COUNTIF** 함수를 찾아 <확인> 단추를 클릭합니다.
   ※ 해당 함수가 보이지 않을 경우에는 '범주 선택'을 '모두'로 변경한 후 검색합니다.

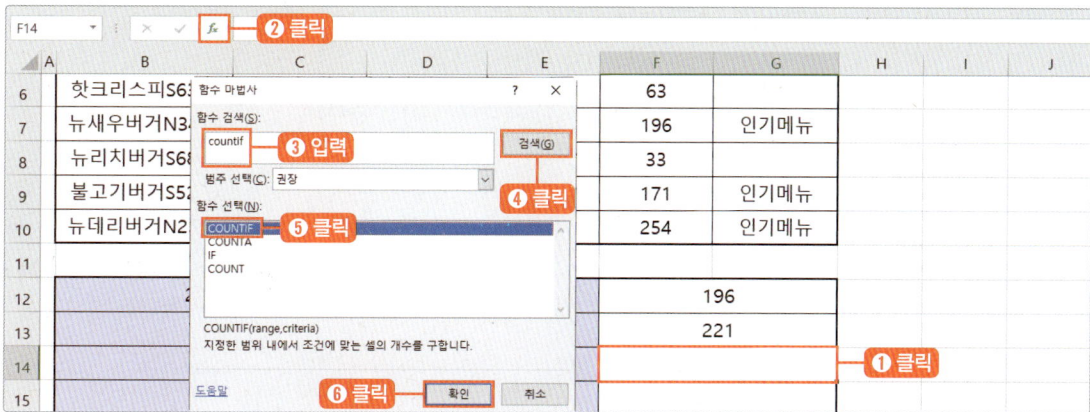

3. [함수 인수] 대화상자가 나오면 아래와 같이 각각의 인수 값을 입력한 후 <확인> 단추를 클릭합니다.

   - Range 입력 칸을 클릭한 후 **D4:D10**을 입력(또는 범위를 지정)합니다.
     ※ 조건에 맞는 셀의 수를 구하려는 데이터의 목록 범위를 지정합니다.
   - Criteria 입력 칸을 클릭한 후 **"단품"**을 입력합니다.

4. [F14:G14] 셀에 계산된 함수의 결과를 확인(=COUNTIF(D4:D10,"단품"))합니다.

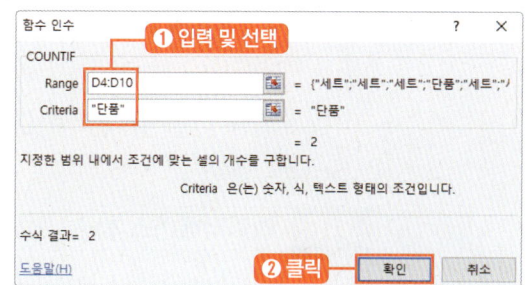

06 DAVERAGE 함수 사용하기

DAVERAGE 함수는 지정한 조건에 맞는 데이터베이스에서 필드(열) 값들의 평균을 구하는 함수입니다.

1. **DAVERAGE** 함수를 이용하여 종류가 세트인 메뉴의 판매수량 평균을 구해보도록 하겠습니다.

2. 병합된 [F15:G15] 셀을 선택한 후 **함수 삽입**(fx)을 클릭합니다. 이어서, **DAVERAGE** 함수를 찾아 <확인> 단추를 클릭합니다.

3. [함수 인수] 대화상자가 나오면 아래와 같이 각각의 인수 값을 입력한 후 <확인> 단추를 클릭합니다.
   ※ 해당 함수가 보이지 않을 경우에는 '범주 선택'을 '모두'로 변경한 후 검색합니다.

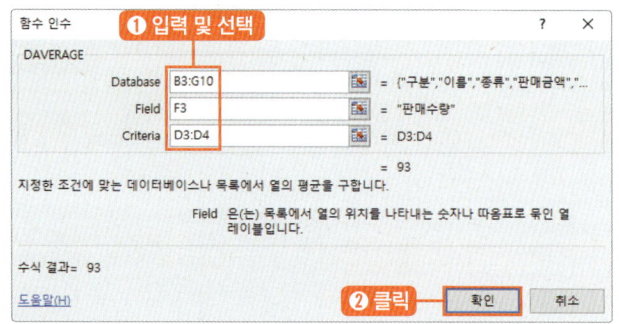

   - Database 입력 칸을 클릭한 후 **B3:G10**을 입력(또는 범위를 지정)합니다.
     ※ 데이터베이스 함수에서는 표 전체(제목 행 포함) 데이터를 범위로 지정합니다.
   - Field 입력 칸을 클릭한 후 **F3**을 입력합니다.
     ※ 표 전체(목록)에서 평균을 구할 열을 지정합니다.
   - Criteria 입력 칸을 클릭한 후 **D3:D4**를 입력(또는 범위를 지정)합니다.
     ※ 평균을 구할 조건이 있는 셀 범위를 지정합니다.

   > ✓ **TIP** 데이터베이스 함수
   > "D"로 시작하는 데이터베이스 함수(예 : DAVERAGE, DSUM, DCOUNT 등)들은 인수 입력 방식이 동일합니다.

4. [F15:G15] 셀에 계산된 함수의 결과를 확인(=DAVERAGE(B3:G10,F3,D3:D4))합니다.

	A	B	C	D	E	F	G	H	I	J
10		뉴데리버거N2500	뉴데리버거	단품	2500	254	인기메뉴			
11										
12		2번째로 많이 팔린 햄버거의 수량				196				
13		최대 판매수량-최소 판매수량				221				
14		종류가 단품인 햄버거의 개수				2				
15		세트 메뉴 판매수량의 평균				93				

5. 모든 작업이 끝나면 [파일]-[**저장**]을 선택하거나 [빠른 실행 도구 모음]에서 **저장**(💾)을 클릭합니다.
   ※ 저장 바로 가기 키 : **Ctrl** + **S**

10일차 경영 마무리하기

미션 01 | 시트 작성

📁 불러올 파일 : 10일차_미션01.xlsx 📄 완성된 파일 : 10일차_미션01(완성).xlsx

	A	B	C	D	E	F	G
2							
3		품목번호	품목명	종류	판매수량	재고수량	할인판매
4		S-새우깡01	새우깡	과자	45	84	10% 할인
5		A-팥빙수08	팥빙수	아이스크림	15	210	40% 할인
6		S-비비빅25	비비빅	아이스크림	33	80	10% 할인
7		A-왕짱구75	왕짱구	과자	31	132	10% 할인
8		A-청포도38	청포도	사탕	11	188	40% 할인
9		S-누가바04	누가바	아이스크림	27	150	10% 할인
10		A-사또밥17	사또밥	과자	53	95	10% 할인
11							
12		최대 판매수량-최소 판매수량				42	
13		품목번호가 A로 시작하는 품목의 개수				4	
14		종류가 과자인 재고수량의 합계				311	

작업 순서

1. [C4:C10] : 품목번호([B4:B10])를 이용하여 품목명을 표시함(MID)
   ※ MID 함수의 인수 : Text(문자열), Start_num(추출할 첫 번째 문자의 위치), Num_chars(추출할 문자의 개수)
2. [G4:G10] : 재고수량이 150보다 클 경우 "40% 할인", 그렇지 않으면 "10% 할인"을 표시함(IF)
3. [F12:G12] : 판매수량의 최대값과 최소값의 차이(최대값-최소값)를 구함(MAX, MIN)
4. [F13:G13] : 품목번호가 A로 시작하는 품목의 개수(COUNTIF) ※ A로 시작하는 → A* / A로 끝나는 → *A
5. [F14:G14] : 종류가 과자인 재고수량의 합계(DSUM)
6. [B4:G10] 영역에 굵은 바깥쪽 테두리를 적용
▲ 작업순서에 없는 내용은 출력형태를 참고하여 작성

미션 02 | 함수 계산

📁 불러올 파일 : 10일차_미션02.xlsx 📄 완성된 파일 : 10일차_미션02(완성).xlsx

MAX 함수
- 기능 : 최대값을 구하는 함수
- 형식 : =MAX(셀 범위)

MIN 함수
- 기능 : 최소값을 구하는 함수
- 형식 : =MIN(셀 범위)

조건

1. 최대값[D11] : 하루 판매량(개)의 최대값을 구함(MAX)
2. 최소값[D12] : 하루 판매량(개)의 최소값을 구함(MIN)

	A	B	C	D
1		★ 햄버거 2호점 인기 메뉴 ★		
2		메뉴명	이용요금(원)	하루 판매량(개)
3		풀더버거	4000	49
4		와규버거	5000	60
5		새우버거	4000	37
6		치킨버거	4500	55
7		한우버거	5000	72
8		데리버거	5000	48
9		불고기버거	5000	50
10		치즈버거	4500	61
11		하루 판매량의 최대값은?		72
12		하루 판매량의 최소값은?		37
13				

워드아트 삽입

- 워드아트를 삽입한 후 글꼴 서식을 변경하는 방법을 알아봅니다.
- 워드아트에 다양한 효과를 적용하는 방법을 알아봅니다.

📁 불러올 파일 : 11일차.xlsx   📄 완성된 파일 : 11일차(완성).xlsx

완성작품 미리보기

경영스토리 읽어보기!

아소랜드 관람객들을 위하여 매월 셋째 주 금요일 저녁에는 야간 캐릭터 퍼레이드를 개최할 예정입니다. 관람객들에게 야간페스티벌을 홍보할 수 있도록 멋진 포스터를 만들어서 모든 상점과 안내소에 붙이고, 홈페이지 및 SNS에 포스터 이미지를 올립니다.

재미있는 픽셀아트! (11일차_픽셀아트.xlsx)

01 워드아트 작성하기

워드아트(WordArt)는 단순한 글자 모양에 다양한 스타일(색상, 무늬, 반사, 네온, 입체 효과 등)을 한 번에 지정하여 화려한 글자를 만들 수 있는 기능입니다.

1. [파일]-[열기]-**[찾아보기( )]**를 클릭합니다. [열기] 대화상자가 나오면 [불러올 파일]-[경영 11일차]에서 **11일차.xlsx**를 선택한 후 <열기> 단추를 클릭합니다.
   ※ 열기 바로 가기 키 : **Ctrl** + **O**

2. 11일차 파일이 열리면 [삽입]-[텍스트]-[WordArt( )]-**채우기-흰색, 윤곽선-강조 1, 그림자**를 선택합니다.

3. '필요한 내용을 적으십시오.' 문구가 나오면 내용(**WELCOME**)을 입력합니다.
   ※ 만약 텍스트가 입력되지 않을 경우에는 워드아트의 안쪽 내용(필요한 내용을 적으십시오.)을 드래그하여 블록으로 지정한 후 새로운 내용을 입력합니다.

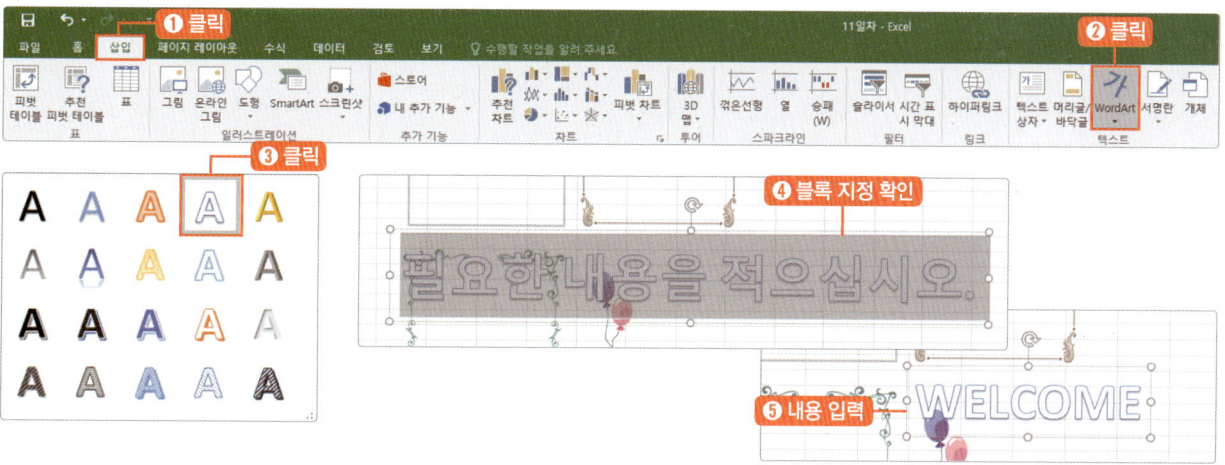

4. 글꼴 서식을 변경하기 위해 입력된 워드아트의 테두리를 클릭한 후 [홈]-[글꼴]에서 **글꼴(휴먼둥근헤드라인), 글꼴 크기(32pt)**를 지정합니다.
   ※ 선택한 워드아트의 스타일에는 굵게( ) 서식이 적용되어 있습니다.

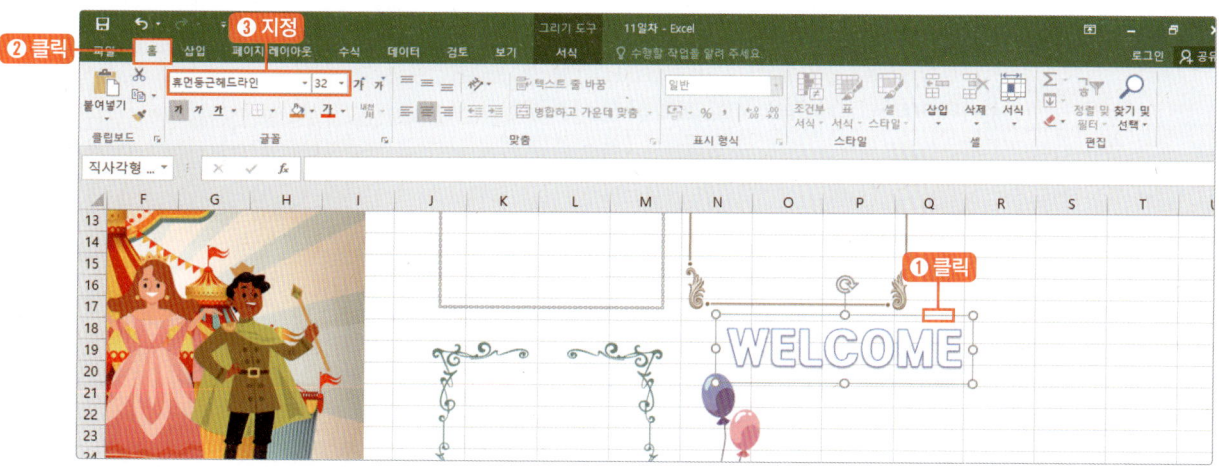

02 워드아트 효과 적용하기(네온, 변환)

1. 워드아트의 테두리가 선택된 상태에서 [서식]-[WordArt 스타일]-[텍스트 효과]-[네온]-**황금색, 5pt 네온, 강조색 4**를 클릭합니다.

2. 이어서, [텍스트 효과]-[변환]-**위쪽 원호**를 클릭합니다.

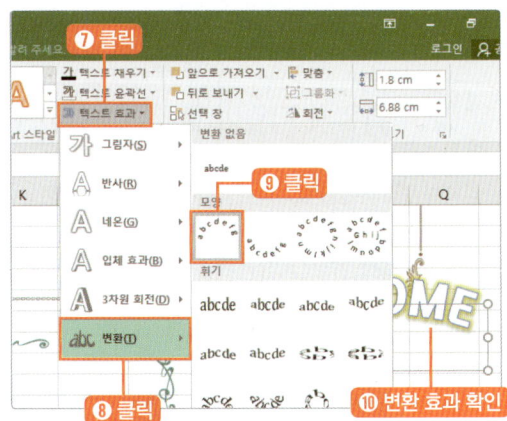

3. 그림을 참고하여 서식이 변경된 워드아트의 위치를 이동시킵니다.

   ※ 워드아트의 테두리를 드래그하여 위치를 이동시킬 수 있습니다.

> **TIP** [WordArt 스타일] 그룹 알아보기
>
> ❶ **WordArt 빠른 스타일** : 자세히 단추(▼)를 눌러 빠른 스타일 목록이 펼쳐지면 원하는 스타일을 선택하여 텍스트에 적용합니다.
>
> ❷ **텍스트 채우기** : 텍스트에 단색이나 그라데이션, 그림 또는 질감 등으로 채웁니다.
>
> ❸ **텍스트 윤곽선** : 텍스트 윤곽선의 색이나 두께, 선 스타일을 지정합니다.
>
> ❹ **텍스트 효과** : 텍스트에 그림자, 네온, 반사, 변환 등의 효과를 지정합니다.

03 워드아트 효과 적용하기(반사, 입체효과, 변환)

1. [삽입]-[텍스트]-[WordArt()]-**채우기-흰색, 윤곽선-강조 2, 진한 그림자-강조 2**를 선택한 후 내용(**Festival**)을 입력합니다.

2. 글꼴 서식을 변경하기 위해 입력된 워드아트의 테두리를 클릭한 후 [홈]-[글꼴]에서 **글꼴(휴먼둥근헤드라인), 글꼴 색(빨강)**을 지정합니다.
   ※ 선택한 워드아트의 스타일에는 굵게(가) 서식이 적용되어 있습니다.

3. 워드아트의 테두리가 선택된 상태에서 [서식]-[WordArt 스타일]-[텍스트 효과]-[반사]-**전체 반사, 터치**를 클릭합니다. 이어서, [텍스트 효과]-[입체 효과]-**둥글게**를 클릭합니다.

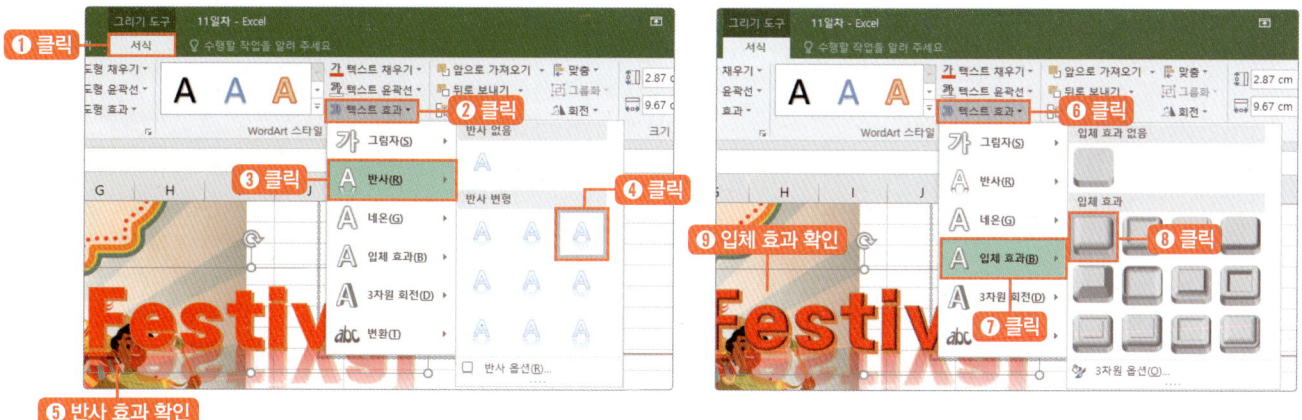

4. 변환 효과를 적용하기 위해 [서식]-[WordArt 스타일]-[텍스트 효과]-[변환]-**팽창**을 클릭합니다.

5. 그림을 참고하여 서식이 변경된 워드아트의 크기 및 위치를 변경합니다.

   ※ [변환]-<휘기> 그룹에 있는 효과가 적용된 워드아트는 조절점(◦)을 드래그하여 크기를 조절할 수 있습니다.
   ※ 워드아트의 테두리를 드래그하여 위치를 이동시킬 수 있습니다.

6. 완성 이미지를 참고하여 시트 오른쪽의 그림들을 배치한 후 포스터를 완성합니다.

7. 모든 작업이 끝나면 [파일]-[**저장**]을 선택하거나 [빠른 실행 도구 모음]에서 **저장(🖫)**을 클릭합니다.
   ※ 저장 바로 가기 키 : Ctrl + S

11일차 경영 마무리하기

미션 01 시트 작성

📁 불러올 파일 : 11일차_미션01.xlsx   📄 완성된 파일 : 11일차_미션01(완성).xlsx

작업 순서

1. **워드아트 삽입** : 워드아트 스타일(채우기-검정, 텍스트 1, 그림자, A), 글꼴(HY견고딕), 글꼴 색(진한 빨강)
2. **워드아트 효과 지정** : 그림자(원근감-아래쪽), 네온(주황, 8pt 네온, 강조색 2), 입체 효과(아트 데코), 3차원 회전(평행-등각 오른쪽을 위로), 변환(오른쪽 줄이기, abcw)
   ※ 변환(오른쪽 줄이기)이 적용된 워드아트를 클릭했을 때 나타나는 노란색 조절점(◌)을 드래그하여 변환의 정도를 조절할 수 있습니다.
   ▲ 작업순서에 없는 내용은 출력형태를 참고하여 작성

미션 02 함수 계산

📁 불러올 파일 : 11일차_미션02.xlsx   📄 완성된 파일 : 11일차_미션02(완성).xlsx

SMALL 함수
- 기능 : 입력한 숫자 번째로 작은 값을 구하는 함수
- 형식 : =SMALL(셀 범위, 몇 번째로 작은 값을 구할 숫자)

조건
1. 두 번째로 작은 값[E11] : 두 번째로 작은 키의 값을 구함(SMALL)

경영 11일차 퍼레이드 홍보 포스터 만들기!_워드아트 삽입 **077**

도형 삽입

- 도형을 삽입한 후 서식을 변경하는 방법을 알아봅니다.
- 도형을 복사하는 방법에 대해 알아봅니다.

📁 불러올 파일 : 12일차.xlsx   📄 완성된 파일 : 12일차(완성).xlsx

경영 스토리 읽어보기!

아소랜드 놀이공원을 오픈한 후 누적 관람객이 3만 명을 초과하였습니다. 이제는 아소랜드에도 대표 마스코트(캐릭터)가 필요합니다.
여러 종류의 동물(강아지, 판다, 토끼, 사자 등)들 중에서 아소랜드의 특징과 가장 잘 어울리는 동물 캐릭터를 생각해본 후 캐릭터 디자인 전문가와 상의하여 작업을 의뢰합니다.

재미있는 픽셀아트! (12일차_픽셀아트.xlsx)

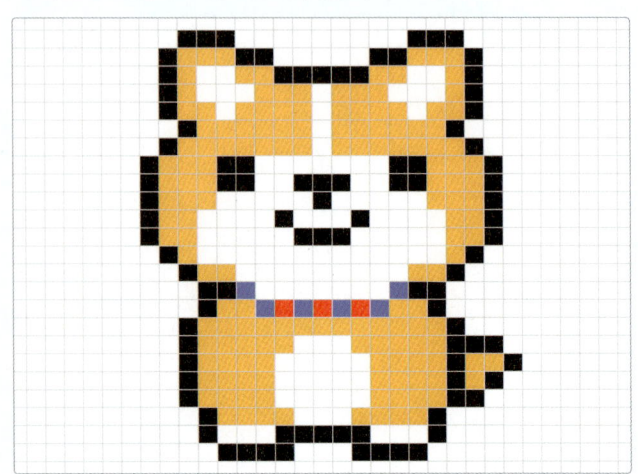

01 판다 캐릭터 만들기

1. [파일]-[열기]-**[찾아보기( )]**를 클릭합니다. [열기] 대화상자가 나오면 [불러올 파일]-[경영 12일차]에서 **12일차.xlsx**를 선택한 후 <열기> 단추를 클릭합니다.
   ※ 열기 바로 가기 키 : Ctrl + O

2. 12일차 파일이 열리면 [홈]-[편집]-[찾기 및 선택( )]-**개체 선택**을 클릭합니다.
   ※ 개체 선택이 활성화되면 셀이 선택되지 않기 때문에 개체(그림, 도형 등)를 편집할 때 편리합니다.
   ※ Esc 키를 누르면 개체 선택이 취소되고, 마우스 포인터가 다시 ✥ 모양으로 변경됩니다.

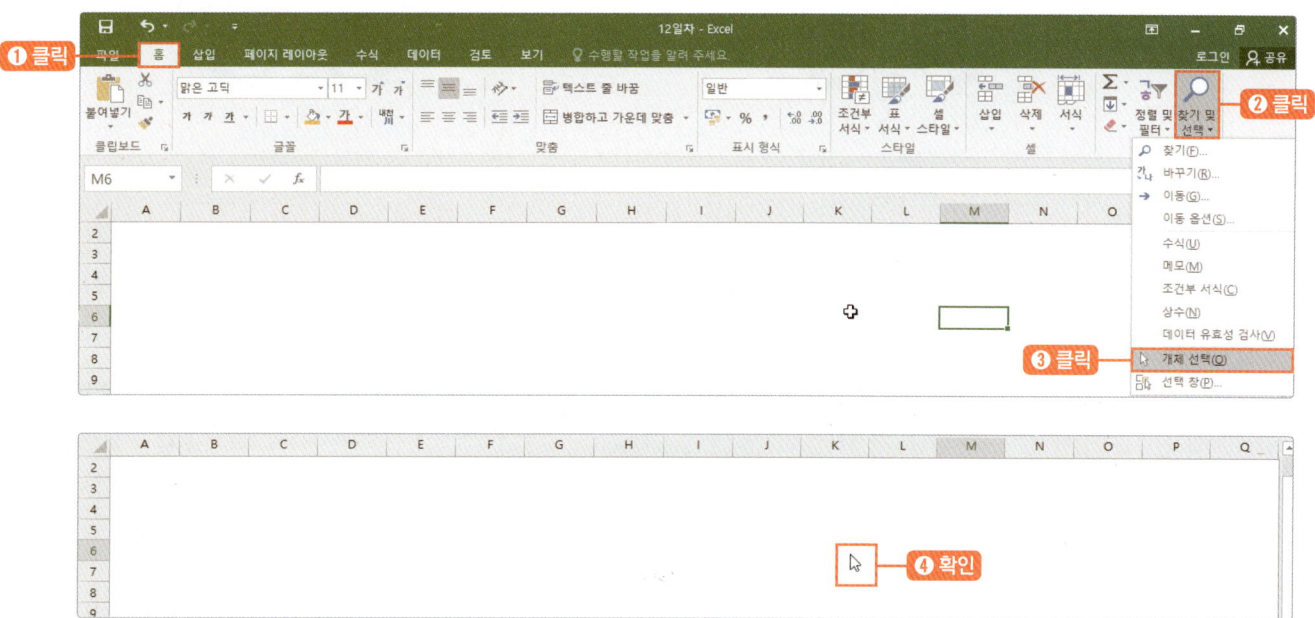

3. [삽입]-[일러스트레이션]-[도형( )]-[기본 도형]-**타원( )**을 클릭합니다.

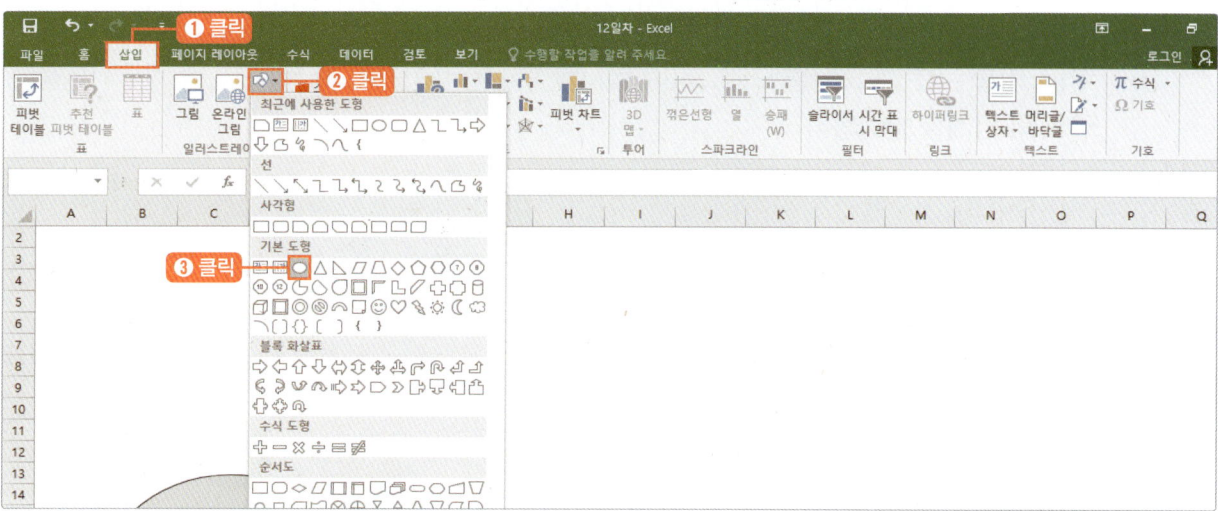

4. 마우스 포인터가 + 모양으로 변경되면 Shift 키를 누른 채 드래그하여 도형을 삽입합니다. 이어서, Shift 키를 누른 채 도형의 조절점(○)을 드래그하여 크기를 조절한 후 위치를 변경합니다.

   ※ 도형의 크기 조절은 대각선 조절점(⬚)과 가운데 조절점(⬚, ⬚)을 이용합니다.
   ※ Shift 키를 누른 채 드래그하면 가로 세로 비율이 일정한 도형을 만들 수 있습니다.

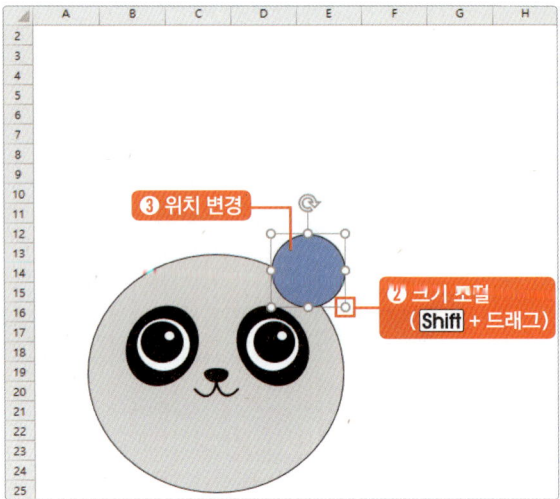

5. 도형이 선택된 상태에서 [서식]-[도형 스타일]-[도형 채우기]-**검정, 텍스트 1, 15% 더 밝게**를 클릭합니다.

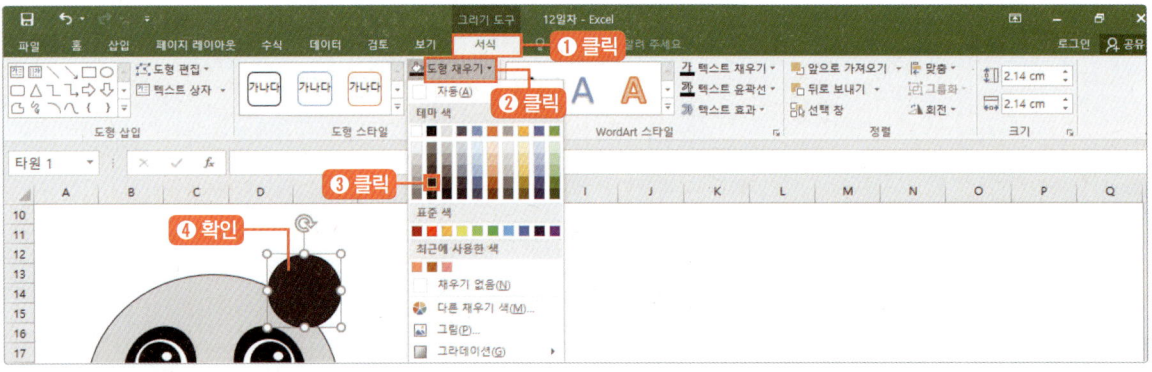

6. Ctrl 키를 누른 채 도형을 드래그하여 복사한 후 [서식]-[도형 스타일]-[도형 채우기]-**검정, 텍스트 1, 50% 더 밝게**를 클릭합니다.

7. 복사된 도형의 크기를 조절한 후 그림과 같이 위치시킵니다. 이어서, Shift 키를 누른 채 두 개의 도형을 각각 선택한 후 도형 위에서 마우스 오른쪽 버튼을 눌러 [그룹화]-[그룹]을 클릭합니다.

8. Ctrl + Shift 키를 누른 채 그룹으로 지정된 도형을 왼쪽으로 드래그하여 복사합니다.

    ※ Ctrl + Shift 키를 누른 채 개체를 드래그하면 수직 또는 수평으로 반듯하게 복사할 수 있습니다.

9. 복사된 도형(왼쪽 귀)이 선택된 상태에서 [서식]-[정렬]-[회전( )]-[좌우 대칭( )]을 클릭합니다.

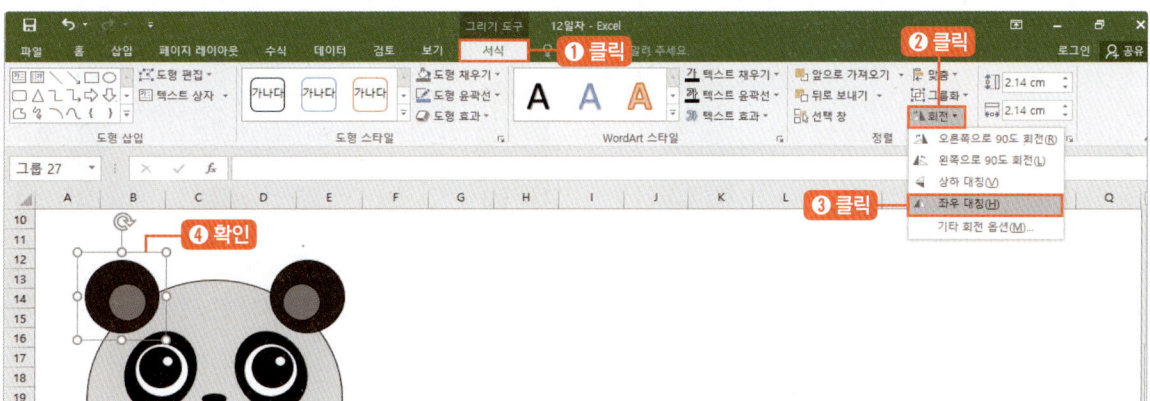

10. Shift 키를 누른 채 양쪽 귀를 모두 선택한 후 귀 위에서 마우스 오른쪽 버튼을 눌러 [맨 뒤로 보내기]를 클릭합니다.

02 토끼 캐릭터 만들기

1. 그림과 같이 드래그하여 모든 개체를 선택합니다. 이어서, **Ctrl** + **Shift** 키를 누른 채 오른쪽으로 드래그하여 판다 캐릭터를 복사합니다.

    ※ 만약 개체 선택이 비활성화 되었을 경우에는 [홈]-[편집]-[찾기 및 선택(🔍)]-개체 선택을 클릭한 후 작업합니다.

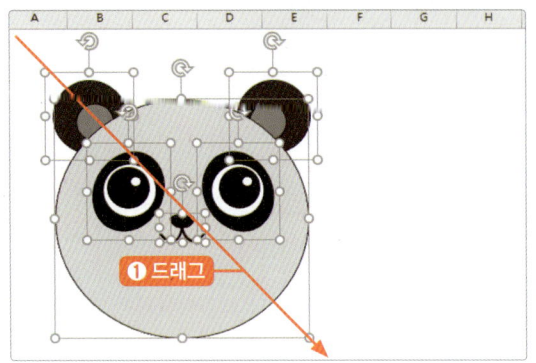

2. **Shift** 키를 누른 채 오른쪽 팬더의 양쪽 귀를 각각 선택하여 위쪽 가운데 조절점(○)을 드래그한 후 **Esc** 키를 눌러 선택을 해제합니다. 이어서, 왼쪽과 오른쪽 귀의 회전 조절점(◎)을 각각 드래그 합니다.

3. 다음을 참고하여 토끼 캐릭터를 완성해 봅니다.

    ① 토끼의 눈이 선택된 상태에서 바깥쪽 검정색 타원을 더블클릭한 후 **Delete** 키를 눌러 삭제

    ② 토끼의 얼굴과 귀의 색상을 원하는 색상으로 변경

4. 모든 작업이 끝나면 [파일]-[저장]을 선택하거나 [빠른 실행 도구 모음]에서 **저장(💾)**을 클릭합니다.

    ※ 저장 바로 가기 키 : **Ctrl** + **S**

12일차 경영 마무리하기

미션 01 시트 작성

📁 **불러올 파일** : 12일차_미션01.xlsx 💾 **완성된 파일** : 12일차_미션01(완성).xlsx

작업 순서

① 판다 캐릭터를 복사한 후 사자 캐릭터를 완성함
※ 사자의 머리는 [별 및 현수막]-포인트가 16개인 별(⭐)을 삽입하여 만들 수 있습니다.
※ 자유 복사 : Ctrl 키를 누른 채 드래그, 수직/수평 복사 : Ctrl + Shift 키를 누른 채 드래그
▲ 작업순서에 없는 내용은 출력형태를 참고하여 작성

미션 02 함수 계산

📁 **불러올 파일** : 12일차_미션02.xlsx 💾 **완성된 파일** : 12일차_미션02(완성).xlsx

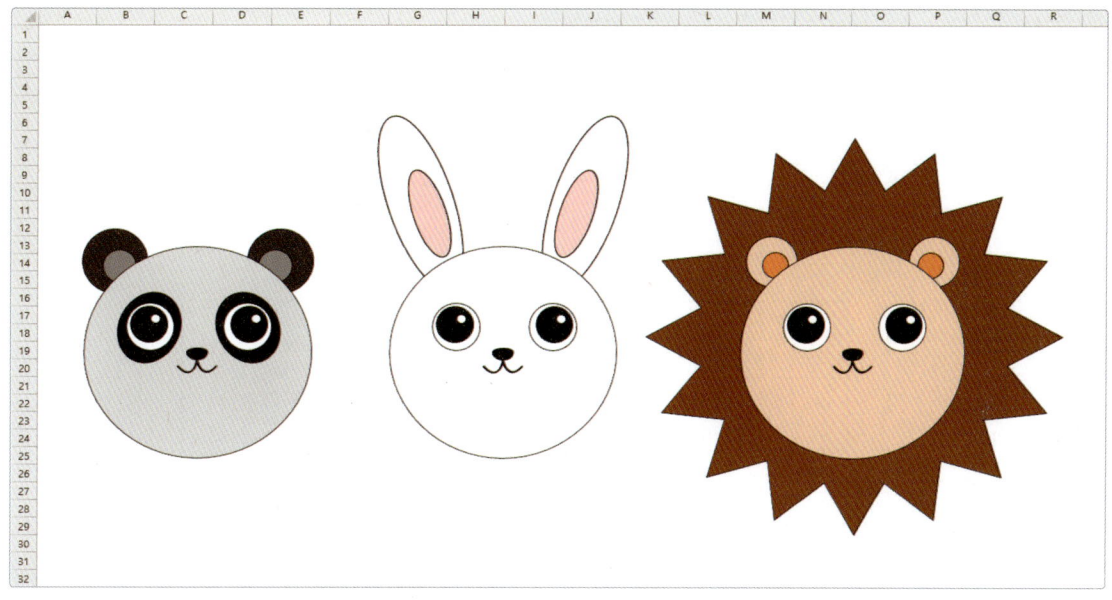

LARGE 함수
- 기능 : 입력한 숫자 번째로 큰 값을 구하는 함수
- 형식 : =LARGE(셀 범위, 몇 번째로 큰 값을 구할 숫자)

조건

① 두 번째로 큰 값[F8] : 자녀 점수가 두 번째로 높은 점수의 값을 구함(LARGE)

동물 관리 카드 만들기!

13일차 워크시트 작업

- 워크시트의 이름 변경, 그룹화, 탭 색 변경에 대해 알아봅니다.
- 워크시트 이동/복사 및 시트 삽입/삭제 방법에 대해 알아봅니다.

📁 불러올 파일 : 13일차.xlsx   📗 완성된 파일 : 13일차(완성).xlsx

완성작품 미리보기

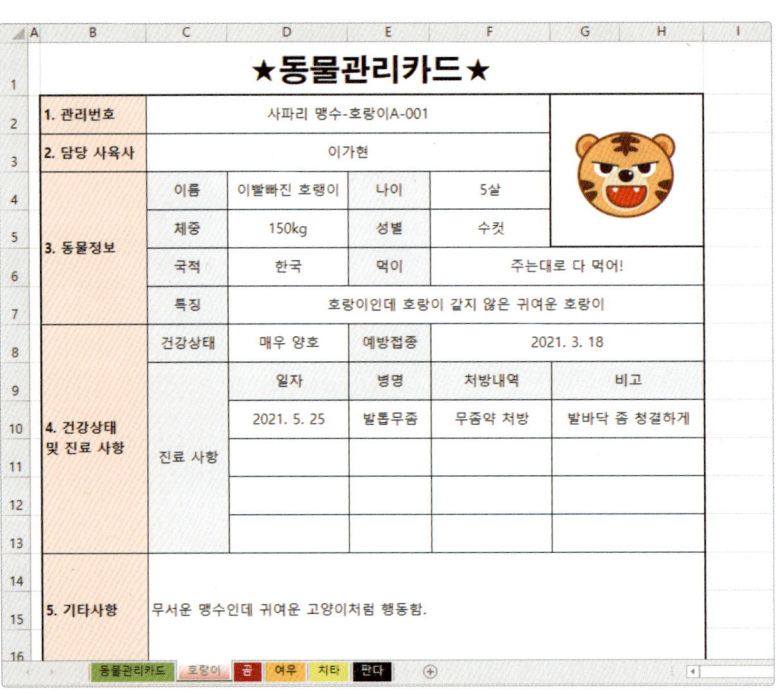

경영 스토리 읽어보기!

아소랜드의 사파리 동물들을 체계적으로 관리하기 위하여 동물의 모든 정보가 입력된 관리 카드가 필요합니다. 동물 관리 카드는 담당 사육사가 관리하고, 매주 금요일마다 수의사에게 건강 상태를 보고하여 동물들의 상태를 주기적으로 체크할 수 있도록 합니다.

재미있는 픽셀아트! (13일차_픽셀아트.xlsx)

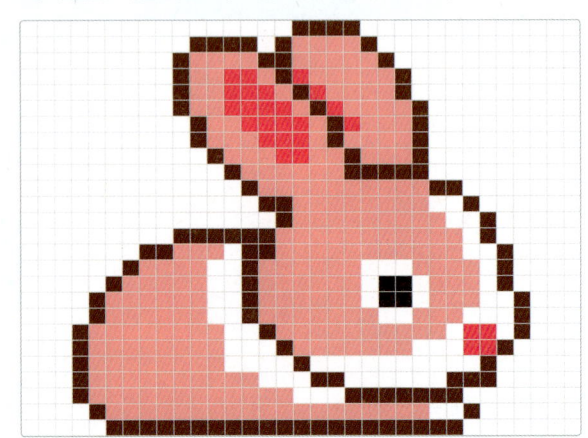

01 시트 이름 변경 및 시트 그룹하기

엑셀 프로그램에서 시트의 이름은 Sheet1, Sheet2, Sheet3... 등으로 작업 환경에 맞추어 생성되며, 원하는 이름으로 변경할 수 있습니다. 또한 시트를 그룹화하여 작업하면 그룹으로 지정된 모든 시트에 동일한 데이터를 한 번에 입력할 수 있어 편리합니다.

1. [파일]-[열기]-**[찾아보기()]**를 클릭합니다. [열기] 대화상자가 나오면 [불러올 파일]-[경영 13일차]에서 **13일차.xlsx**를 선택한 후 <열기> 단추를 클릭합니다.
   ※ 열기 바로 가기 키 : **Ctrl** + **O**

2. 13일차 파일이 열리면 [Sheet1] 탭 위에서 마우스 오른쪽 버튼을 눌러 **[이름 바꾸기]**를 클릭합니다. 시트 이름이 블록으로 지정되면 **호랑이**를 입력한 후 **Enter** 키를 눌러 변경된 시트의 이름을 확인합니다.

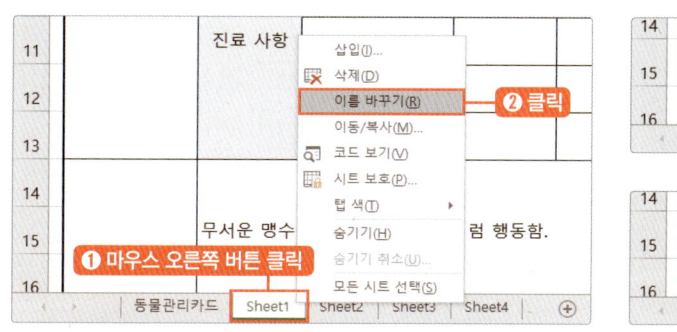

> **TIP** 시트 이름을 변경하는 또다른 방법!
>
> 시트 탭의 이름을 더블클릭하여 시트 이름이 블록으로 지정되면 새로운 이름을 입력한 후 **Enter** 키를 눌러 시트 이름을 변경할 수 있습니다.
>
>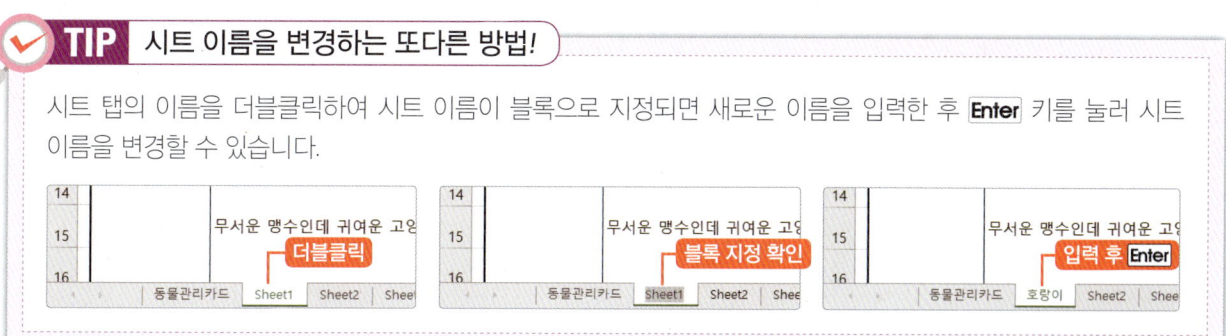

3. 동일한 방법으로 아래 그림을 참고하여 시트 탭의 이름을 변경합니다.

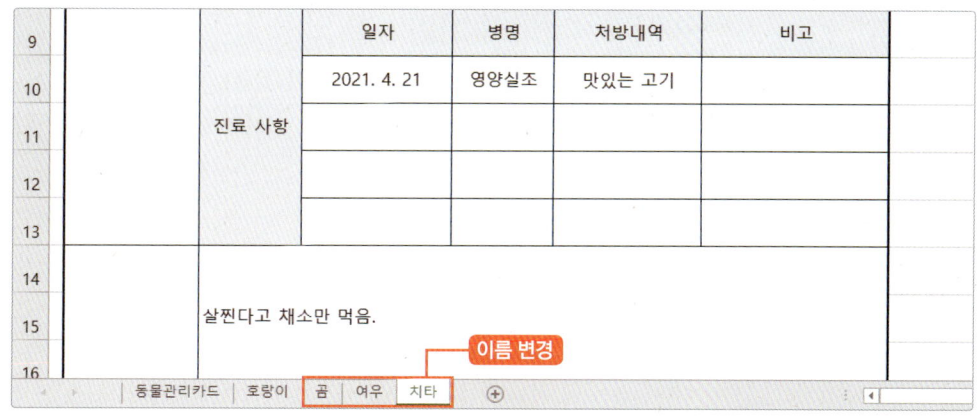

4. [호랑이] 탭을 선택한 후 Shift 키를 누른 채 [치타] 탭을 클릭하여 시트 탭을 그룹으로 지정합니다.

> **TIP** 워크시트 그룹화 및 시트 선택하기
>
> - 여러 개의 워크시트를 선택한 상태(그룹화)에서 작업을 실행하면 선택된 모든 시트에 동일한 작업 내용이 적용됩니다.
> - [호랑이], [곰], [여우], [치타] 시트를 그룹화한 상태에서 자료를 입력하면 해당 시트에 각각 동일한 데이터가 입력됩니다.
>
>   ❶ 연속된 워크시트 선택
>   - 첫 번째 시트를 클릭한 후 Shift 키를 누른 상태에서 그룹으로 지정할 마지막 시트를 클릭합니다.
>   - 다음의 경우 [호랑이], [곰], [여우], [치타] 시트에 동일한 내용을 입력할 수 있습니다.
>
>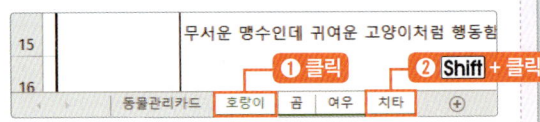
>
>   ❷ 연속되지 않은 워크시트 선택
>   - Ctrl 키를 누른 상태에서 그룹화할 시트를 각각 클릭합니다.
>   - 다음의 경우 [호랑이], [치타] 시트에만 동일한 내용을 입력할 수 있습니다.
>
>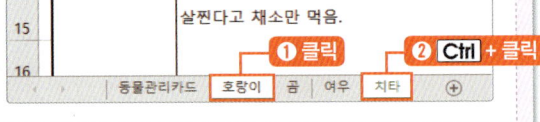

5. 시트가 그룹화된 상태에서 아래 그림과 같이 **데이터를 입력**한 후 [B2:B16] 영역에 **채우기 색(주황, 강조 2, 80% 더 밝게)**을 적용합니다.

   ※ 셀 채우기 색 변경 : [홈]-[글꼴]-채우기 색(🎨)의 목록 단추(▼)

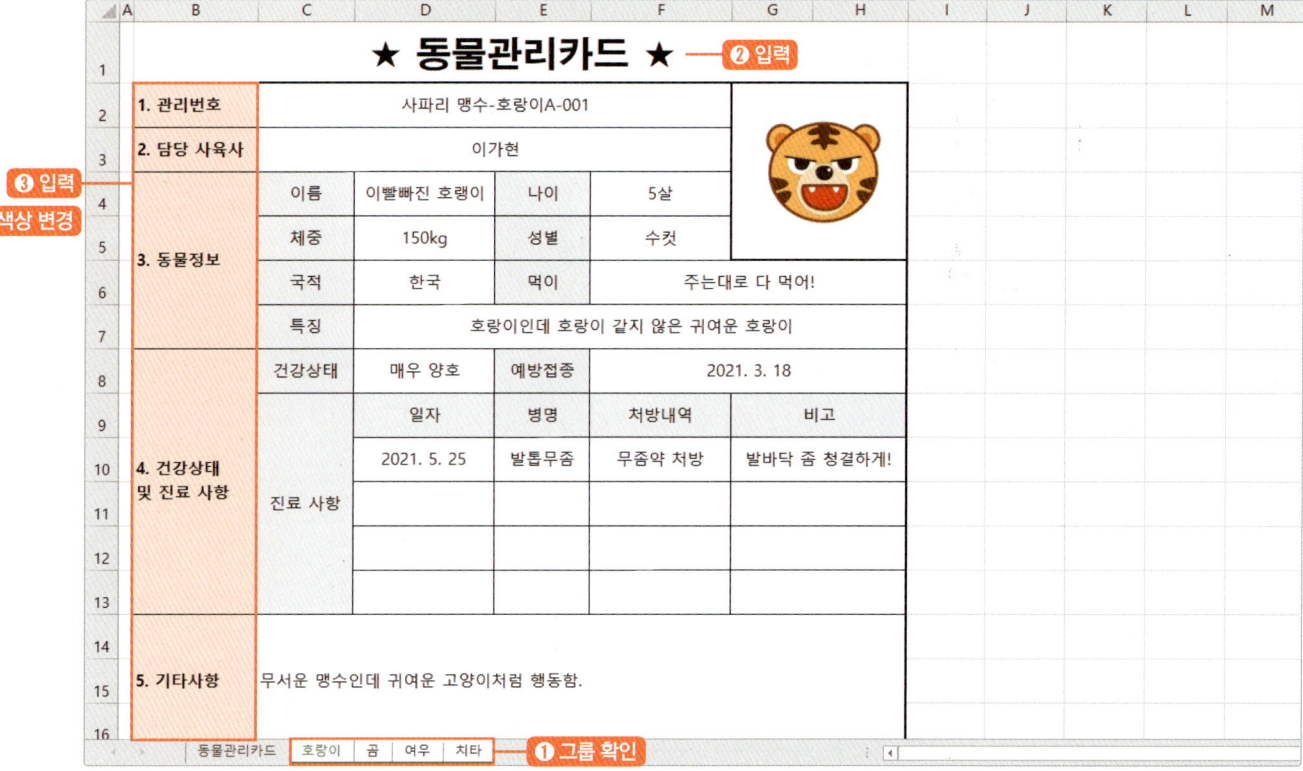

6. [호랑이] 탭 위에서 마우스 오른쪽 버튼을 눌러 **[시트 그룹 해제]**를 클릭하여 그룹화를 해제한 후 [곰], [여우], [치타] 시트에 동일한 내용이 입력되었는지 확인합니다.

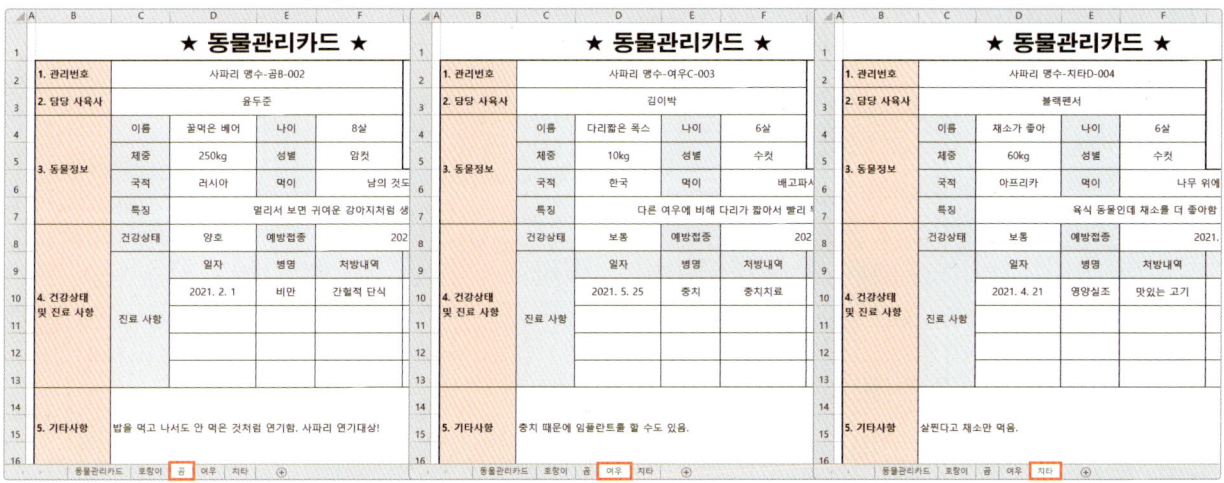

02 시트 탭 색상 변경 및 시트 복사하기

1. [호랑이] 탭 위에서 마우스 오른쪽 버튼을 눌러 **[탭 색]-빨강**을 선택합니다.

 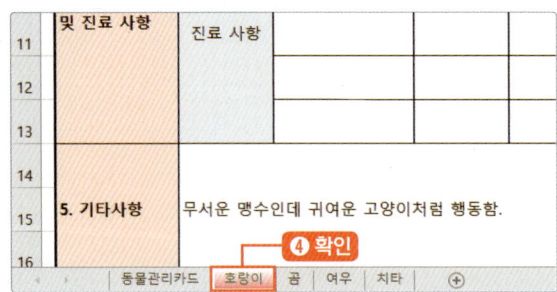

2. 동일한 방법으로 시트 탭의 색상을 변경합니다.

- [곰] : 진한 빨강, [여우] : 주황, [치타] : 노랑

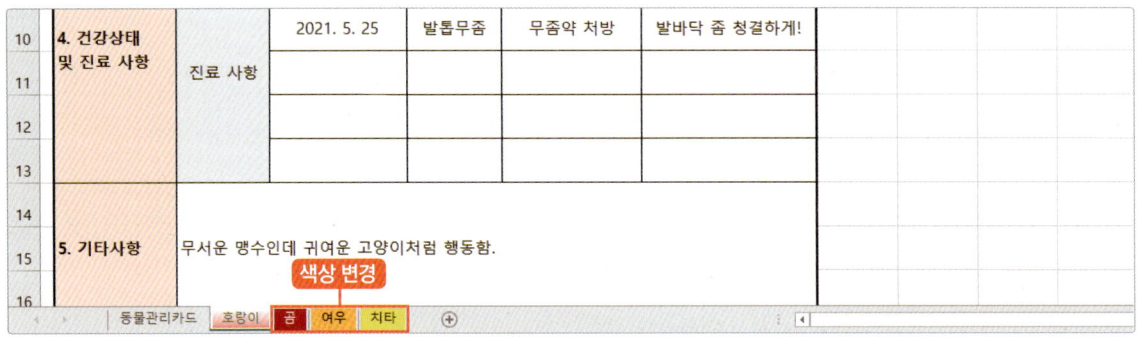

3. [치타] 탭 위에서 마우스 오른쪽 버튼을 눌러 **[이동/복사]**를 클릭합니다. 이어서, [이동/복사] 대화상자가 나오면 **(끝으로 이동)**과 **복사본 만들기**를 선택한 후 <확인> 단추를 클릭합니다.

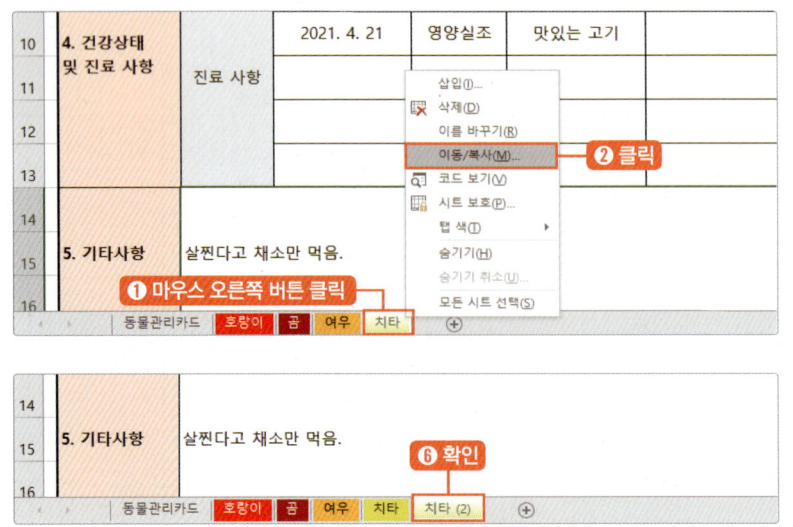 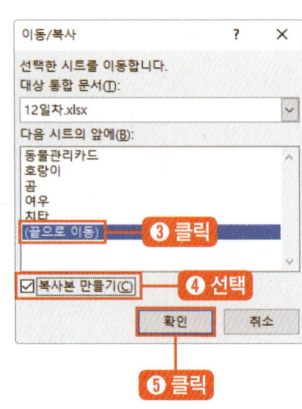

4. 복사된 시트의 이름을 **판다**로 수정한 후 시트 탭의 색상을 **검정, 텍스트 1**로 변경합니다.

5. 아래 그림을 참고하여 시트의 내용을 수정한 후 판다 이미지로 대체합니다.
   ※ 기존의 치타 이미지를 선택한 후 Delete 키를 눌러 그림을 삭제할 수 있습니다.

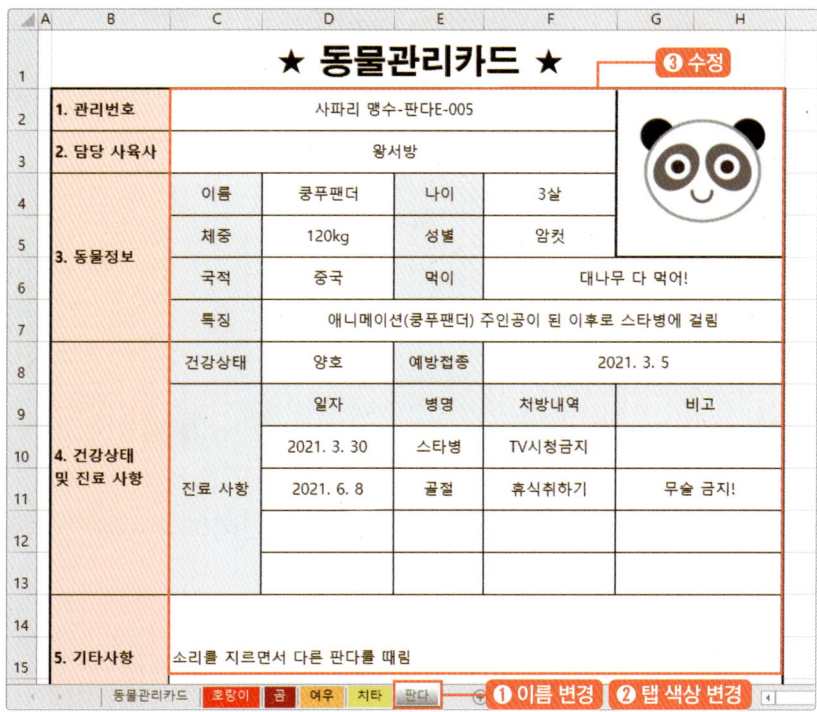

TIP 데이터 수정하기

❶ 부분 데이터 수정
- 수정할 데이터가 입력된 셀을 클릭한 후 수식 입력줄에서 해당 위치를 선택하여 수정합니다.
- 수정할 데이터가 입력된 셀을 클릭한 후 F2 키를 눌러 셀에서 직접 수정합니다.
- 수정할 데이터가 입력된 셀을 더블클릭한 후 셀에서 직접 수정합니다.

❷ 전체 데이터 수정
- 수정할 데이터가 입력된 셀을 클릭한 후 데이터를 새로 입력합니다.

03 워크시트 삽입/이동/삭제하기

1. 새로운 워크시트를 삽입하기 위해 [호랑이] 시트가 선택된 상태에서  (새 시트)를 클릭합니다.
   ※ 선택되어있던 시트의 뒤쪽으로 새로운 시트가 삽입됩니다.

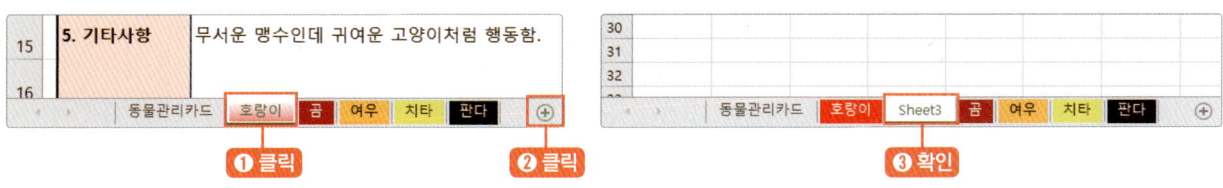

2. 새롭게 추가된 [Sheet3]을 [동물관리카드] 탭의 앞쪽으로 드래그하여 위치를 이동시킵니다.

   ※ 작업 환경에 따라 추가된 시트 이름이 다르게 나타날 수 있습니다.

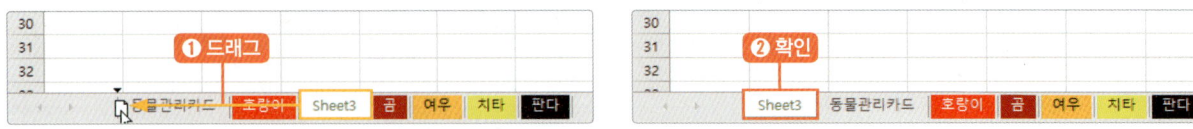

3. 이동된 [Sheet3] 탭 위에서 마우스 오른쪽 버튼을 눌러 **[삭제]**를 클릭하여 시트를 제거합니다.

4. 모든 작업이 끝나면 [파일]-**[저장]**을 선택하거나 [빠른 실행 도구 모음]에서 **저장(📄)**을 클릭합니다.

   ※ 저장 바로 가기 키 : `Ctrl` + `S`

TIP 워크시트를 편집하는 다양한 방법

시트 이름 바꾸기	• 시트 탭에서 [바로 가기] 메뉴-[이름 바꾸기] 선택 • 시트 탭 더블클릭 • [홈]-[셀]-[서식]-[시트 이름 바꾸기] 선택
시트 삽입	• 시트 탭에서 [바로 가기] 메뉴-[삽입] 선택 • 시트 탭 오른쪽의 ⊕ (새 시트) 클릭 • [홈]-[셀]-[삽입]-[시트 삽입] 선택
시트 삭제	• 시트 탭에서 [바로 가기] 메뉴-[삭제] 선택 • [홈]-[셀]-[삭제]-[시트 삭제] 선택
시트 이동	• 시트 탭에서 [바로 가기] 메뉴-[이동/복사] 선택 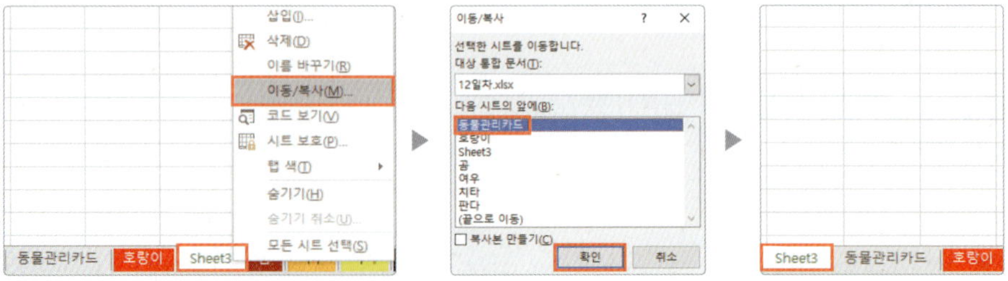 • 해당 시트 탭을 원하는 위치로 드래그
시트 복사	• 시트 탭에서 [바로 가기] 메뉴-[이동/복사] 선택 후 '복사본 만들기' 선택 • `Ctrl` 키를 누른 채 해당 시트를 원하는 위치로 드래그

13일차 경영 마무리하기

미션 01 - 시트 작성

📁 불러올 파일 : 13일차_미션01.xlsx   💾 완성된 파일 : 13일차_미션01(완성).xlsx

순번	상품명	입고수량	입고날짜	재고수량	총 수량
1	쥐포				
2	문어발				
3	오징어				
4	소시지				
5	소떡소떡				
6	회오리감자				
7	햄버거				
8	핫도그				
9	구슬아이스크림				

아소 스낵 상품 입고 LIST

시트 탭: 첫째 주 / 둘째 주 / 셋째 주 / 넷째 주 / 다섯째 주

작업 순서

1. [Sheet3]을 두 개 복사 → 시트의 이름을 변경 → 시트 탭을 원하는 색상으로 변경 → 모든 시트를 그룹으로 지정
   ※ [첫째 주]~[다섯째 주] 시트에 동일한 데이터를 입력하기 위해 모든 시트를 그룹으로 지정한 후 작업합니다.
2. [B1:G1] 영역을 병합하여 제목을 입력 → 각각의 데이터를 입력 → [B2:G2] 영역에 굵게 지정 및 색 채우기(노랑) → 시트 그룹 해제
   ▲ 작업순서에 없는 내용은 출력형태를 참고하여 작성

미션 02 - 함수 계산

📁 불러올 파일 : 13일차_미션02.xlsx   💾 완성된 파일 : 13일차_미션02(완성).xlsx

COUNT 함수
- 기능 : 숫자(날짜 포함)가 입력된 셀의 개수를 구하는 함수
- 형식 : =COUNT(셀 범위)

조건

1. 품목 개수[F12:G12] : 입고 수량 데이터를 이용하여 7월 첫째 주에 입고된 상품의 품목 개수를 구함(COUNT)
   ※ COUNT 함수는 범위에서 숫자가 포함된 셀의 개수를 구합니다.

7월) 아소 스낵 상품 입고 LIST

순번	상품명	입고수량	입고날짜	재고수량	총 수량
1	쥐포	50	2021. 7. 1	50	100
2	문어발				
3	오징어				
4	소시지	60	2021. 7. 1	40	100
5	소떡소떡				
6	회오리감자				
7	햄버거	80	2021. 7. 1	20	100
8	핫도그	100	2021. 7. 1	0	100
9	구슬아이스크림				
	7월 첫째 주에 입고된 상품의 품목 개수는?				4

14일차 표 서식과 자동 필터

- 표 서식을 지정하여 자동 필터를 생성하는 방법을 알아봅니다.
- 자동 필터 기능으로 원하는 값만 추출하는 방법을 알아봅니다.

📁 불러올 파일 : 14일차.xlsx   📗 완성된 파일 : 14일차(완성).xlsx

경영 스토리 읽어보기!

아소랜드 관람객들의 편의를 위하여 놀이기구 정보(키 제한, 이용요금, 평균 대기시간 등)를 알려주는 앱을 개발하려고 합니다.
앱 개발에 필요한 놀이기구 정보와 관련 이미지 등을 정리하여 프로그램 개발 회사에 전달하도록 합니다.

재미있는 픽셀아트! (14일차_픽셀아트.xlsx)

01 표 서식 지정하기

시트에 입력된 데이터를 이용하여 표 서식을 지정하면 '표 스타일 적용'과 동시에 '▼(자동 필터 목록 단추)'가 생성됩니다.

1. [파일]-[열기]-[**찾아보기()**]를 클릭합니다. [열기] 대화상자가 나오면 [불러올 파일]-[경영 14일차]에서 **14일차.xlsx**를 선택한 후 <열기> 단추를 클릭합니다.

   ※ 열기 바로 가기 키 : `Ctrl` + `O`

2. 14일차 파일이 열리면 [B2:H22] 영역을 드래그한 후 [홈]-[스타일]-[표 서식(📋)]-**표 스타일 보통 6**을 클릭합니다.

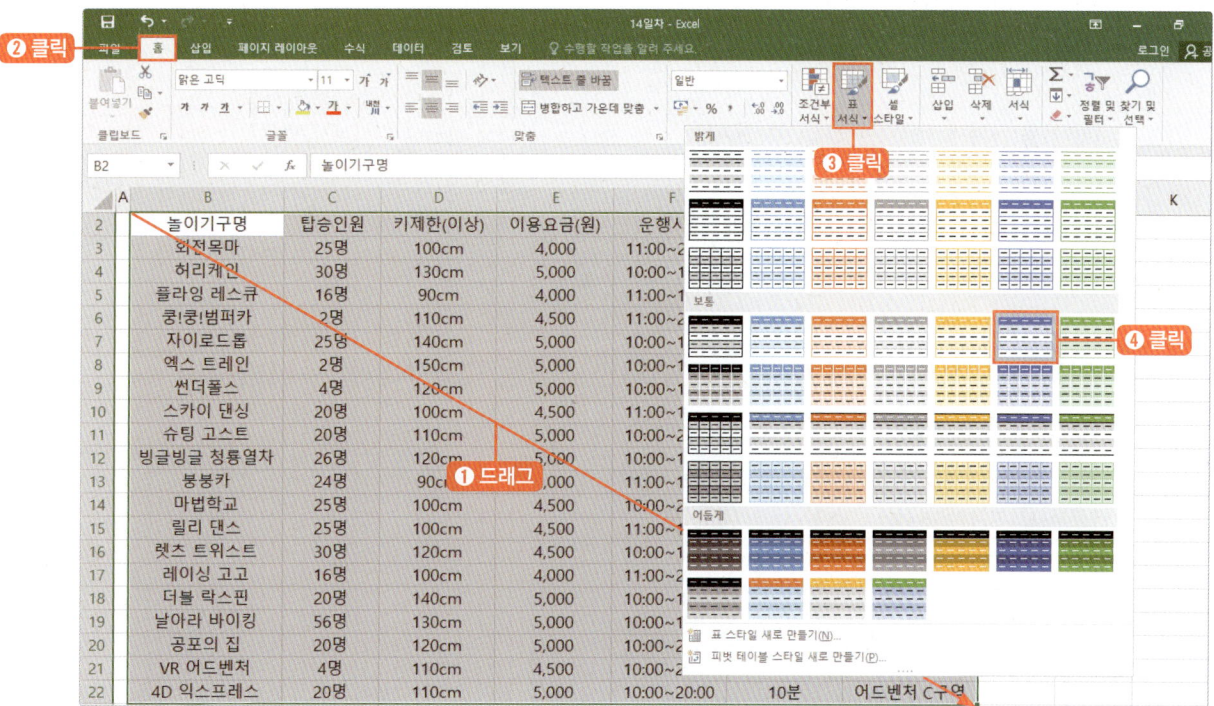

3. [표 서식] 대화상자가 나오면 <확인> 단추를 클릭한 후 적용된 표 서식을 확인합니다.

경영 14일차 놀이기구 정보 알아보기!_표 서식과 자동 필터 **093**

02 자동 필터 기능으로 데이터 추출하기

필터란 조건에 만족하는 데이터만 추출하는 편리한 기능입니다. 표 서식이 적용된 데이터의 ▼(자동 필터 목록 단추)로 자동 필터 기능을 이용할 수 있습니다.

1. **위치** 필드 오른쪽의 ▼(자동 필터 목록 단추)를 클릭한 후 '어드벤처 B구역', '어드벤처 C구역'의 선택을 해제합니다. 이어서, <확인> 단추를 클릭합니다.

2. **위치** 필드가 **어드벤처 A구역**인 데이터만 추출된 것을 확인할 수 있습니다.

TIP 자동 필터

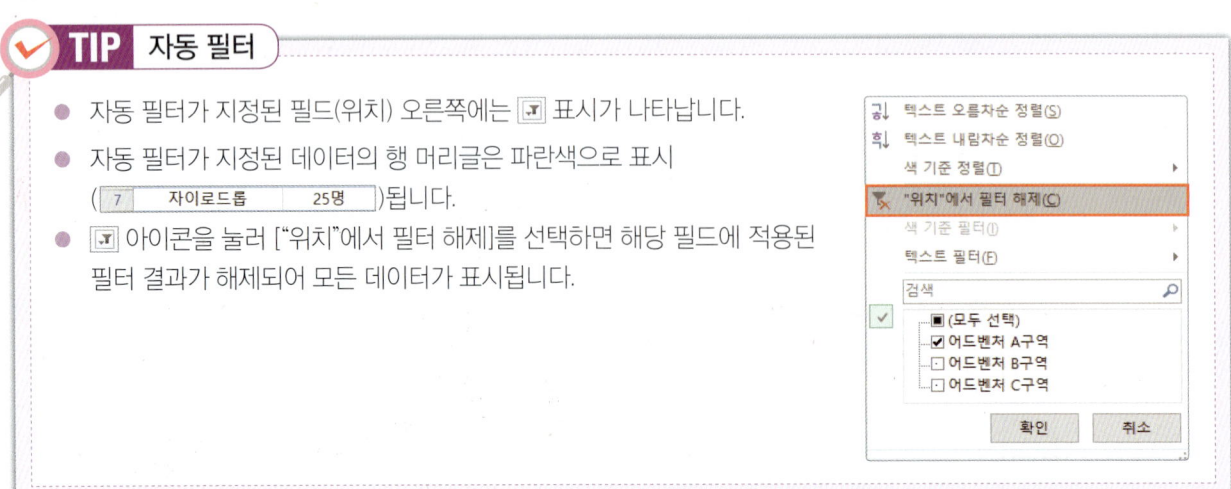

- 자동 필터가 지정된 필드(위치) 오른쪽에는 ▼ 표시가 나타납니다.
- 자동 필터가 지정된 데이터의 행 머리글은 파란색으로 표시 (7 자이로드롭 25명)됩니다.
- ▼ 아이콘을 눌러 ["위치"에서 필터 해제]를 선택하면 해당 필드에 적용된 필터 결과가 해제되어 모든 데이터가 표시됩니다.

03 추출한 데이터를 새로운 시트에 옮기기

1. ⊕(새 시트)를 클릭한 후 추가된 시트의 이름을 **어드벤처 A구역**으로 변경한 후 [1] 행의 높이를 50으로 지정합니다.

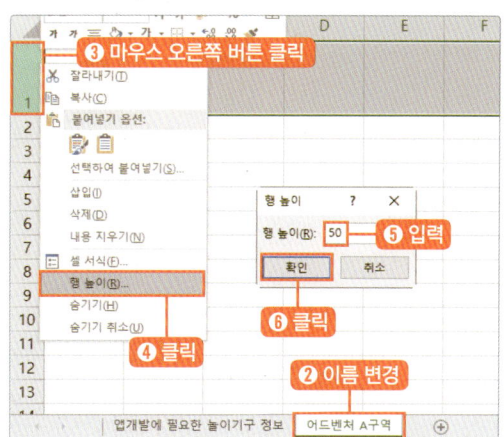

2. [앱개발에 필요한 놀이기구 정보] 시트 탭을 선택하여 [B2:H19] 영역을 드래그한 후 Ctrl + C 키를 눌러 복사합니다.

   ※ [홈]-[클립보드]-[복사(📋)]를 클릭해도 결과는 동일합니다.

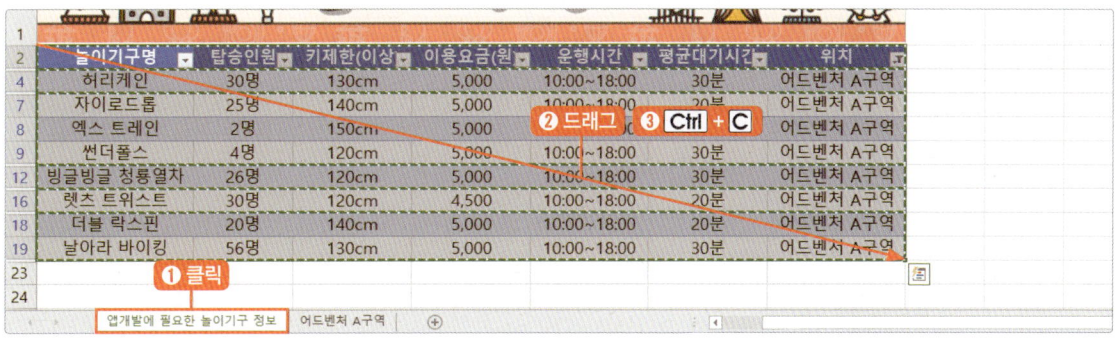

3. [어드벤처 A구역] 시트 탭의 [A2] 셀을 클릭합니다. 이어서, Ctrl + Alt + V 키를 눌러 [선택하여 붙여넣기] 대화상자가 나오면 **열 너비**를 선택한 후 <확인> 단추를 클릭합니다.

   ※ [홈]-[클립보드]-[붙여넣기(📋)]의 목록 단추(붙여넣기▼)-[선택하여 붙여넣기]를 클릭해도 결과는 동일합니다.

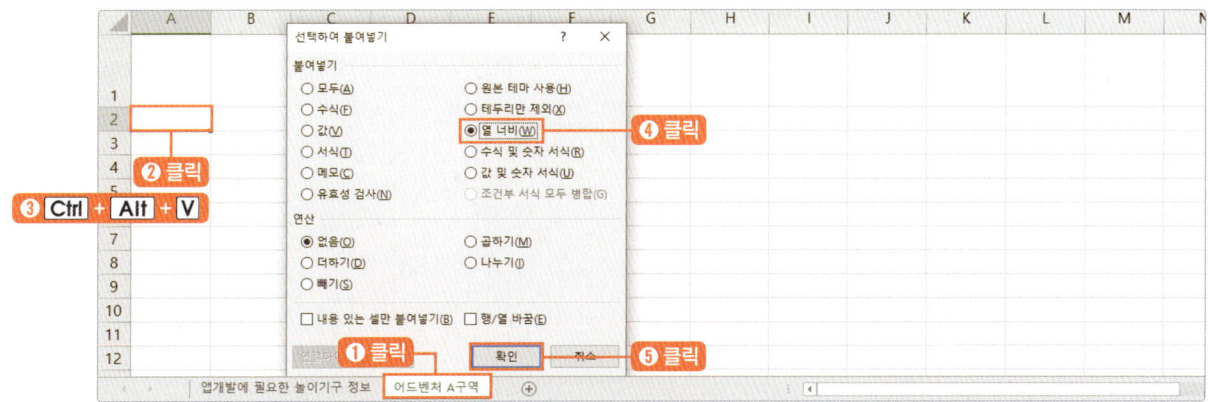

4. 열 너비가 변경되면 [A2] 셀이 선택된 상태에서 Ctrl + V 키를 눌러 데이터를 붙여넣기 합니다.

   ※ [홈]-[클립보드]-[붙여넣기()]를 클릭해도 결과는 동일합니다.

5. [A1:G1] 영역을 **병합**한 후 내용(**어드벤처 A구역의 놀이기구 정보**)을 입력합니다. 이어서, **글꼴(HY 견고딕)**과 **글꼴 크기(24pt)**를 변경합니다.

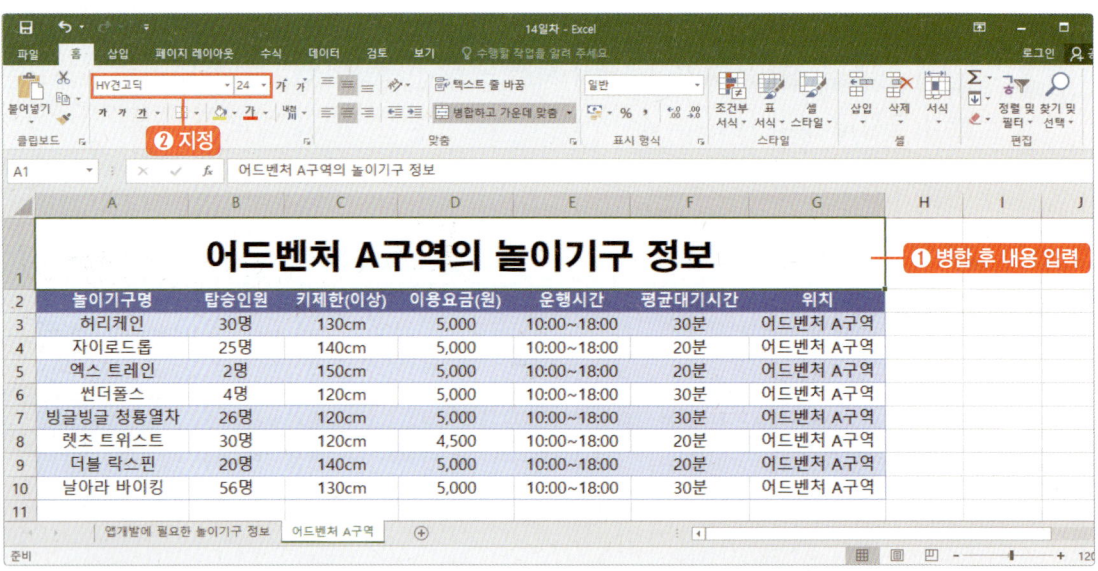

04 사용자 지정 자동 필터 기능으로 데이터 추출하기

1. [앱개발에 필요한 놀이기구 정보] 시트 탭에서 위치 필드 오른쪽의 아이콘을 클릭하여 **["위치"에서 필터 해제]**를 선택합니다.

2. **키제한(이상)** 필드 오른쪽의 (자동 필터 목록 단추)를 클릭한 후 [숫자 필터]-**[크거나 같음]**을 클릭합니다. 이어서, [사용자 지정 자동 필터] 대화상자가 나오면 그림과 같이 찾을 조건을 지정한 후 <확인> 단추를 클릭합니다.

   ※ 130은 반드시 입력하도록 합니다.

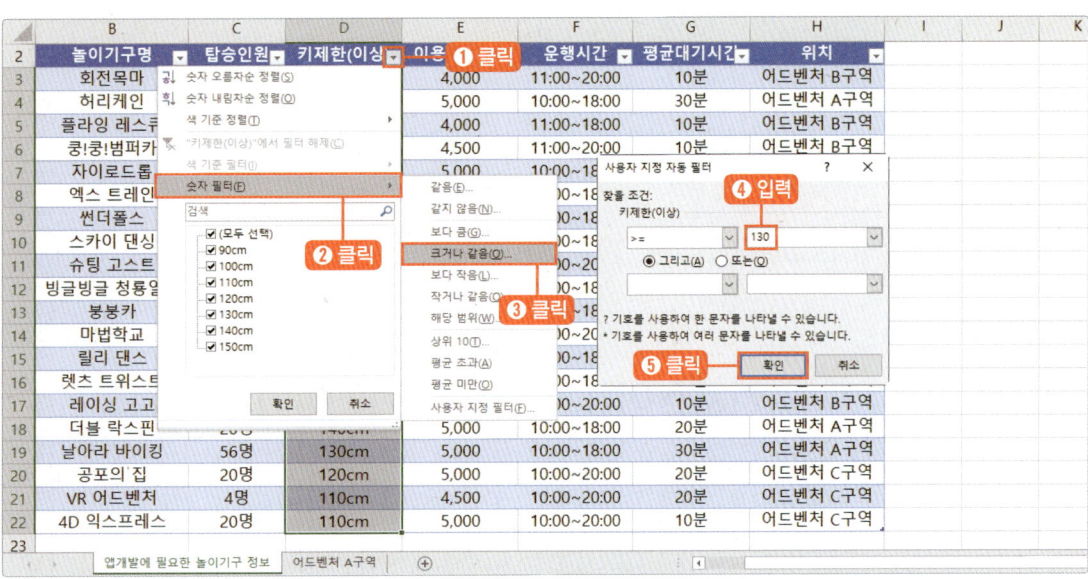

3. **키제한(이상)** 필드가 **130cm 이상**인 데이터만 추출된 것을 확인할 수 있습니다.

4. 다음 내용을 참고하여 새로운 시트에 데이터를 복사해 봅니다.

① 새로운 시트를 추가한 후 시트 이름 변경(키제한 130cm 이상) → [키제한 130cm 이상] 시트를 맨 뒤쪽으로 이동 → [1] 행의 높이를 50으로 변경

② [앱개발에 필요한 놀이기구 정보] 시트의 [B2:H19] 영역을 복사
   ※ 복사 바로 가기 키 : Ctrl + C
   ※ 해당 영역은 키제한(이상)이 130cm 이상인 데이터입니다.

③ [키제한 130cm 이상] 시트 탭을 클릭한 후 [A2] 셀에 선택하여 붙여넣기(열 너비) → 데이터 붙여넣기
   ※ 선택하여 붙여넣기 바로 가기 키 : Ctrl + Alt + V
   ※ 붙여넣기 바로 가기 키 : Ctrl + V

④ [키제한 130cm 이상] 시트의 [A1:G1] 영역을 병합하고 가운데 맞춤 → 제목 내용 입력(키제한이 130cm 이상인 놀이기구 정보) → 글꼴(HY견고딕) 및 글꼴 크기(24pt)를 변경

5. 모든 작업이 끝나면 [파일]-[저장]을 선택하거나 [빠른 실행 도구 모음]에서 저장(🖫)을 클릭합니다.
   ※ 저장 바로 가기 키 : Ctrl + S

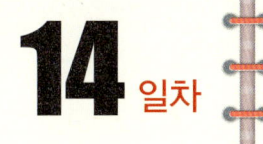

경영 마무리하기

미션 01 시트 작성

📁 불러올 파일 : 14일차_미션01.xlsx 💾 완성된 파일 : 14일차_미션01(완성).xlsx

작업 순서

1. [이용시간 필터링] 시트의 [B2:H22] 영역에 표 서식을 지정 → 표 스타일 보통 21
2. 이용시간 필드 오른쪽의 ▼ (자동 필터 목록 단추)를 클릭 → [숫자 필터]-[사용자 지정 필터] → 찾을 조건 지정(이용시간이 10분 이상이면서 15분 이하)
   ※ [사용자 지정 자동 필터] 대화상자에서 이용시간은 직접 입력하여 지정합니다.
   ▲ 작업순서에 없는 내용은 출력형태를 참고하여 작성

미션 02 함수 계산

📁 불러올 파일 : 14일차_미션02.xlsx 💾 완성된 파일 : 14일차_미션02(완성).xlsx

COUNTIF 함수
- 기능 : 특정 조건을 만족하는 셀의 개수를 구하는 함수
- 형식 : =COUNTIF(셀 범위, 조건)

조건
1. 개수[E14] : 이용요금(원)이 4000원 이하인 놀이기구의 개수를 구함(COUNTIF)

놀이기구명	탑승인원(최대)	키제한(이상)	이용요금(원)	위치
회전목마	25명	100cm	3,000	어드벤처 B구역
허리케인	30명	130cm	5,000	어드벤처 A구역
플라잉 레스큐	16명	90cm	4,000	어드벤처 B구역
쿵!쿵!범퍼카	2명	110cm	4,500	어드벤처 B구역
자이로드롭	25명	140cm	5,000	어드벤처 A구역
엑스 트레인	2명	150cm	5,000	어드벤처 A구역
썬더폴스	4명	120cm	5,000	어드벤처 A구역
스카이 댄싱	20명	100cm	4,500	어드벤처 B구역
슈팅 고스트	20명	110cm	5,000	어드벤처 C구역
빙글빙글 청룡열차	26명	120cm	3,500	어드벤처 A구역
봉봉카	24명	90cm	4,000	어드벤처 B구역
이용요금이 4000원 이하인 놀이기구의 개수는?			4	

고급 필터

- 고급 필터에 필요한 조건을 입력하는 방법을 알아봅니다.
- 입력된 조건을 이용하여 결과를 표시하는 방법을 알아봅니다.

📁 불러올 파일 : 15일차.xlsx   📁 완성된 파일 : 15일차(완성).xlsx

완성작품 미리보기

	A	B	C	D	E	F	G	H
1		◆ 아소랜드 직원 채용 정보 ◆						〈김씨 성〉을 가진 데이터의 이름, 나이, 성별, 경력, 지원업무, 근무형태, 특징을 필터링하기
2		이름	나이	성별	경력	지원업무	근무형태	특징
3		장팔동	28	남	3	주차요원	주말야간	팔이 길어서 주차 안내를 잘할 수 있음
4		신동엽	34	남	5	사육사	평일주간	TV 동물농장에 자주 출현하여 동물들이 얼굴을 알아봄
5		이미화	21	여	3	미화원	주말주간	바닥에 붙은 껌을 1초 만에 뗄 수 있음
6		김안내	22	여	2	안내원	평일주간	외국어가 능통하지만 대화를 잘하지 못함
7		백종원	38	남	5	요리사	평일주간	설탕을 완전 좋아하쥬~
8		강형욱	28	남	4	수의사	평일주간	강아지 대통령이 아닌 모든 동물들의 대통령이 되고 싶은 사람
9		지석진	32	남	3	사육사	평일주간	동물들과 얘기를 할 수 있음(특히 임팔라)
10		김판매	21	남	1	판매원	주말주간	김을 판매하다가 다른 제품도 판매하고 싶어서 도전한 사람
11		유안전	30	남	3	운전사	평일주간	첫째도 안전! 둘째도 안전! 안전운전을 중시함
12		공유	29	남	4	수의사	주말야간	도깨비 방망이를 이용하여 모든 동물들을 치료할 수 있음
13		최자두	23	여	0	안내원	평일야간	초등학생들의 궁금증을 모두 해결해 줄 수 있음
14								
15		이름						
16		김*						
17								
18		이름	나이	성별	경력	지원업무	근무형태	특징
19		김안내	22	여	2	안내원	평일주간	외국어가 능통하지만 대화를 잘하지 못함
20		김판매	21	남	1	판매원	주말주간	김을 판매하다가 다른 제품도 판매하고 싶어서 도전한 사람

경영 스토리 읽어보기!

아소랜드에 부족한 직원을 충원하기 위해 채용에 관련된 내용을 홈페이지에 공지합니다.
접수된 이력서는 업무별로 신규 채용과 경력 채용으로 분류시킨 후 담당 업무에 필요한 유능한 인재를 채용합니다.

재미있는 픽셀아트! (15일차_픽셀아트.xlsx)

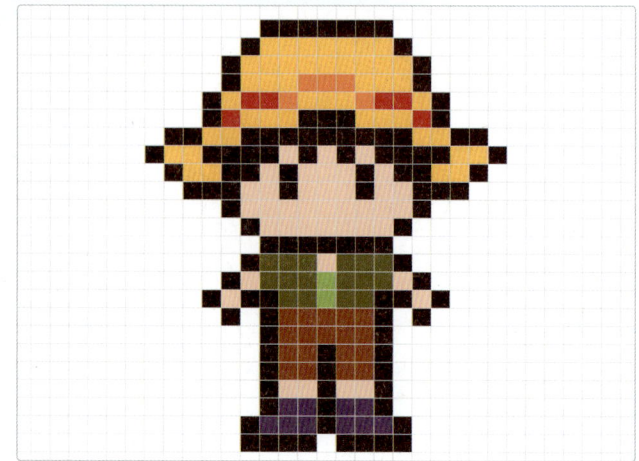

01 고급 필터에 필요한 조건을 입력하기

고급 필터란 특정 조건을 셀에 입력한 후 원하는 데이터를 찾아 새로운 위치에 검색 결과를 표시할 수 있는 기능입니다.

1. [파일]-[열기]-[**찾아보기(** **)**]를 클릭합니다. [열기] 대화상자가 나오면 [불러올 파일]-[경영 15일차]에서 **15일차.xlsx**를 선택한 후 <열기> 단추를 클릭합니다.
※ 열기 바로 가기 키 : Ctrl + O

2. 고급 필터 기능을 이용하여 '**김씨 성**'을 가진 데이터의 '**이름, 나이, 성별, 경력, 지원업무, 근무형태, 특징**'을 필터링 해보도록 하겠습니다.

3. 15일차 파일이 열리면 [고급필터1] 시트의 [B2] 셀을 복사한 후 [B15] 셀에 붙여넣기 합니다. 이어서, [B16] 셀에 **김***을 입력합니다.
※ 복사 바로 가기 키 : Ctrl + C / 붙여넣기 바로 가기 키 : Ctrl + V

TIP 고급 필터 조건 지정

① 비교 연산자 : =(같다), <>(같지 않다), >=(~이상), <=(~이하), >(초과), <(미만)

② 별표(*) : 모든 문자를 찾을 수 있음
 - 가* : '가'로 시작하는 모든 문자
 - *가 : '가'로 끝나는 모든 문자
 - *가* : '가'를 포함하는 모든 문자

③ 물음표(?) : 글자 수에 맞춰서 찾을 수 있습니다.
 - 가? : '가'로 시작하는 두 글자 / 가?? : '가'로 시작하는 세 글자
 - ?가 : '가'로 끝나는 두 글자 / ??가 : '가'로 끝나는 세 글자

④ 논리 연산자(AND 또는 OR 함수를 이용)

고급 필터의 결과를 표시하기

고급 필터의 결과는 원하는 위치에 표시할 수 있으며, 모든 필드의 값 또는 특정 필드의 값만 추출할 수 있습니다.

1. [B2:H13] 영역에서 임의의 셀을 선택한 후 [데이터]-[정렬 및 필터]-[고급( )]을 클릭합니다.

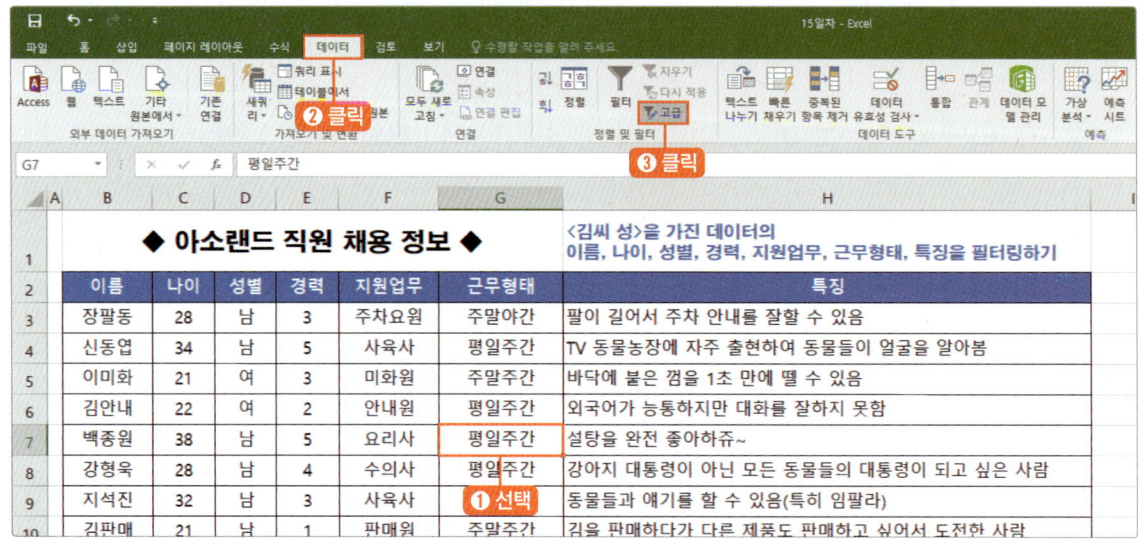

2. [고급 필터] 대화상자가 나오면 '목록 범위', '조건 범위'를 지정합니다. 이어서, '다른 장소에 복사'를 선택하여 복사 위치 입력 창이 활성화되면 '복사 위치'를 지정한 후 <확인> 단추를 클릭합니다.

- 목록 범위 → [B2:H13] : 추출할 데이터가 있는 모든 범위
- 조건 범위 → [B15:B16] : 필터링에 사용될 조건이 입력된 범위
- 복사 위치 → [B18] : 필터링이 완료된 데이터가 복사될 위치

3. '김씨 성'을 가진 데이터의 '이름, 나이, 성별, 경력, 지원업무, 근무형태, 특징'이 필터링 된 것을 확인합니다.

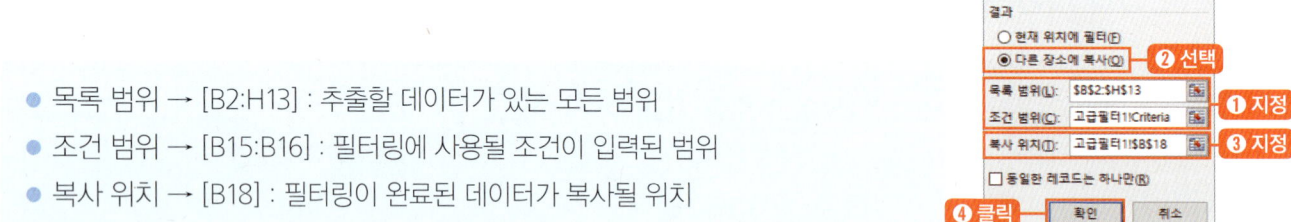

03 두 개의 조건을 입력한 후 필터링하기(AND 조건 : ~이면서, ~이고)

1. 두 가지의 조건을 입력한 후 고급 필터 기능을 이용하여 '**성별이 여자이면서 경력이 3년**'인 데이터의 '**이름, 나이, 성별, 경력**'을 필터링 해보도록 하겠습니다.

2. [고급필터2] 시트를 선택한 후 [D2:E2] 영역을 복사하여 [B15] 셀에 붙여넣기 합니다. 이어서, [B16] 셀에 **여**를 입력한 후 [C16] 셀에 **3**을 입력합니다.

    ※ 복사 바로 가기 키 : Ctrl + C / 붙여넣기 바로 가기 키 : Ctrl + V

3. 특정 필드(**이름, 나이, 성별, 경력**)의 데이터만 추출하기 위하여 [B2:E2] 영역을 복사한 후 [B18] 셀에 붙여넣기 합니다.

    ※ 복사 바로 가기 키 : Ctrl + C / 붙여넣기 바로 가기 키 : Ctrl + V
    ※ 복사했던 영역은 Esc 키를 눌러 해제할 수 있습니다.

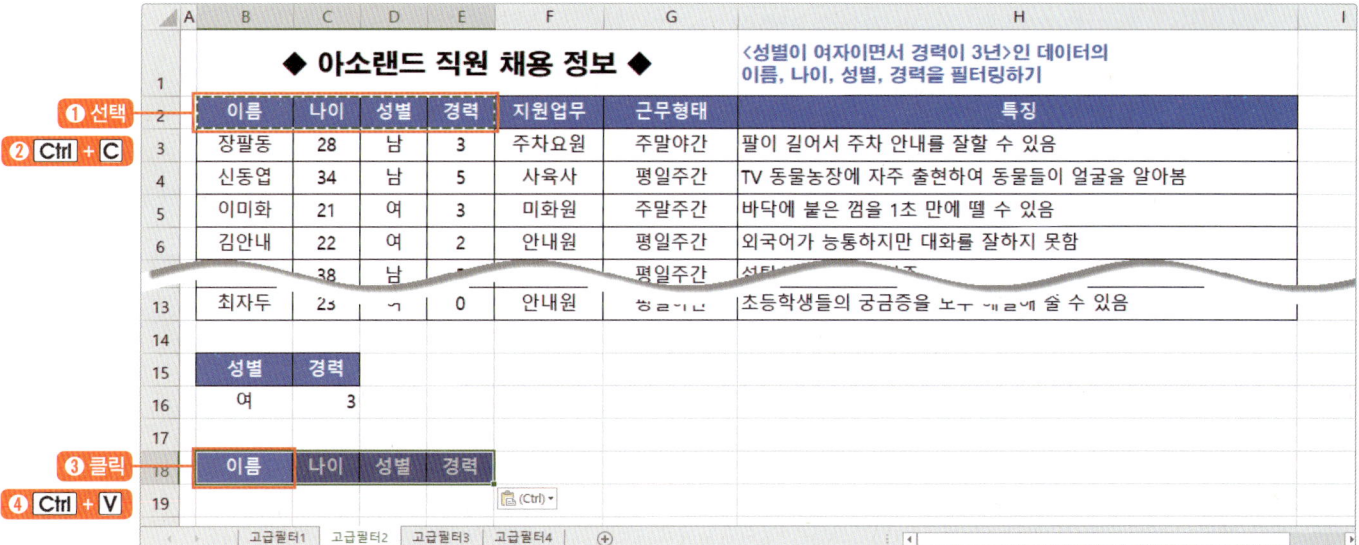

4. [B2:H13] 영역에서 임의의 셀을 선택한 후 [데이터]-[정렬 및 필터]-[고급( )]을 클릭합니다.

5. [고급 필터] 대화상자가 나오면 아래 내용을 참고하여 '목록 범위, 조건 범위, 복사 위치'를 지정한 후 <확인> 단추를 클릭합니다.

- 목록 범위 : [B2:H13] / 조건 범위 : [B15:C16] / 복사 위치 : [B18:E18]

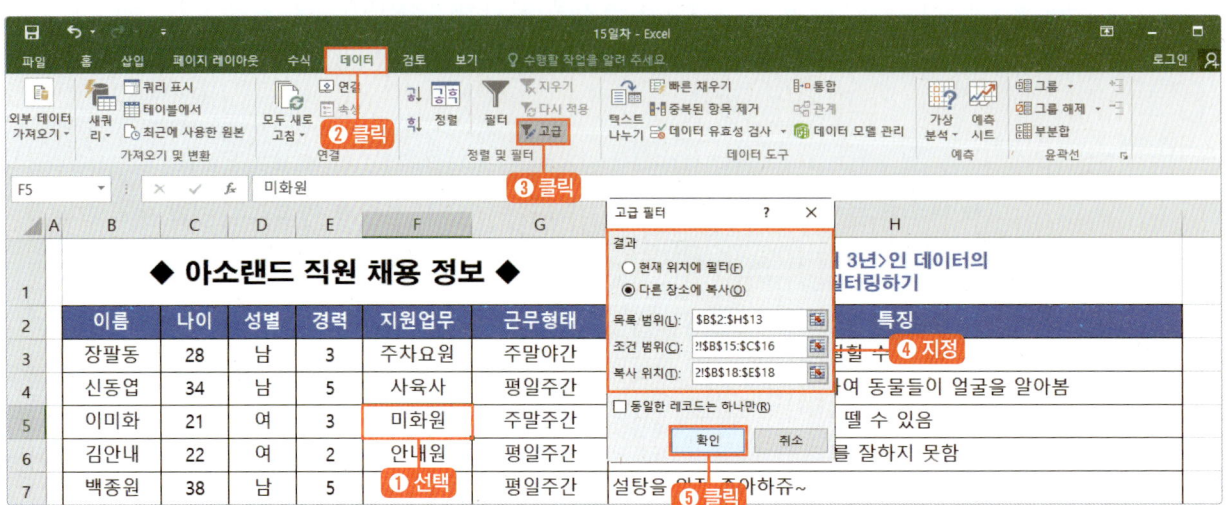

6. '성별이 여자이고 경력이 3년'인 데이터의 '이름, 나이, 성별, 경력'이 필터링 된 것을 확인합니다.

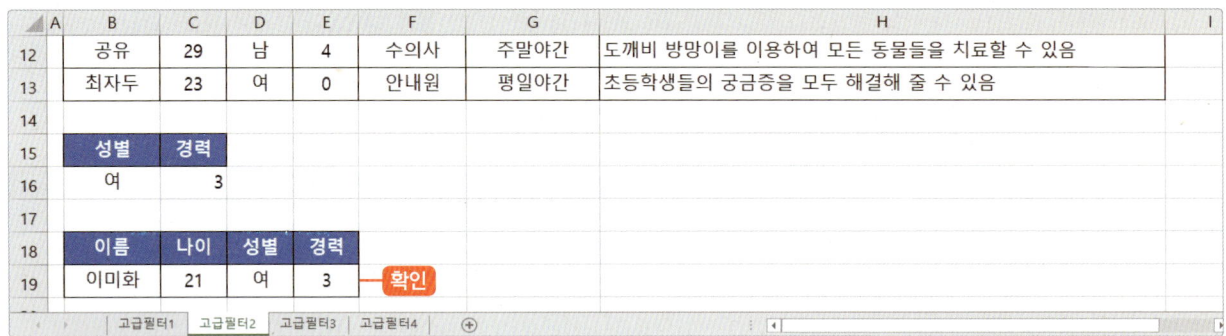

TIP 고급 필터에 사용될 조건을 입력할 때 주의사항

조건에 데이터를 입력할 때는 반드시 목록 범위의 데이터 형식과 동일하게 입력해야 하며, 만약 다른 형식으로 입력하면 필터링 되지 않습니다.

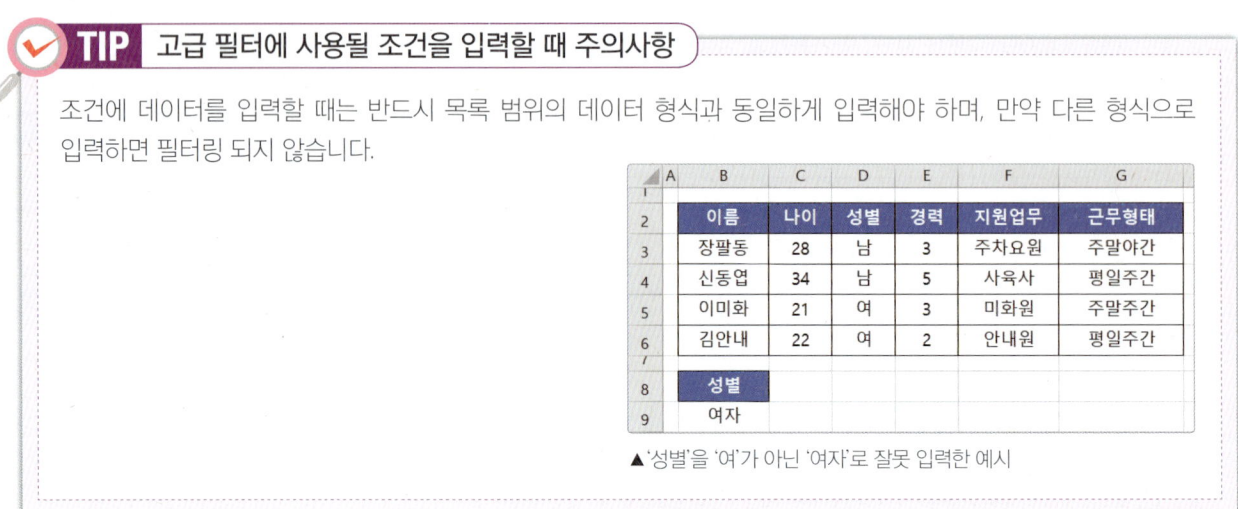

▲ '성별'을 '여'가 아닌 '여자'로 잘못 입력한 예시

04 두 개의 조건을 입력한 후 필터링하기(OR 조건 : ~이거나, ~또는)

1. 두 가지의 조건을 입력한 후 고급 필터 기능을 이용하여 **'나이가 25세 이상이거나 경력이 1년 이하'**인 데이터의 **'이름, 나이, 경력, 지원업무'**를 필터링 해보도록 하겠습니다.

2. [고급필터3] 시트를 선택한 후 [C2] 셀과 [E2] 셀을 복사하여 [B15] 셀에 붙여넣기 합니다. 이어서, [B16] 셀에 **>=25**를 입력한 후 [C17] 셀에 **<=1**을 입력합니다.

※ 복사 바로 가기 키 : Ctrl + C / 붙여넣기 바로 가기 키 : Ctrl + V
※ Ctrl 키를 이용하여 비연속적인 셀을 한 번에 선택할 수 있습니다.

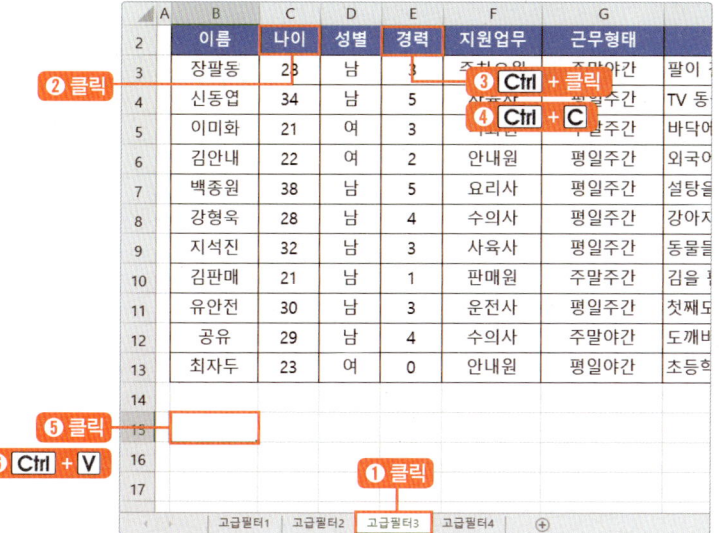

TIP 조건(AND, OR)입력

- **AND 조건**(조건을 서로 같은 행에 입력 : 두 가지 조건을 모두 만족해야만 결과를 표시)
  [예] '성별이 여자이면서 경력이 3년'인 데이터만 표시

- **OR 조건**(조건을 서로 다른 행에 입력 : 두 가지 조건 중 하나만 만족해도 결과를 표시)
  [예] '나이가 25세 이상이거나 경력이 1년 이하'인 데이터만 표시

  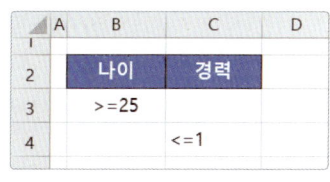

3. 특정 필드(**이름, 나이, 경력, 지원업무**)의 데이터만 추출하기 위하여 [B2:C2], [E2:F2] 영역을 각각 선택하여 복사한 후 [B19] 셀에 붙여넣기 합니다.

   ※ 복사 바로 가기 키 : Ctrl + C / 붙여넣기 바로 가기 키 : Ctrl + V
   ※ Ctrl 키를 이용하여 비연속적인 셀을 한 번에 선택할 수 있습니다.

4. [E]열과 [F]열 머리글 사이에 마우스 포인터를 위치(✛)시킨 후 더블클릭하여 [E] 열의 너비를 조절합니다.

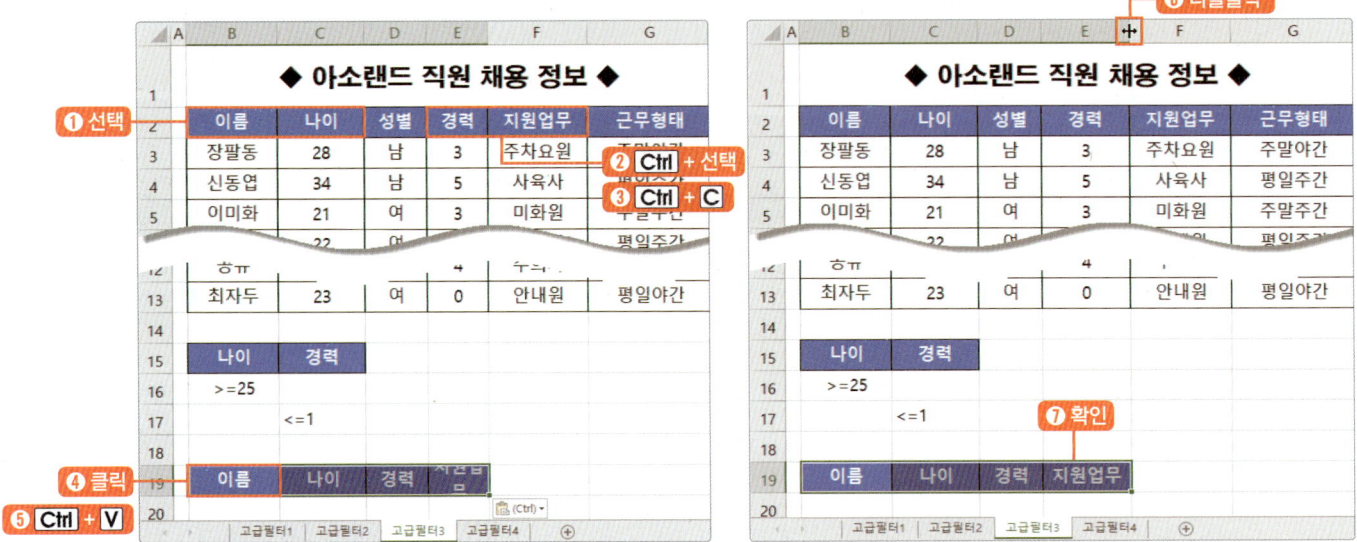

5. [B2:H13] 영역에서 임의의 셀을 선택한 후 [데이터]-[정렬 및 필터]-[**고급**(▼)]을 클릭합니다.

6. [고급 필터] 대화상자가 나오면 아래 내용을 참고하여 '목록 범위, 조건 범위, 복사 위치'를 지정한 후 <확인> 단추를 클릭합니다.

   • 목록 범위 : [B2:H13] / 조건 범위 : [B15:C17] / 복사 위치 : [B19:E19]

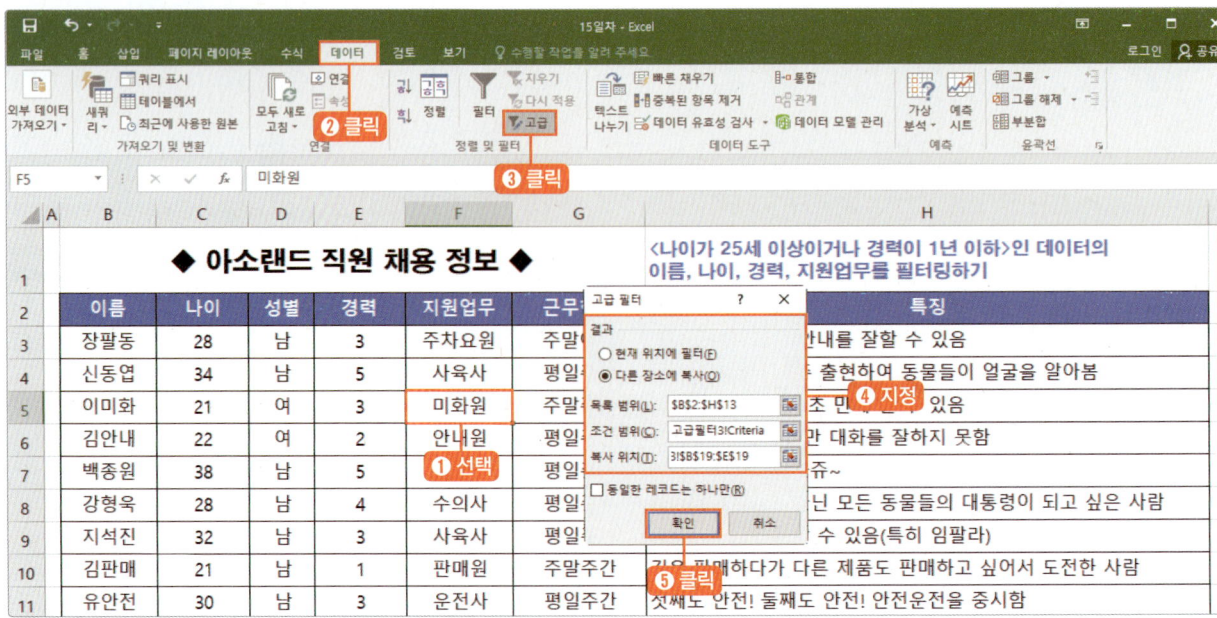

7. '나이가 25세 이상이거나 경력이 1년 이하'인 데이터의 '이름, 나이, 경력, 지원업무'가 필터링 된 것을 확인합니다.

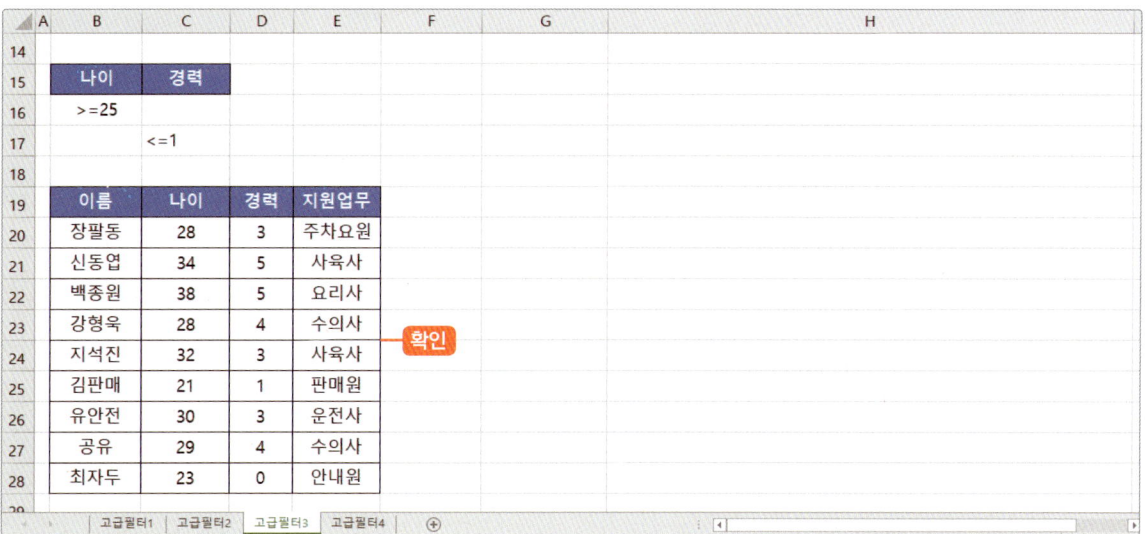

05 함수를 이용하여 조건을 입력한 후 필터링하기(AND 함수)

1. AND 함수에 조건을 입력한 후 고급 필터 기능을 이용하여 '**나이가 30세 이하이면서 근무형태가 평일주간**'인 데이터의 '**이름, 나이, 성별, 경력, 지원업무, 근무형태, 특징**'을 필터링 해보도록 하겠습니다.

2. [고급필터4] 시트의 [B16] 셀을 선택한 후 **함수 삽입**()을 클릭합니다.

3. [함수 마법사] 대화상자가 나오면 **AND** 함수를 찾아 <확인> 단추를 클릭합니다.
   ※ 해당 함수가 보이지 않을 경우에는 '범주 선택'을 '모두'로 변경한 후 검색합니다.

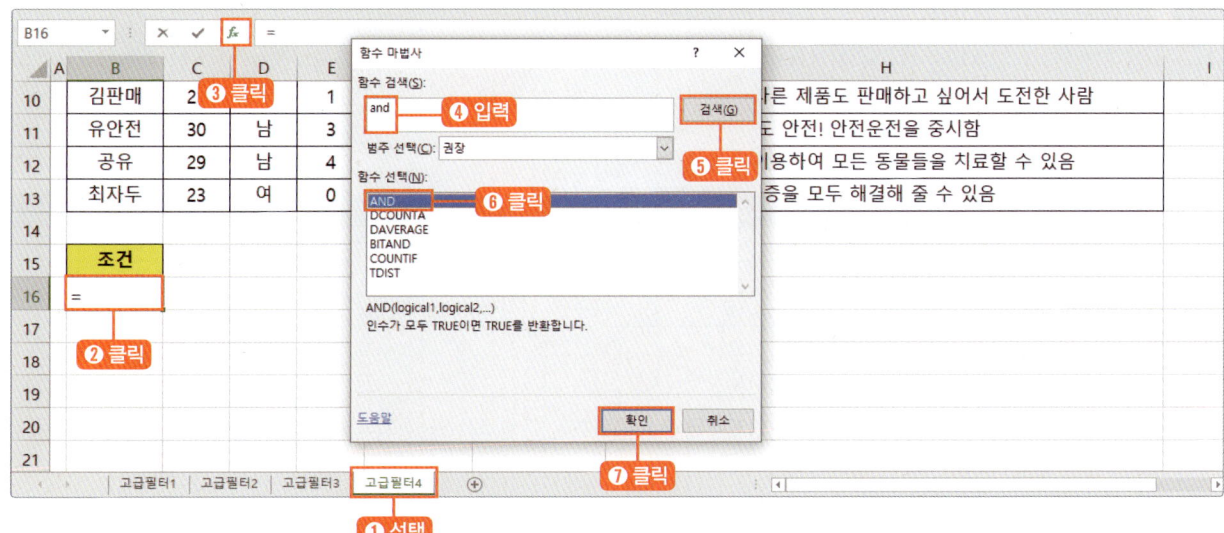

4. [함수 인수] 대화상자가 나오면 아래와 같이 각각의 인수 값을 입력한 후 <확인> 단추를 클릭합니다.

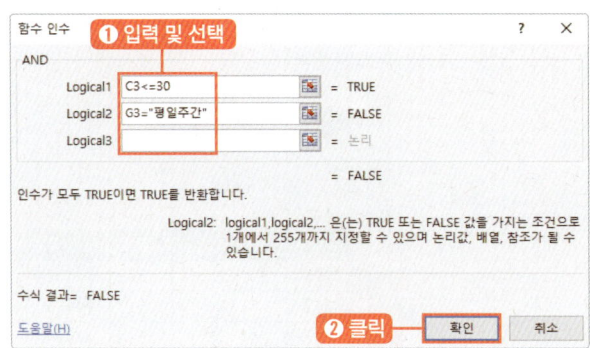

- Logical1 입력 칸을 클릭한 후 **C3<=30**을 입력합니다.
  ※ 첫 번째 입력 칸에는 첫 번째 조건(나이가 30세 이하)을 입력합니다.
- Logical2 입력 칸을 클릭한 후 **G3="평일주간"**을 입력합니다.
  ※ 두 번째 입력 칸에는 두 번째 조건(근무형태가 평일주간)을 입력합니다.

5. [B2:H13] 영역에서 임의의 셀을 선택한 후 [데이터]-[정렬 및 필터]-[고급( )]을 클릭합니다.

6. [고급 필터] 대화상자가 나오면 아래 내용을 참고하여 '목록 범위, 조건 범위, 복사 위치'를 지정한 후 <확인> 단추를 클릭합니다.

- 목록 범위 : [B2:H13] / 조건 범위 : [B15:B16] / 복사 위치 : [B18]

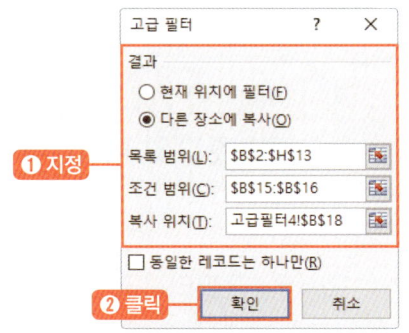

7. '나이가 30세 이하이면서 근무형태가 평일주간'인 데이터의 '이름, 나이, 성별, 경력, 지원업무, 근무형태, 특징'이 필터링 된 것을 확인합니다.

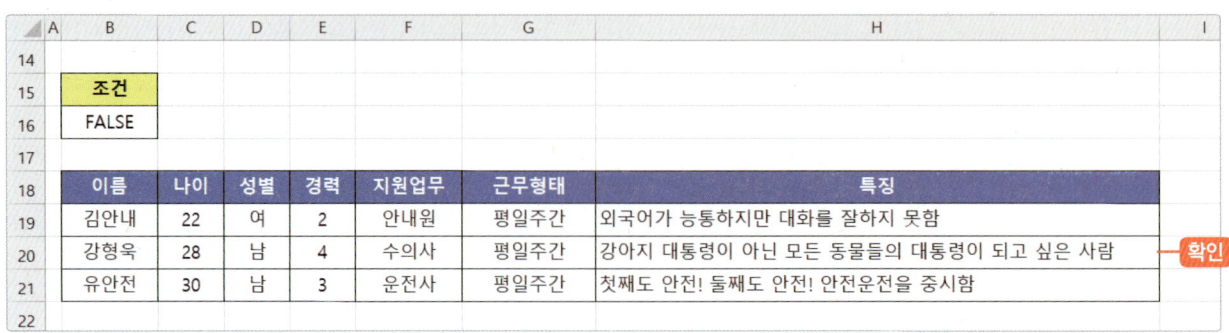

8. 모든 작업이 끝나면 [파일]-[저장]을 선택하거나 [빠른 실행 도구 모음]에서 **저장( )**을 클릭합니다.
   ※ 저장 바로 가기 키 : Ctrl + S

경영 마무리하기

미션 01 시트 작성

📂 불러올 파일 : 15일차_미션01.xlsx   💾 완성된 파일 : 15일차_미션01(완성).xlsx

	B	C	D	E	F	G	H
1	◆ 아소랜드 직원 채용 정보 ◆						<나이가 22세 이하이거나 경력이 5년>인 데이터의 이름, 나이, 경력을 필터링하기(OR 함수 이용)
2	이름	나이	성별	경력	지원업무	근무형태	특징
3	장팔동	28	남	3	주차요원	주말야간	팔이 길어서 주차 안내를 잘할 수 있음
4	신동엽	34	남	5	사육사	평일주간	TV 동물농장에 자주 출현하여 동물들이 얼굴을 알아봄
5	이미화	21	여	3	미화원	주말주간	바닥에 붙은 껌을 1초 만에 뗄 수 있음
6	김안내	22	여	2	안내원	평일주간	외국어가 능통하지만 대화를 잘하지 못함
7	강형욱	28	남	4	수의사	평일주간	강아지 대통령이 아닌 모든 동물들의 대통령이 되고 싶은 사람
8	지석진	32	남	3	사육사	평일주간	동물들과 얘기를 할 수 있음(특히 임팔라)
9	김판매	21	남	1	판매원	주말주간	김을 판매하다가 다른 제품도 판매하고 싶어서 도전한 사람
10	유안전	30	남	3	운전사	평일주간	첫째도 안전! 둘째도 안전! 안전운전을 중시함
11	최자두	23	여	0	안내원	평일야간	초등학생들의 궁금증을 모두 해결해 줄 수 있음
12							
13	조건						
14	FALSE						
15							
16	이름	나이	경력				
17	신동엽	34	5				
18	이미화	21	3				
19	김안내	22	2				
20	김판매	21	1				

작업 순서

❶ [B2:H11]을 아래 조건에 맞게 고급 필터를 사용하여 작성함
  - 조건 : 나이가 22세 이하이거나 경력이 5년인 데이터를 이름, 나이, 경력의 데이터만 필터링
  - 조건 위치 : 조건 함수는 [B14] 셀에 작성(OR 함수를 이용)
  - 결과 위치 : [B16]부터 출력
  ▲ 작업순서에 없는 내용은 출력형태를 참고하여 작성

미션 02 함수 계산

📂 불러올 파일 : 15일차_미션02.xlsx   💾 완성된 파일 : 15일차_미션02(완성).xlsx

	A	B	C	D	E	F
1						
2		★ 아소랜드 직원 채용 평균 나이 ★				
3						
4		직원 채용 평균 나이				26.55555556
5						
6		직원 채용 평균 나이를 소수 첫째 자리에서 반올림				27
7		직원 채용 평균 나이를 소수 첫째 자리에서 올림				27
8		직원 채용 평균 나이를 소수 첫째 자리에서 내림				26

ROUND 함수
- 기능 : 수를 지정한 자릿수로 반올림하는 함수
- 형식 : =ROUND(반올림할 수, 반올림할 자릿수)

조건

❶ 반올림[F6] : [F4] 셀을 이용하여 직원 채용 평균 나이를 소수 첫째 자리에서 반올림(ROUND)
❷ 올림[F7] : [F4] 셀을 이용하여 직원 채용 평균 나이를 소수 첫째 자리에서 올림(ROUNDUP)
❸ 내림[F8] : [F4] 셀을 이용하여 직원 채용 평균 나이를 소수 첫째 자리에서 내림(ROUNDDOWN)

※ ROUND 자릿수 지정하는 방법(ROUNDUP, ROUNDDOWN 함수도 동일함)
  • 0 : 소수 첫째 자리에서 반올림하여 일의 자리(정수)를 구함(직원 채용 평균 나이 : 27)
  • 1 : 소수 둘째 자리에서 반올림하여 소수 첫째 자리를 구함(직원 채용 평균 나이 : 26.6)
  • -1 : 정수 첫째 자리에서 반올림하여 십의 자리를 구함(직원 채용 평균 나이 : 30)

16일차 경영 중간 점검하기

선생님 확인	부모님 확인

1 아래 내용을 읽고 정답을 찾아 문제를 풀어보세요.

01 다음 중 함수의 이름과 기능이 서로 일치하지 않는 것은 무엇일까요?

① ROUND ▶ 수를 지정한 자릿수로 반올림하는 함수
② ROUNDUP ▶ 수를 지정한 자릿수로 내림(버림)하는 함수
③ SMALL ▶ 셀 범위에서 입력한 숫자 번째로 작은 값을 구하는 함수
④ RIGHT ▶ 오른쪽 글자부터 지정한 수만큼의 문자를 추출하는 함수

02 [E2] 셀에 평균을 기준으로 순위(내림차순)를 구할 때 입력될 함수식으로 올바른 것은 무엇일까요?

① =RIGHT(D2,1)
② =SUM(D2:D4)
③ =AVERAGE(D2:D4)
④ =RANK.EQ(D2,$D$2:$D$4)

	A	B	C	D	E
1	이름	국어	수학	평균	순위
2	최자두	85	80	82.5	2
3	노진구	70	60	65	3
4	홍길동	80	100	90	1

03 [E2] 셀에 평균이 80 이상이면 '합격' 그렇지 않으면 '불합격'을 표시할 때 입력될 함수식으로 올바른 것은 무엇일까요?

① =IF(D2>=80,"합격","불합격")
② =IF(D2>=80,"불합격","합격")
③ =IF(D2<=80,"합격","불합격")
④ =IF(D2<=80,"불합격","합격")

	A	B	C	D	E
1	이름	국어	수학	평균	결과
2	최자두	85	80	82.5	합격
3	노진구	70	60	65	불합격
4	홍길동	80	100	90	합격

04 [G4] 셀에 가장 높은 총점을 구할 때 입력될 함수식으로 올바른 것은 무엇일까요?

① =MIN(E2:E6)
② =MAX(E2:E6)
③ =SUM(E2:E6)
④ =AVERAGE(E2:E6)

	A	B	C	D	E	F	G
1	학년	이름	국어	수학	총점		
2	3학년	최자두	85	80	165		가장 높은 총점
3	4학년	노진구	70	60	130		
4	3학년	홍길동	80	100	180		200
5	4학년	유재석	100	100	200		
6	4학년	다솜이	90	80	170		

05 [E8] 셀에 국어, 영어, 수학 점수 중에서 90 이상인 셀의 개수를 표시하기 위한 함수식으로 올바른 것은 무엇일까요?

① =COUNT(C2:C6,">=90")
② =COUNT(C2:E6,">=90")
③ =COUNTIF(C2:E6,">=90")
④ =COUNTIF(C2:C6,">=90")

	A	B	C	D	E
1	학년	이름	국어	영어	수학
2	3학년	최자두	85	75	80
3	4학년	노진구	70	75	60
4	3학년	홍길동	80	90	100
5	4학년	유재석	100	90	100
6	4학년	다솜이	90	80	80
7					
8	90점 이상인 셀의 개수				6

2 작성 조건을 참고하여 시트를 완성해 보세요.

📁 불러올 파일 : 16일차.xlsx   📄 완성된 파일 : 16일차(완성).xlsx

	A	B	C	D	E	F	G	H
1				★ 아소랜드 상반기 단체 관람객 현황 ★				
2		기간	어린이집	유치원	초등학교	중학교	고등학교	기타
3		1월	1,200	1,600	1,500	800	900	1,800
4		2월	900	1,500	1,200	1,000	1,100	1,500
5		3월	1,100	1,800	1,500	900	800	1,200
6		4월	1,500	2,300	1,700	1,200	1,000	1,300
7		5월	1,800	2,600	2,300	1,500	1,300	1,200
8		6월	1,600	2,400	2,200	1,300	1,200	1,400
9								
10		중학교	고등학교					
11		>=1200	>=1200					
12								
13		기간	중학교	고등학교				
14		5월	1,500	1,300				
15		6월	1,300	1,200				

▲ [상반기 단체 관람객] 시트에서 작업

조건

❶ **고급 필터 조건** : 중학교 관람객이 1200명 이상이면서 고등학교 관람객이 1200명 이상인 자료의 '기간, 중학교, 고등학교' 데이터만 추출
- 조건 위치 : [B10] 셀부터 입력
- 결과 복사 위치 : [B13] 셀부터 출력

	A	B	C	D	E	F	G	H
1				♣ 아소랜드 하반기 단체 관람객 현황 ♣				
2		기간	어린이집	유치원	초등학교	중학교	고등학교	기타
3		7월	1,600	2,300	2,100	1,400	1,100	1,500
4		8월	1,500	1,900	1,300	900	700	1,200
5		9월	1,600	2,400	2,000	1,100	1,000	1,400
6		10월	1,700	2,500	2,200	1,200	1,100	1,600
7		11월	1,400	2,300	1,200	1,000	900	1,400
8		12월	1,200	2,100	1,900	900	800	1,200
9								
10		조건						
11		FALSE						
12								
13		기간	어린이집	유치원	초등학교	중학교	고등학교	기타
14		8월	1,500	1,900	1,300	900	700	1,200
15		11월	1,400	2,300	1,200	1,000	900	1,400

▲ [하반기 단체 관람객] 시트에서 작업

조건

❶ **고급 필터 조건** : 어린이집 관람객이 1500명이거나 초등학교 관람객이 1200명 이하인 자료의 모든 데이터를 추출
- 조건 위치 : 조건 함수는 [B11] 한 셀에 작성(OR 함수 이용)
- 결과 복사 위치 : [B13] 셀부터 출력

17일차 기본 차트 작성

- 차트를 삽입하는 방법을 알아봅니다.
- 차트를 편집하는 방법을 알아봅니다.

📁 불러올 파일 : 17일차.xlsx 📁 완성된 파일 : 17일차(완성).xlsx

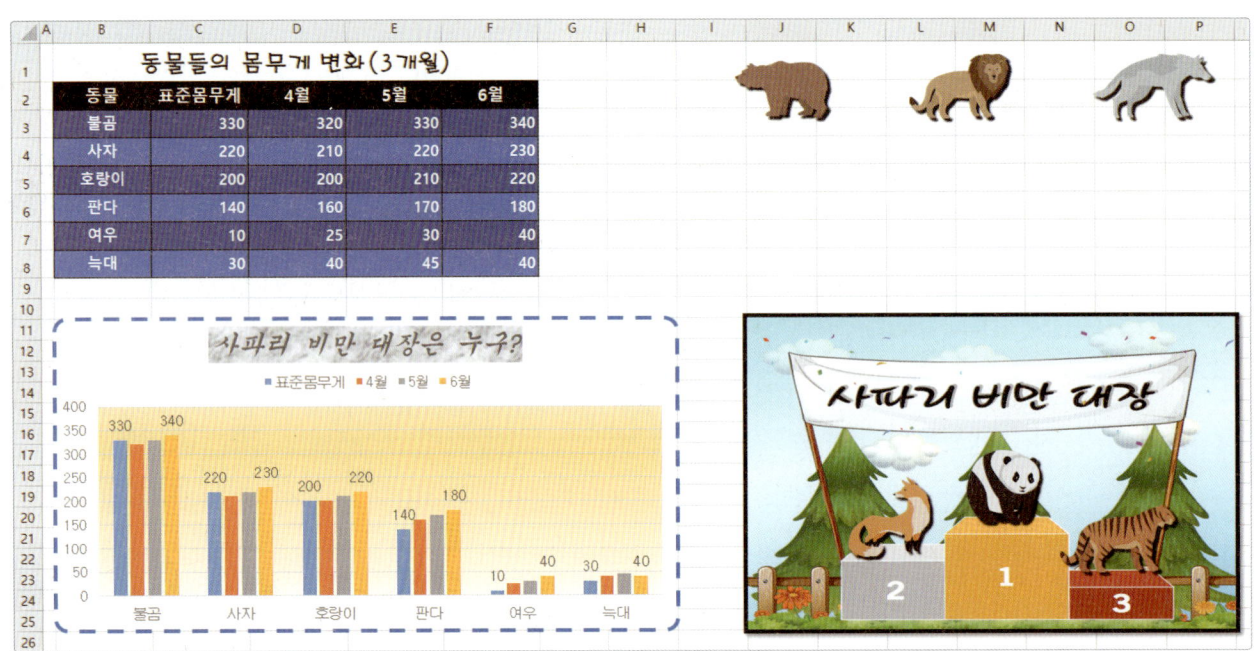

사파리 맹수들 중에서는 운동 부족과 스트레스 등의 원인으로 몸무게가 평균 수치보다 많이 나가는 동물들이 늘어나고 있습니다. 동물들의 건강과 사파리 운영에 문제가 생기지 않도록 비만 동물들을 찾아서 특별 관리를 시작합니다.

재미있는 픽셀아트! (17일차_픽셀아트.xlsx)

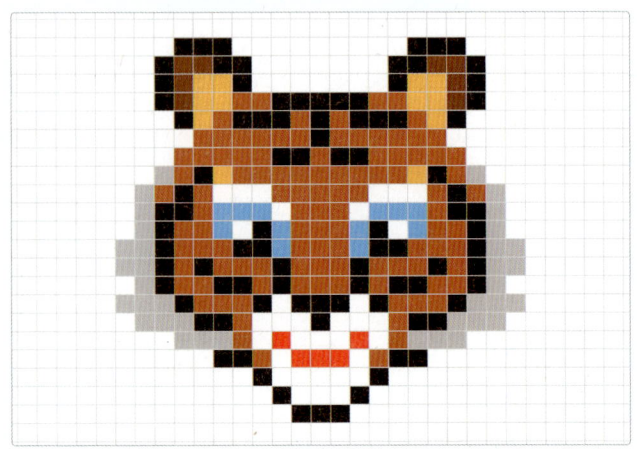

01 차트를 삽입하기

차트는 수치 자료를 한 눈에 알아보기 쉽게 시각적으로 표시하여 비교 분석할 수 있도록 하는 기능입니다.

1. [파일]-[열기]-**[찾아보기( )]**를 클릭합니다. [열기] 대화상자가 나오면 [불러올 파일]-[경영 17일차]에서 **17일차.xlsx**를 선택한 후 <열기> 단추를 클릭합니다.
   ※ 열기 바로 가기 키 : Ctrl + O

2. 17일차 파일이 열리면 [B2:F8] 영역을 드래그하여 차트 범위를 지정합니다. 이어서, [삽입]-[차트]-[세로 또는 가로 막대형 차트 삽입( )]을 클릭한 후 2차원 세로 막대형에서 **묶은 세로 막대형( )**을 선택합니다.

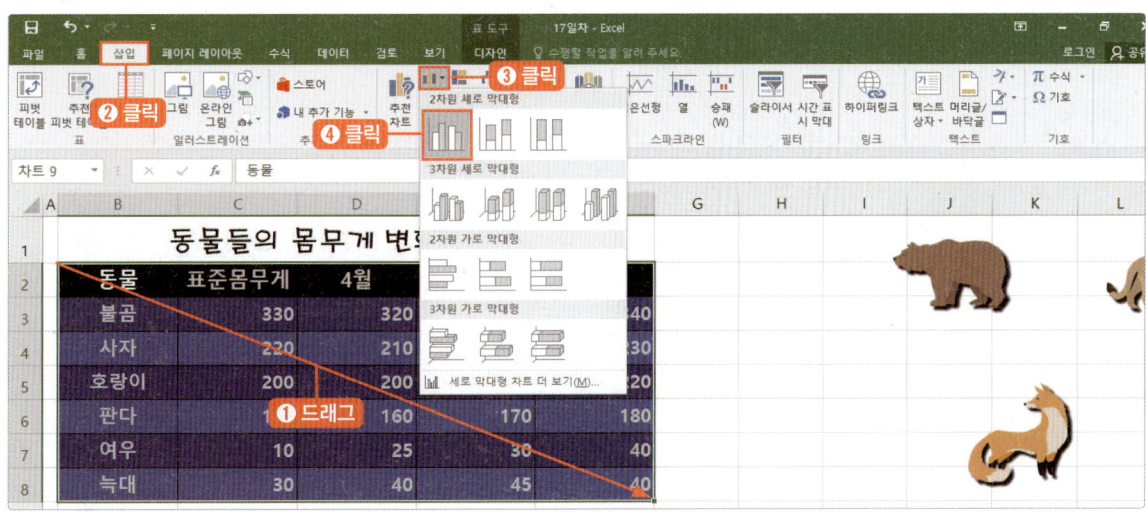

3. 차트가 삽입되면 Alt 키를 누른 채 차트의 왼쪽 상단 조절점( )이 [B11] 셀에 위치하도록 드래그합니다.
   ※ [디자인]-[데이터]-[행/열 전환( )]을 번갈아 클릭하여 차트 기준(행 또는 열)을 변경할 수 있습니다.

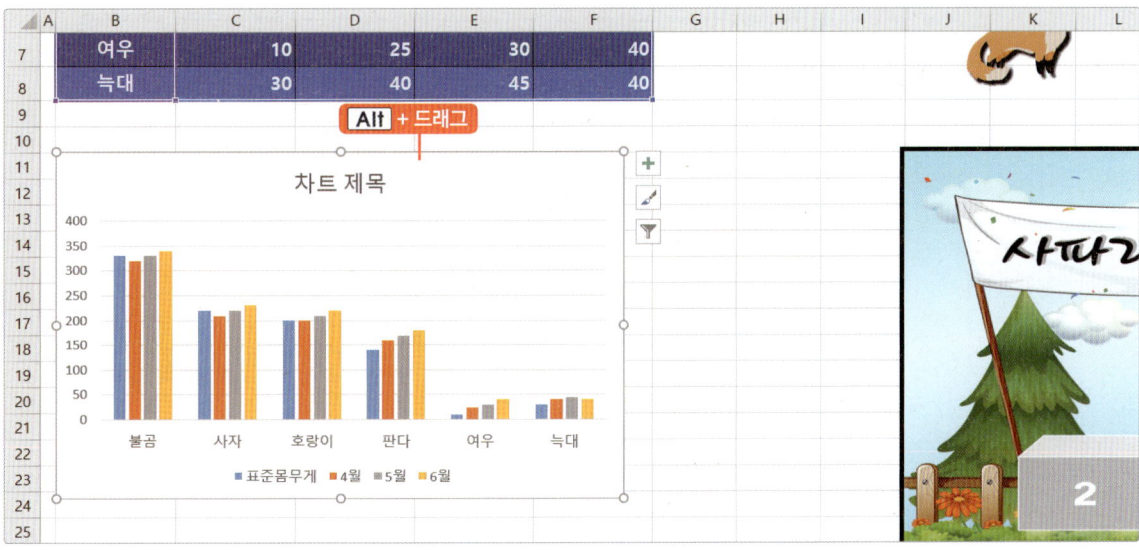

4. [B11] 셀을 기준으로 차트가 이동되면 Alt 키를 누른 상태에서 오른쪽 하단 조절점(○)을 [H25] 영역으로 드래그하여 크기를 조절합니다.

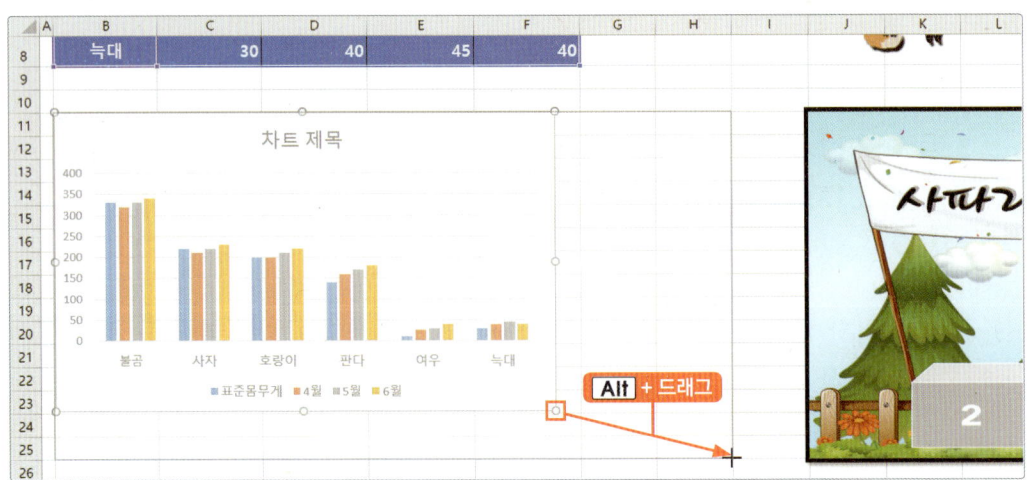

02 차트의 제목을 입력한 후 범례 위치 변경하기

1. 차트 제목 위에서 마우스 오른쪽 버튼을 눌러 [텍스트 편집]을 클릭합니다. 이어서, 제목 안쪽에 커서가 활성화되면 차트 제목 내용을 수정(**사파리 비만 대장은 누구?**)한 후 Esc 키를 누릅니다.

> **TIP** 엑셀 2016 차트의 구성 요소
>
>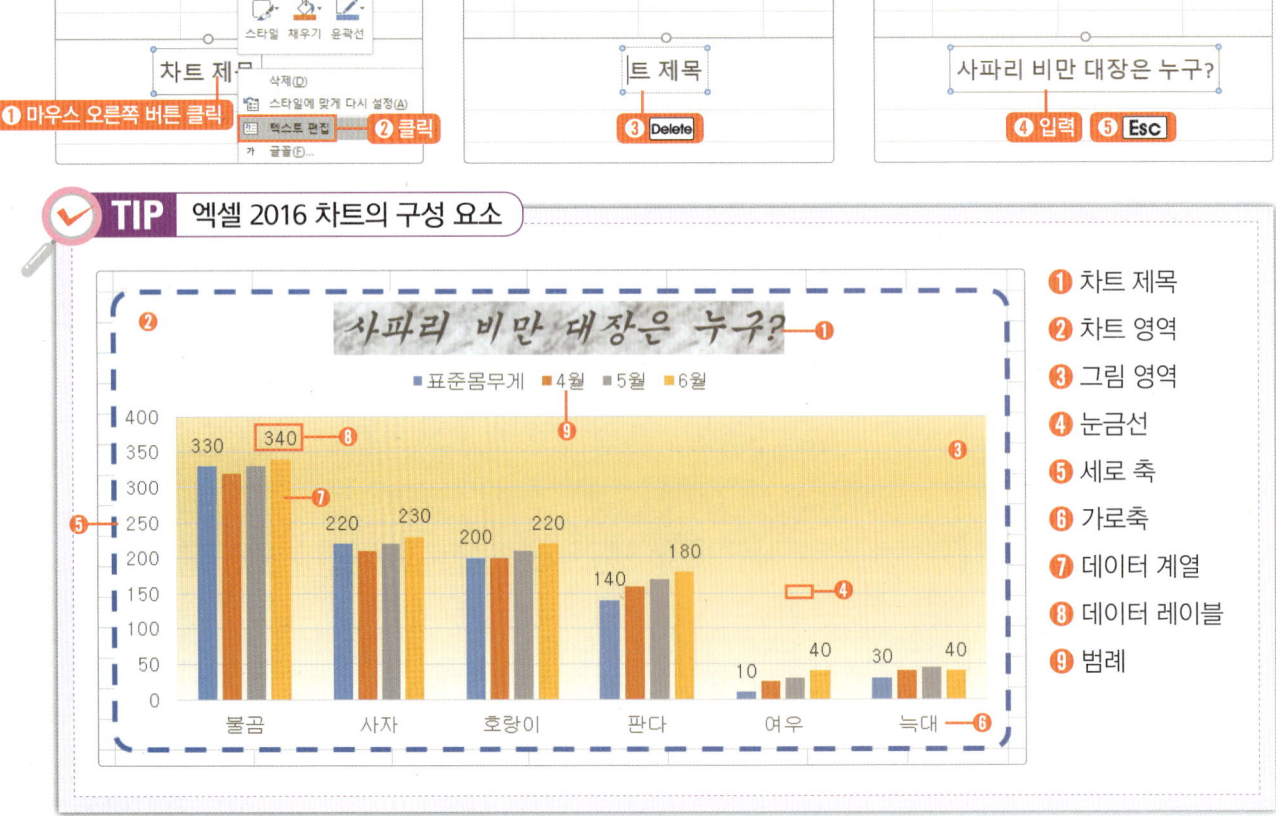

2. 범례 위에서 마우스 오른쪽 버튼을 눌러 **[범례 서식]**을 클릭합니다. 이어서, 오른쪽 작업 창이 활성화되면 범례 위치를 **위쪽**으로 변경한 후 작업 창을 종료()합니다.

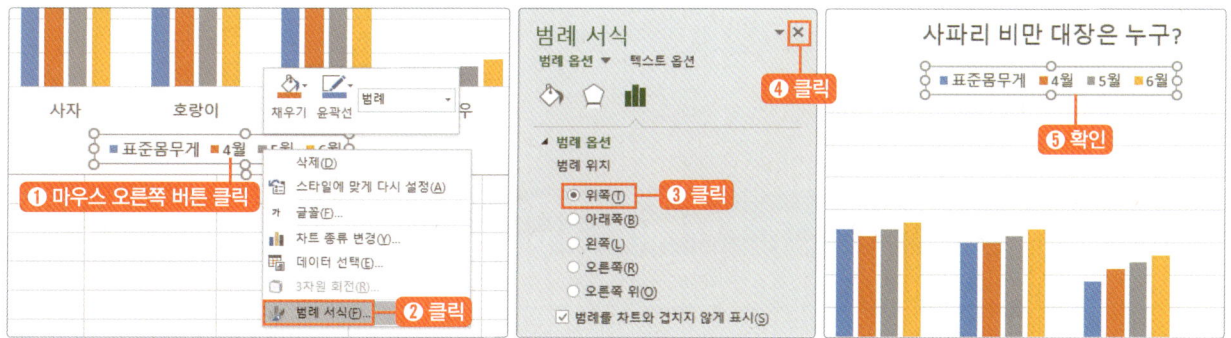

03 차트 영역 서식을 지정하기

1. 차트 영역을 클릭한 후 [홈]-[글꼴]에서 **글꼴(굴림)**과 **글꼴 크기(11pt)**를 지정합니다.

   ※ 차트에 글꼴 서식을 적용할 경우에는 먼저 차트 영역에서 전체 글꼴을 변경한 후 '제목'이나 '범례' 등의 글꼴을 지정하는 것이 편리합니다.

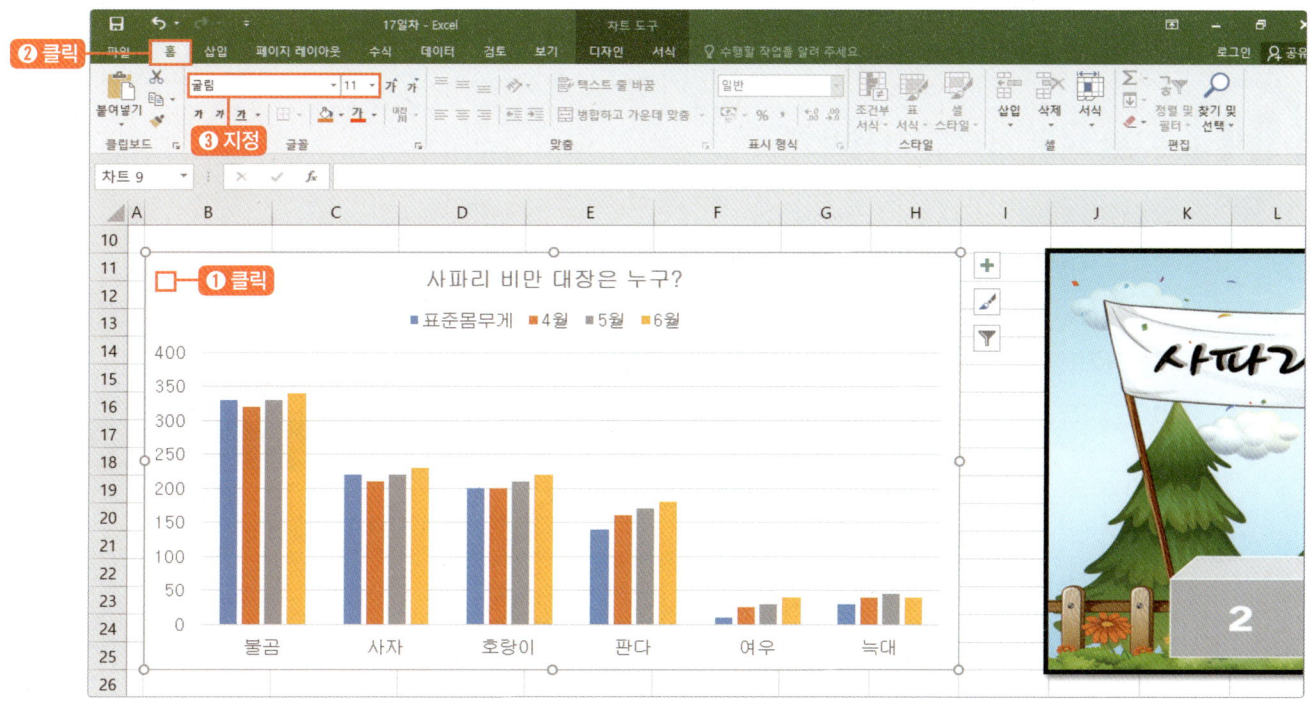

2. 차트 영역 위에서 마우스 오른쪽 버튼을 눌러 **[차트 영역 서식]**을 클릭한 후 오른쪽 작업 창이 활성화 되면 다음 과정을 참고하여 차트 영역 서식을 지정합니다.

- [테두리]-[실선] → [색]-[파랑] → [너비]-[3pt] → [대시 종류]-[파선] → [둥근 모서리 체크]

※ 겹선 종류에서는 테두리 선을 이중 또는 삼중으로 지정할 수 있으며, 기본 값은 단순형(한 줄)입니다.

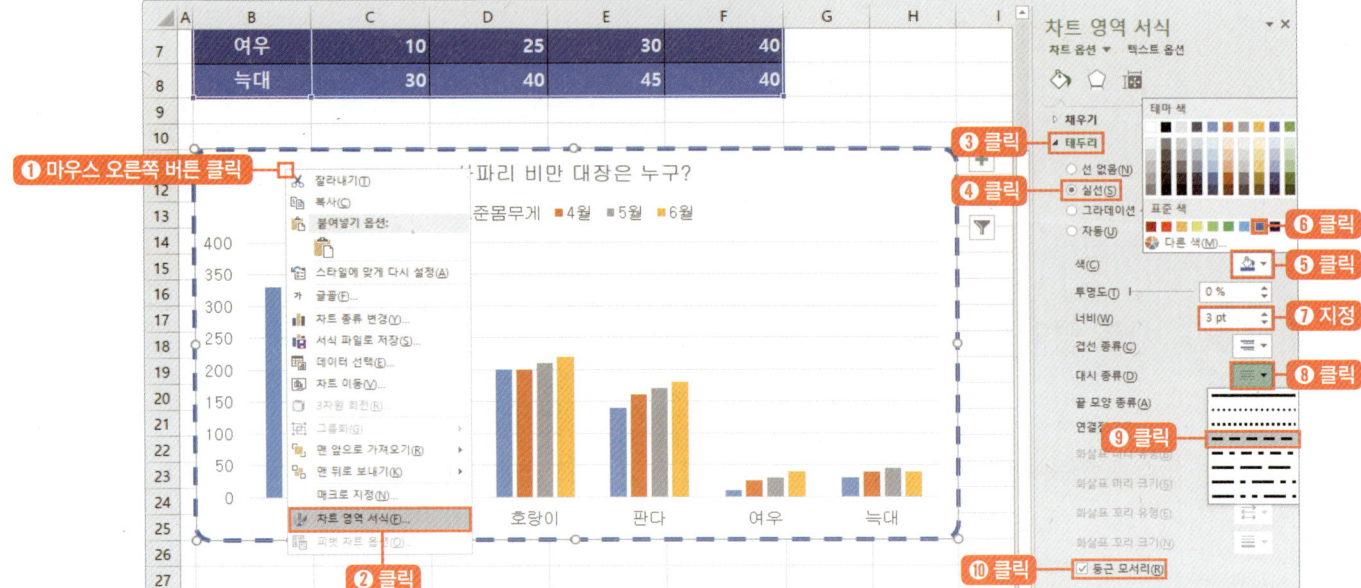

04 차트 제목 서식을 지정하기

1. 차트 제목 내용(**사파리 비만 대장은 누구?**)을 블록으로 지정한 후 [홈]-[글꼴]에서 **글꼴(궁서체)**과 **글꼴 크기(20pt), 기울임꼴(**  **)**을 지정합니다.

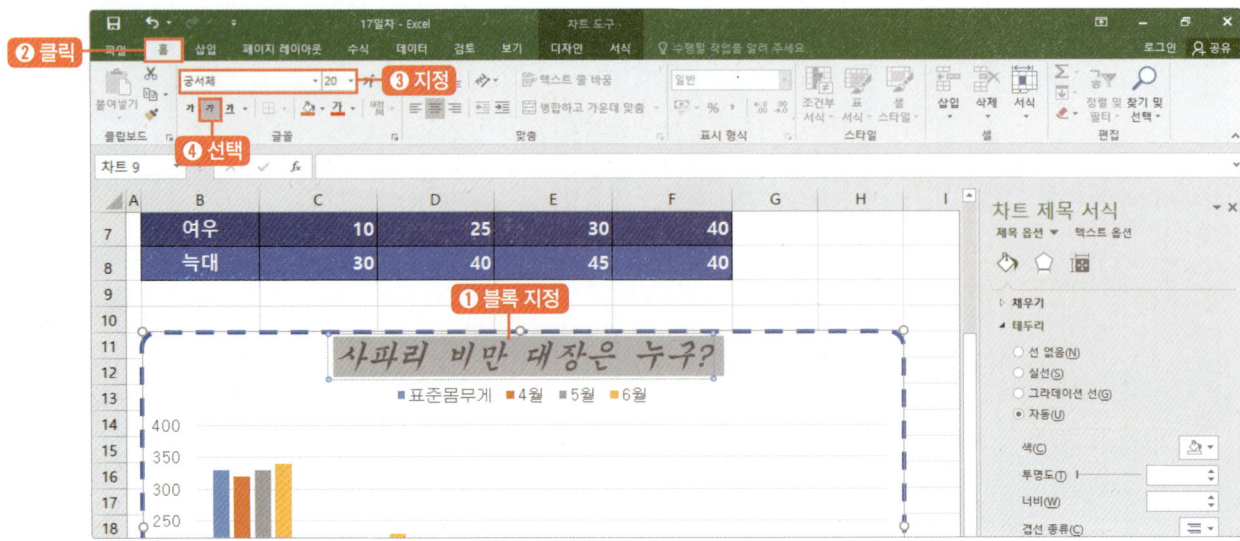

2. 오른쪽 차트 제목 서식 작업 창에서 다음 과정을 참고하여 차트 제목 서식을 지정합니다.

- [채우기]-[그림 또는 질감 채우기] → [질감]-[흰색 대리석]

05 그림 영역 서식 지정하기

1. 그림 영역을 클릭한 후 오른쪽 그림 영역 서식 작업 창에서 다음 과정을 참고하여 그림 영역 서식을 지정합니다.

- [채우기]-[그라데이션 채우기] → [그라데이션 미리 설정]-[밝은 그라데이션 - 강조 4 ] → [방향]-[선형 위쪽]

2. 그림 영역에 그라데이션 채우기가 완료되면 작업 창을 종료(×)합니다.

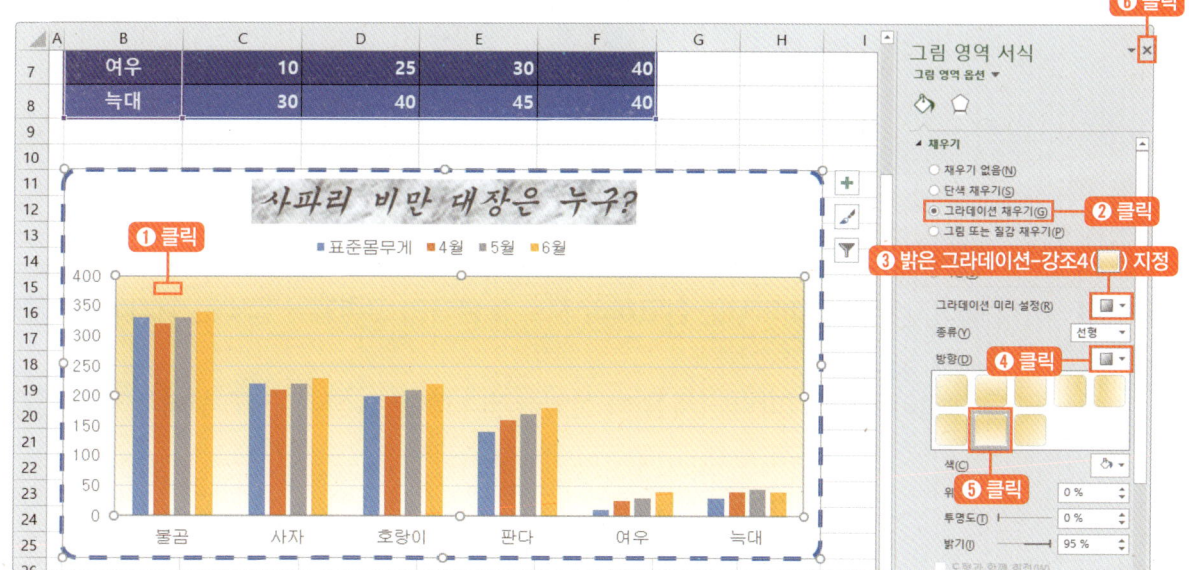

06 데이터 레이블 추가하기

데이터 레이블이란 차트에 이용되었던 값을 차트 계열에 직접 표시할 수 있는 기능입니다.

1. **표준몸무게 계열**을 선택한 후 [디자인]-[차트 레이아웃]-[차트 요소 추가( )]-[데이터 레이블]-**바깥쪽 끝에**를 클릭합니다.

2. 동일한 방법으로 **6월 계열**에도 데이터 레이블을 추가합니다.

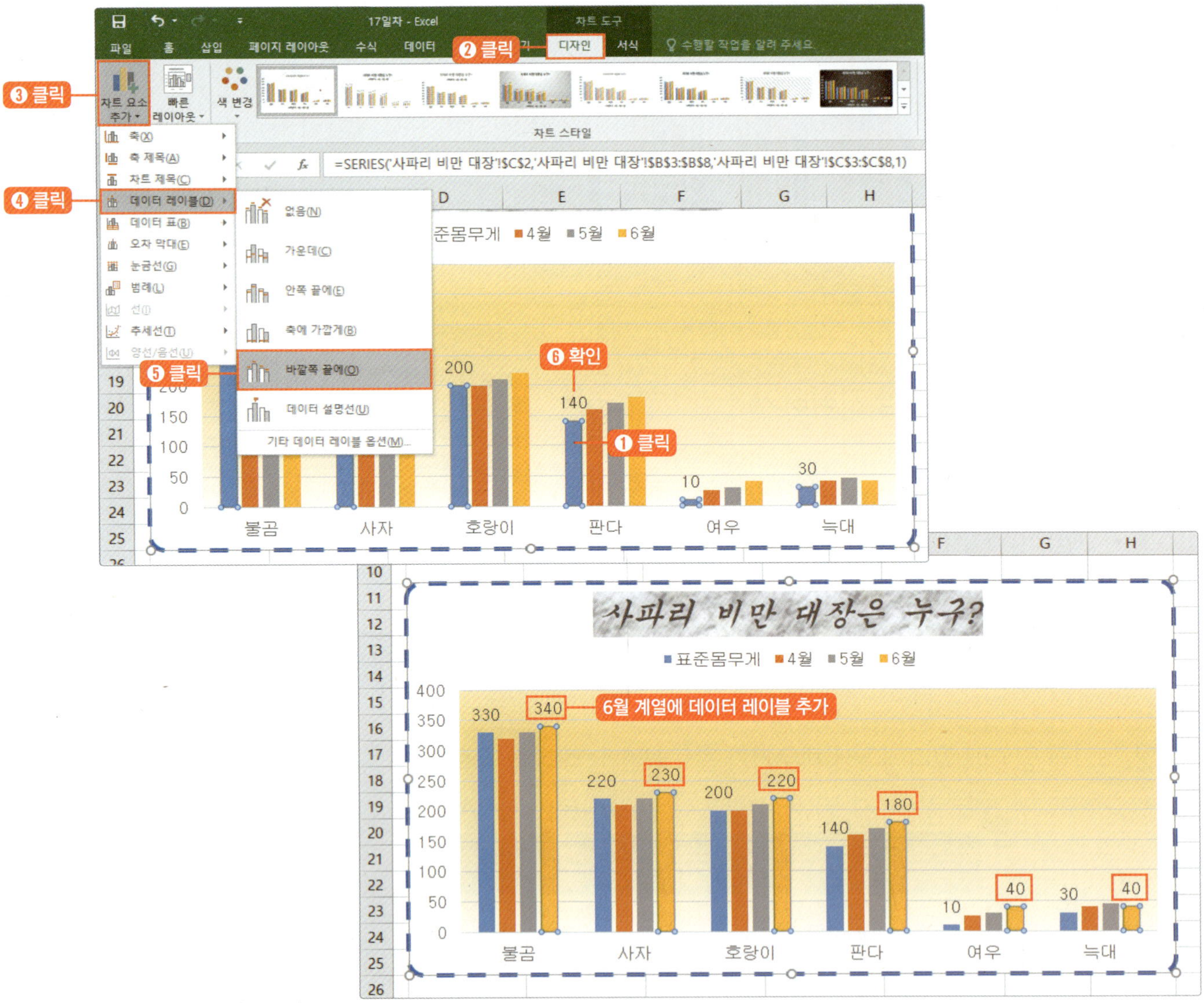

3. 112 페이지의 완성 이미지를 참고하여 시트 오른쪽의 그림들을 알맞은 위치에 배치합니다.

4. 모든 작업이 끝나면 [파일]-[**저장**]을 선택하거나 [빠른 실행 도구 모음]에서 **저장( )**을 클릭합니다.
   ※ 저장 바로 가기 키 : Ctrl + S

17일차 경영 마무리하기

미션 01 시트 작성

> 불러올 파일 : 17일차_미션01.xlsx　완성된 파일 : 17일차_미션01(완성).xlsx

작업 순서

1. 차트 삽입(3차원 원형)
   - 데이터 범위 : [C2:D7]
   - 차트 위치 : [B9:E20]
2. 차트 영역 서식
   - 글꼴(돋움, 11pt)
   - 테두리 색(주황), 테두리 스타일(너비 : 3pt, 겹선 종류 : 단순형, 대시 종류 : 파선, 둥근 모서리)
3. 차트 제목 서식
   - 글꼴(궁서체, 16pt, 기울임꼴)
   - 채우기(질감 : 양피지)
4. 그림 영역 서식
   - 채우기(그라데이션 미리 설정 : 밝은 그라데이션 - 강조 6), 종류(방사형), 방향(왼쪽 아래 모서리에서)
5. 범례 위치 : 오른쪽
6. 데이터 레이블 추가 : 위치 - 안쪽 끝에

▲ 작업순서에 없는 내용은 출력형태를 참고하여 작성

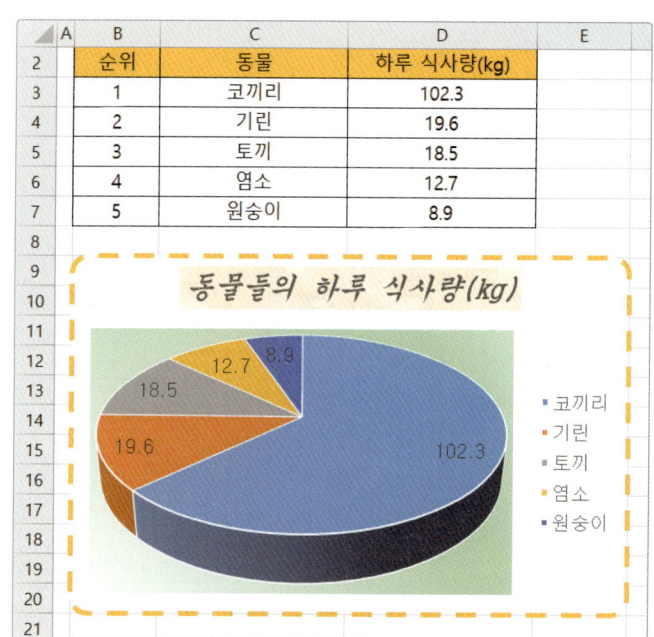

미션 02 함수 계산

> 불러올 파일 : 17일차_미션02.xlsx　완성된 파일 : 17일차_미션02(완성).xlsx

동물	표준 몸무게	1월	2월	3월	4월	비만 확인
불곰	330	300	310	320	330	표준
사자	220	200	210	200	210	표준
호랑이	200	190	200	210	200	표준
판다	140	130	140	150	160	비만
여우	10	10	15	20	25	비만
늑대	30	30	40	45	40	비만

비만 동물 찾기

IF 함수
- 기능 : 특정 조건을 지정하여 조건에 만족하면 '참(TRUE)'에 해당하는 값을, 그렇지 않으면 '거짓(FALSE)'에 해당하는 값을 표시하는 함수
- 형식 : =IF(조건, 참일 때 수행할 내용, 거짓일 때 수행할 내용)

조건
1. 비만 확인[H3:H8] : '4월'이 '표준 몸무게'보다 크면 "비만", 그렇지 않으면 "표준"을 표시함(IF)

경영 18일차

셔틀 운행 정보 확인하기!

데이터 정렬 및 부분합

- 데이터를 정렬하는 방법을 알아봅니다.
- 부분합을 작성하는 방법을 알아봅니다.

📁 불러올 파일 : 18일차.xlsx   📗 완성된 파일 : 18일차(완성).xlsx

완성작품 미리보기

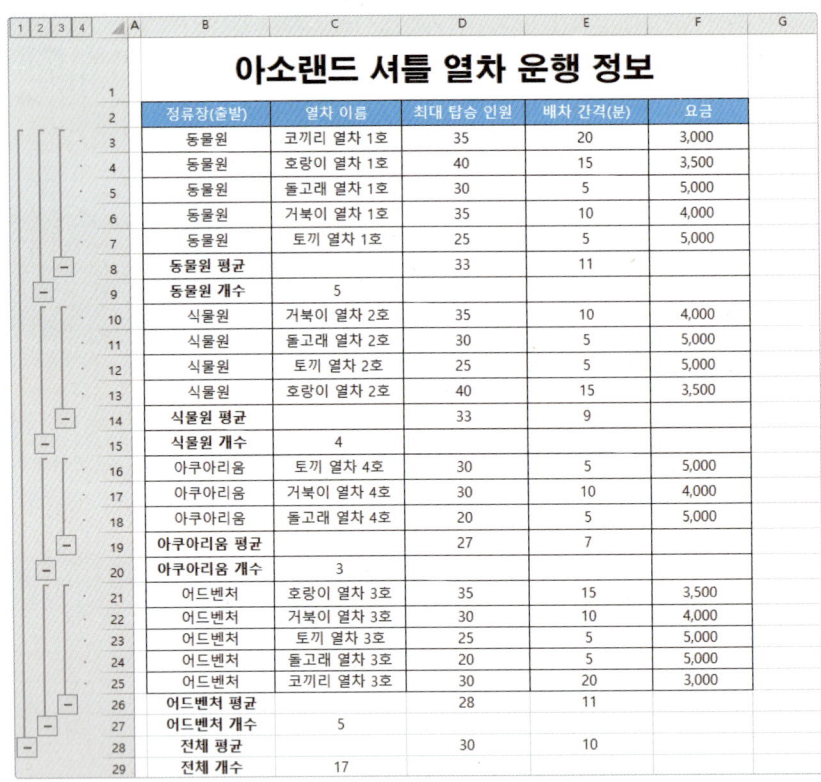

경영 스토리 읽어보기!

현재 어드벤처, 사파리, 동물원에만 운행하던 셔틀 노선을 아쿠아리움과 식물원에도 추가시키고, 새롭게 셔틀 열차 2대를 추가하여 운행 간격을 줄이도록 합니다.
변경되는 셔틀 운행 정보는 다음 달 1일부터 시행될 수 있도록 모든 정류장의 운행 정보를 수정한 후 안내합니다.

재미있는 픽셀아트! (18일차_픽셀아트.xlsx)

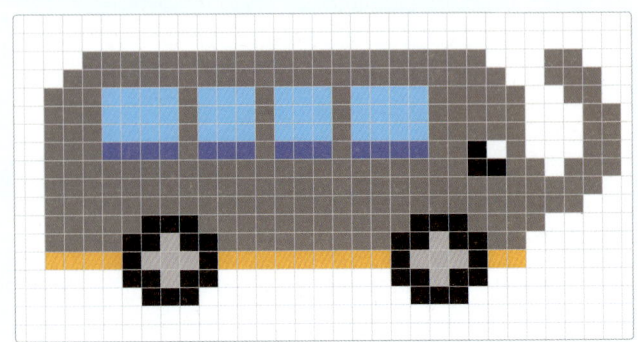

01 정류장(출발) 항목을 기준으로 오름차순 정렬하기

정렬이란 입력된 데이터의 특정 필드를 오름차순 또는 내림차순으로 재배열하는 기능입니다.

1. [파일]-[열기]-**[찾아보기( )]**를 클릭합니다. [열기] 대화상자가 나오면 [불러올 파일]-[경영 18일차]에서 **18일차.xlsx**를 선택한 후 <열기> 단추를 클릭합니다.
   ※ 열기 바로 가기 키 : Ctrl + O

2. 18일차 파일이 열리면 정류장(출발) 항목을 기준으로 데이터를 오름차순 정렬하기 위해 [B2] 셀을 클릭합니다.

3. [데이터]-[정렬 및 필터]-**[텍스트 오름차순 정렬( )]**을 클릭한 후 결과를 확인합니다.

TIP 오름차순 정렬과 내림차순 정렬

- 오름차순 정렬( ) : 작은 것부터 큰 순서대로 정렬
  [예] 숫자(1, 2, 3...), 한글(가, 나, 다...), 영문(A, B, C...)

- 내림차순 정렬( ) : 큰 것부터 작은 순서대로 정렬
  [예] 숫자(...3, 2, 1), 한글(...다, 나, 가), 영문(...C, B, A)

> **TIP** [데이터]-[정렬 및 필터]-[정렬( )]
>
> 한 번에 여러 가지 항목을 기준으로 데이터를 정렬할 수 있는 기능으로 정렬 기준이 하나 이상인 경우에 사용합니다.
>
> - 1차 기준 : 정류장(출발) 항목을 기준으로 '오름차순' 정렬
>
> - 2차 기준 : '정류장(출발)' 항목의 값이 동일할 경우 <기준 추가> 단추를 눌러 새로운 기준을 추가한 후 '열차 이름' 항목의 값을 오름차순으로 정렬

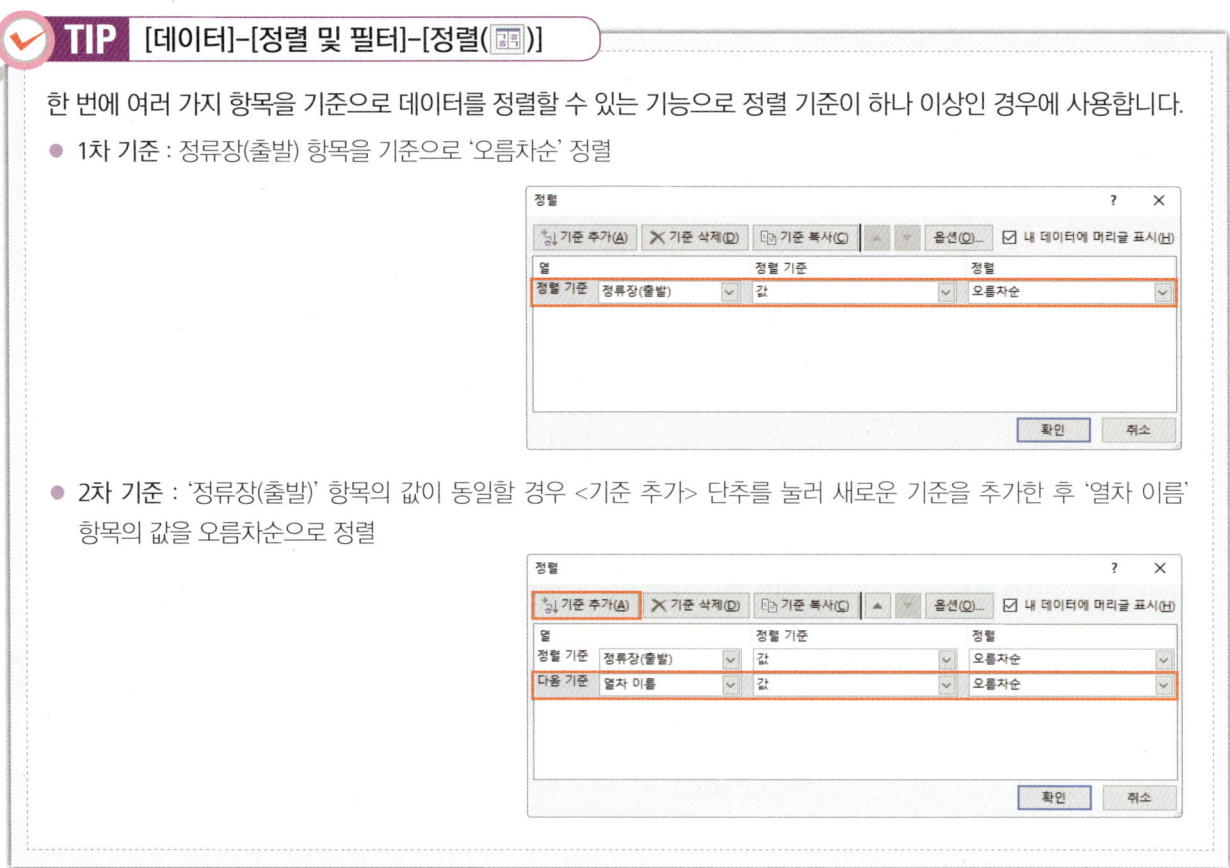

02 1차 부분합 작성하기

> 부분합이란 특정 필드를 기준으로 데이터를 분류하고, 분류된 데이터별로 필요한 계산을 할 수 있는 유용한 기능입니다.

1. **정류장(출발)**로 그룹화한 후 **열차 이름**의 **개수**를 구하는 부분합을 만들어 보겠습니다.

2. [B2] 셀을 선택한 후 [데이터]-[윤곽선]-**[부분합()]**을 클릭합니다.

※ 부분합 작성 시 데이터 범위 전체([B2:F19])를 드래그하거나, 해당 영역 안에 한 개의 셀이 선택된 상태에서 작업합니다.

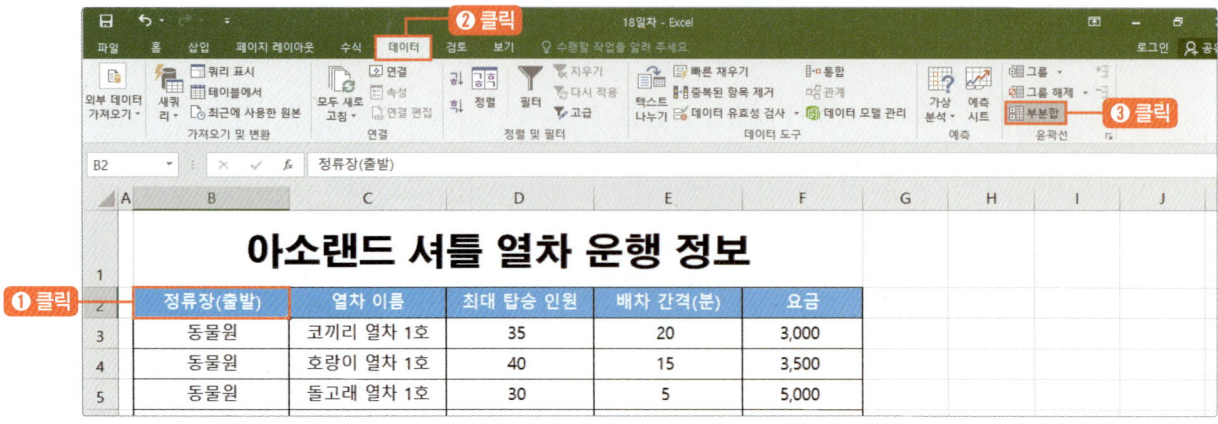

3. [부분합] 대화상자가 나오면 **그룹화할 항목(정류장(출발)), 사용할 함수(개수), 부분합 계산 항목(열차 이름)**을 지정한 후 <확인> 단추를 클릭합니다.

   ※ '부분합 계산 항목'에 불필요한 항목(예 : 요금)이 선택되어 있다면 체크 표시를 해제합니다.

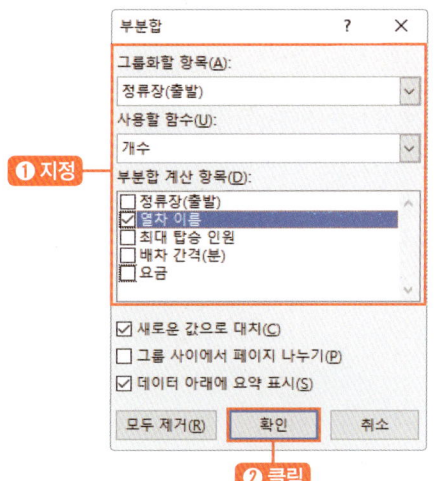

03 2차 부분합 작성하기

1. **정류장(출발)**로 그룹화한 후 **최대 탑승 인원과 배차 간격(분)**의 **평균**을 구하는 부분합을 만들어 보겠습니다.

2. [B2] 셀을 선택한 후 [데이터]-[윤곽선]-[**부분합()**]을 클릭합니다.

3. [부분합] 대화상자가 나오면 **그룹화할 항목(정류장(출발)), 사용할 함수(평균), 부분합 계산 항목(최대 탑승 인원, 배차 간격(분))**을 지정합니다. 이어서, **새로운 값으로 대치 항목의 체크 표시를 해제**한 후 <확인> 단추를 클릭합니다.

   ※ '부분합 계산 항목'에 불필요한 항목(예 : 열차 이름)이 선택되어 있다면 체크 표시를 해제합니다.
   ※ 2차 부분합 작성 시 '새로운 값으로 대치' 항목의 체크 표시를 해제하지 않을 경우 1차 부분합의 결과가 사라집니다.

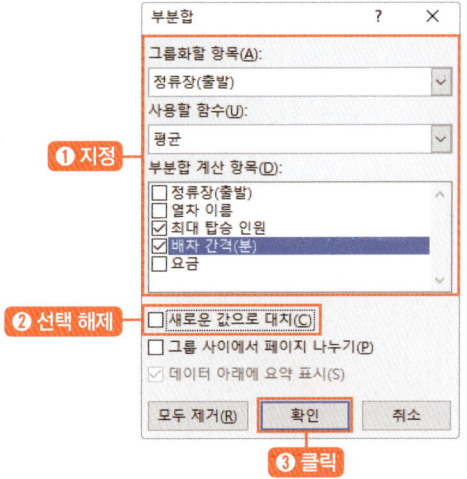

4. 모든 작업이 끝나면 [파일]-[저장]을 선택하거나 [빠른 실행 도구 모음]에서 **저장(🖫)**을 클릭합니다.

   ※ 저장 바로 가기 키 : Ctrl + S

TIP [부분합] 대화상자

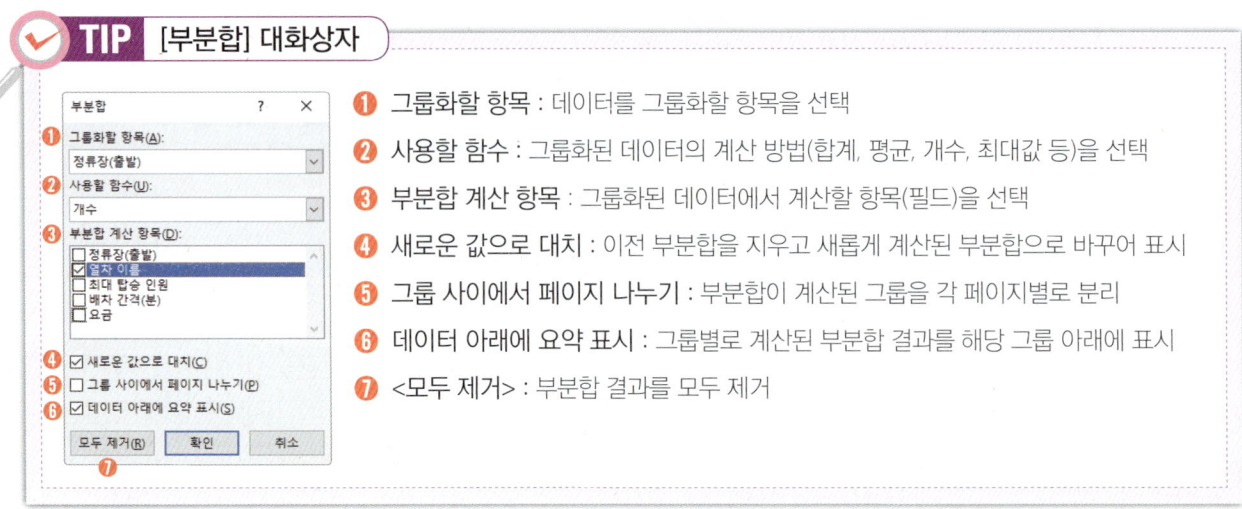

❶ 그룹화할 항목 : 데이터를 그룹화할 항목을 선택
❷ 사용할 함수 : 그룹화된 데이터의 계산 방법(합계, 평균, 개수, 최대값 등)을 선택
❸ 부분합 계산 항목 : 그룹화된 데이터에서 계산할 항목(필드)을 선택
❹ 새로운 값으로 대치 : 이전 부분합을 지우고 새롭게 계산된 부분합으로 바꾸어 표시
❺ 그룹 사이에서 페이지 나누기 : 부분합이 계산된 그룹을 각 페이지별로 분리
❻ 데이터 아래에 요약 표시 : 그룹별로 계산된 부분합 결과를 해당 그룹 아래에 표시
❼ <모두 제거> : 부분합 결과를 모두 제거

TIP 윤곽 및 부분합 삭제

❶ 윤곽 기호
- 윤곽 기호에서 2를 눌러 '정류장(출발)'별 '열차 이름'의 개수를 확인

- 윤곽 기호에서 3을 눌러 '정류장(출발)'별 '최대 탑승 인원'과 '배차 간격(분)'의 평균을 확인
- 윤곽 기호에서 4를 눌러 작성된 부분합 데이터를 모두 확인

❷ 윤곽 지우기
- [데이터]-[윤곽선]-[그룹 해제]의 목록 단추(▼)-윤곽 지우기

❸ 부분합 삭제
- [데이터]-[윤곽선]-[부분합(▦)]을 클릭한 후 [부분합] 대화상자가 나오면 <모두 제거> 단추를 눌러 작성된 부분합을 모두 삭제

18일차 경영 마무리하기

미션 01 시트 작성

📂 불러올 파일 : 18일차_미션01.xlsx   💾 완성된 파일 : 18일차_미션01(완성).xlsx

	A	B	C	D	E	F	G
1		아소랜드 호텔 숙박 정보					
2		객실 구분	객실번호	평수	최대 수용 인원	1일 숙박료	VIP회원 할인 금액
3		디럭스	101호	17	2	100,000	10,000
4		디럭스	102호	20	2	120,000	12,000
5		디럭스	103호	17	2	100,000	10,000
6		디럭스	104호	24	4	140,000	14,000
7		디럭스	105호	24	4	140,000	14,000
8		디럭스 평균				120,000	
9		디럭스 개수	5				
10		더블 디럭스	201호	28	5	170,000	17,000
11		더블 디럭스	202호	28	5	170,000	17,000
12		더블 디럭스	203호	32	5	200,000	20,000
13		더블 디럭스	204호	32	5	200,000	20,000
14		더블 디럭스	205호	32	5	200,000	20,000
15		더블 디럭스 평균				188,000	
16		더블 디럭스 개수	5				
17		그랜드 디럭스	301호	40	6	300,000	30,000
18		그랜드 디럭스	302호	40	6	300,000	30,000
19		그랜드 디럭스	303호	60	8	400,000	40,000
20		그랜드 디럭스	304호	60	8	400,000	40,000
21		그랜드 디럭스	305호	100	10	500,000	50,000
22		그랜드 디럭스 평균				380,000	
23		그랜드 디럭스 개수	5				
24		전체 평균				229,333	
25		전체 개수	15				

작업 순서

1. 데이터를 '객실 구분' 기준으로 내림차순 정렬
2. '객실 구분'으로 그룹화 하여 '객실 번호'의 개수를 구하는 부분합을 작성(1차 부분합)
3. '객실 구분'으로 그룹화 하여 '1일 숙박료'의 평균을 구하는 부분합을 작성(2차 부분합)
   (새로운 값으로 대치하지 말 것)
4. [데이터]-[윤곽선]-그룹 해제의 목록 단추(▼)-윤곽 지우기

▲ 작업순서에 없는 내용은 출력형태를 참고하여 작성

미션 02 함수 계산

📂 불러올 파일 : 18일차_미션02.xlsx   💾 완성된 파일 : 18일차_미션02(완성).xlsx

	A	B	C	D	E	F	G
1		아소랜드 셔틀 열차 일일 운행 정보					
2		열차 이름	정류장(출발)	1회 최대 탑승 인원	배차 간격(분)	요금	금일 탑승 인원(명)
3		거북이 열차	식물원	35	10	4,000	500
4		호랑이 열차	어드벤처	35	15	3,500	400
5		호랑이 열차	아쿠아리움	30	5	5,000	300
6		돌고래 열차	식물원	30	5	5,000	600
7		거북이 열차	동물원	35	20	3,000	300
8		돌고래 열차	어드벤처	25	5	5,000	300
9		돌고래 열차	동물원	40	15	3,500	400
10		거북이 열차	어드벤처	20	5	5,000	400
11		돌고래 열차	아쿠아리움	35	10	4,000	200
12		거북이 열차	아쿠아리움	20	5	5,000	300
13		호랑이 열차	식물원	25	5	5,000	200
14		호랑이 열차	동물원	25	5	5,000	300
15		돌고래 열차의 금일 탑승 인원(명)의 총합계					1,500
16							

SUMIF 함수
- 기능 : 조건에 만족하는 데이터들의 합계를 구하는 함수
- 형식 : =SUMIF(조건에 맞는지 확인할 셀 범위, 조건, 합계를 구할 범위)

조건
1. 합계[G15] : 돌고래 열차의 금일 탑승 인원(명)의 총 합계를 구함(SUMIF)

19일차 조건부 서식

캐릭터 조형물 설치하기!

- 데이터 막대 및 아이콘 집합을 이용하여 조건부 서식을 지정하는 방법에 대해 알아봅니다.
- 수식을 이용하여 조건부 서식을 지정하는 방법에 대해 알아봅니다.

📁 불러올 파일 : 19일차.xlsx   💾 완성된 파일 : 19일차(완성).xlsx

아소랜드 캐릭터 인증샷 이벤트 정보

번호	캐릭터 이름	캐릭터 높이(cm)	설치 장소	사진 촬영 최대 인원(명)	사진 촬영 예상 대기 시간(분)	사진 촬영 안전 요원(명)	사진 촬영 소품 유무
1	미니언즈	100	식물원 B구역	▲ 6	5	2	O
2	피카츄	70	어드벤처 B구역	▼ 4	7	1	O
3	도라에몽	120	아쿠아리움 B구역	▬ 5	8	1	X
4	스폰지밥	110	동물원 A구역	▼ 4	5	1	O
5	올라프	80	어드벤처 C구역	▼ 4	7	1	O
6	뽀로로	90	아쿠아리움 C구역	▲ 6	5	2	O
7	아이언맨	150	식물원 A구역	▲ 6	10	2	X
8	엘사	130	아쿠아리움 A구역	▬ 5	10	1	O
9	짱구	80	동물원 C구역	▼ 4	6	1	O
10	범블비	150	어드벤처 A구역	▲ 6	10	2	X

경영 스토리 읽어보기!

아소랜드 곳곳에 대형 캐릭터 조형물을 설치한 후 어린이 방문객이 캐릭터와 인증샷을 찍고 다양한 선물도 받아 갈 수 있는 이벤트를 개최할 예정입니다. 어린이 친구들이 안전하게 이동할 수 있는 장소를 우선으로 하여 인기 캐릭터 조형물 10개를 설치합니다.

재미있는 픽셀아트! (19일차_픽셀아트.xlsx)

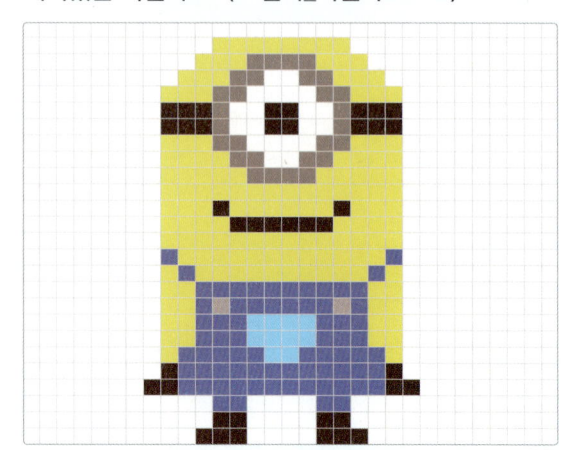

01 데이터 막대 및 아이콘 집합으로 조건부 서식 지정하기

조건부 서식이란 특정 조건에 해당하는 셀이나 범위를 강조하는 기능으로 '데이터 막대, 색조, 아이콘집합' 등으로 표시하여 원하는 조건을 한 눈에 알아볼 수 있습니다.

1. [파일]-[열기]-**[찾아보기( )]**를 클릭합니다. [열기] 대화상자가 나오면 [불러올 파일]-[경영 19일차]에서 **19일차.xlsx**를 선택한 후 <열기> 단추를 클릭합니다.
   ※ 열기 바로 가기 키 : Ctrl + O

2. 19일차 파일이 열리면 사진 촬영 예상 대기 시간(분) 필드인 [G3:G12] 영역을 드래그하여 범위로 지정합니다.

3. [홈]-[스타일]-[조건부 서식( )]-[데이터 막대]-[단색 채우기-**녹색 데이터 막대( )**]를 선택합니다.

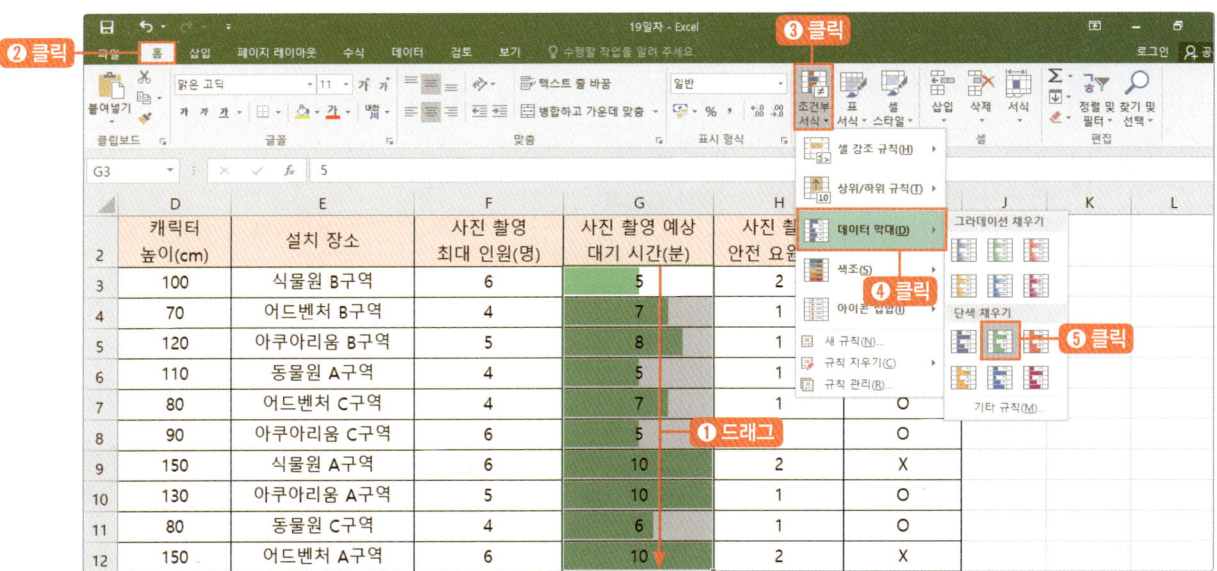

4. 데이터 막대의 종류를 '최소값'과 '최대값'으로 변경하기 위해 [홈]-[스타일]-[조건부 서식( )]-**[규칙 관리]**를 클릭합니다.

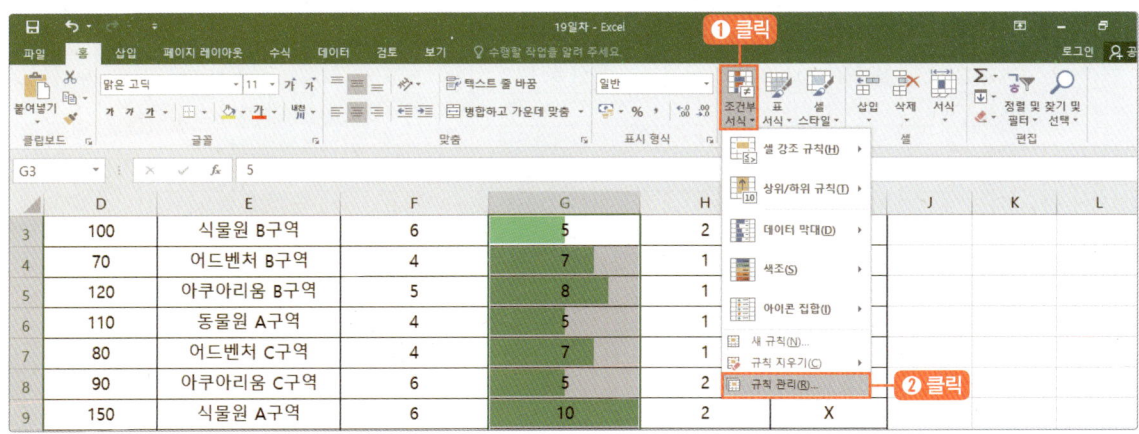

경영 19일차 캐릭터 조형물 설치하기!_조건부 서식 **127**

5. [조건부 서식 규칙 관리자] 대화상자가 나오면 <규칙 편집> 단추를 클릭합니다. 이어서, [서식 규칙 편집] 대화상자가 나오면 종류를 **최소값(최소값)**과 **최대값(최대값)**으로 지정한 후 <확인> 단추를 클릭합니다.

6. [조건부 서식 규칙 관리자] 대화상자가 다시 나오면 <확인> 단추를 클릭한 후 변경된 데이터 막대를 확인합니다.

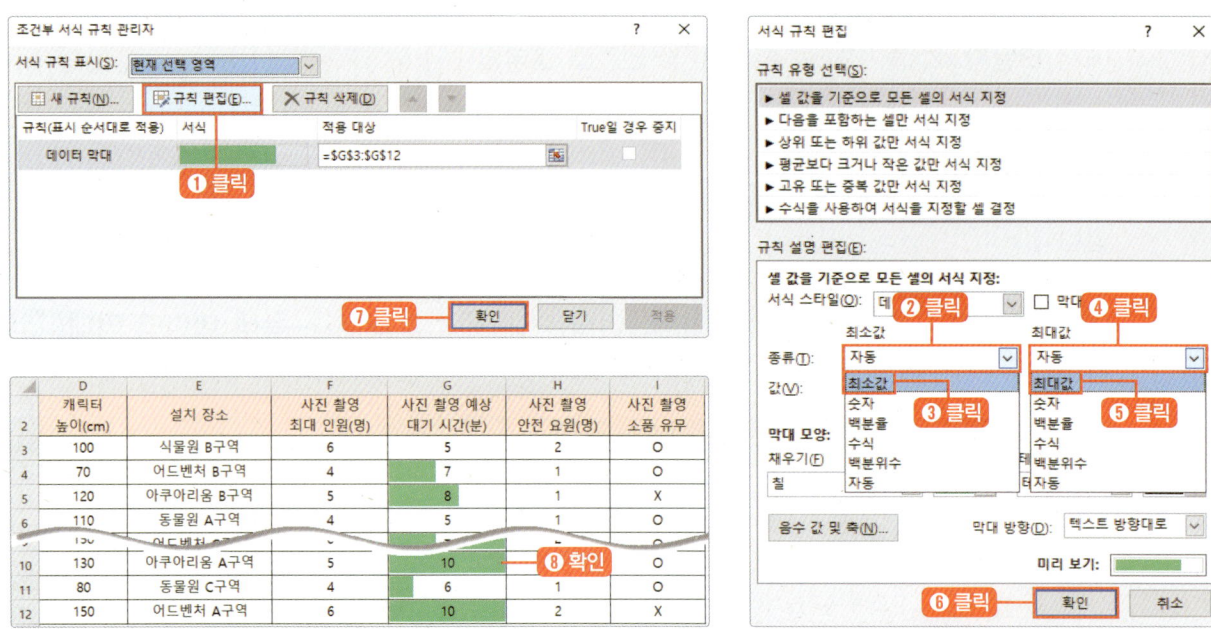

7. 사진 촬영 최대 인원(명) 필드인 [F3:F12] 영역을 드래그하여 범위로 지정합니다.

8. [홈]-[스타일]-[조건부 서식( )]-[아이콘 집합]-[▲ ━ ▼ (삼각형 3개)]를 선택합니다.

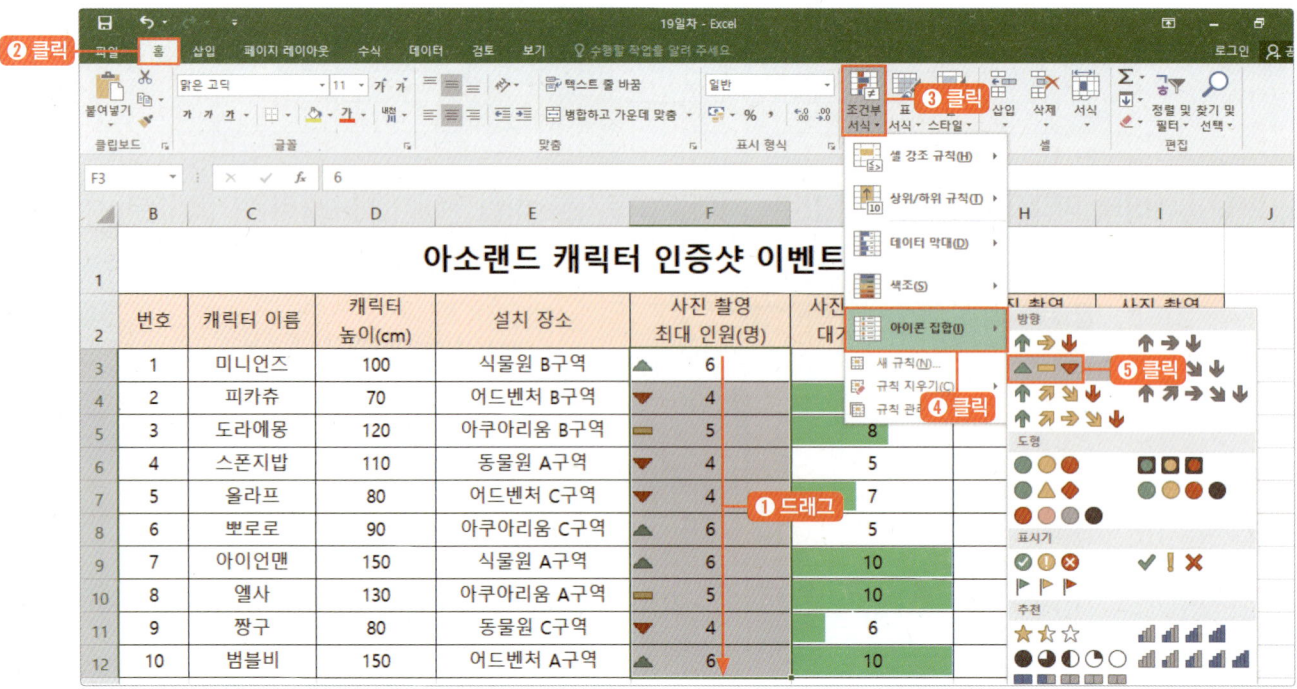

128 엑셀 2016으로 경영하는 놀이공원

02 수식을 이용하여 조건부 서식 지정하기

1. 사진 촬영 예상 대기 시간(분)이 8분 이상인 데이터를 찾아 조건부 서식을 지정해 보도록 하겠습니다.

2. [B3:I12] 영역을 드래그하여 범위로 지정합니다. 이어서, [홈]-[스타일]-[조건부 서식(   )]-**[새 규칙]** 을 선택합니다.

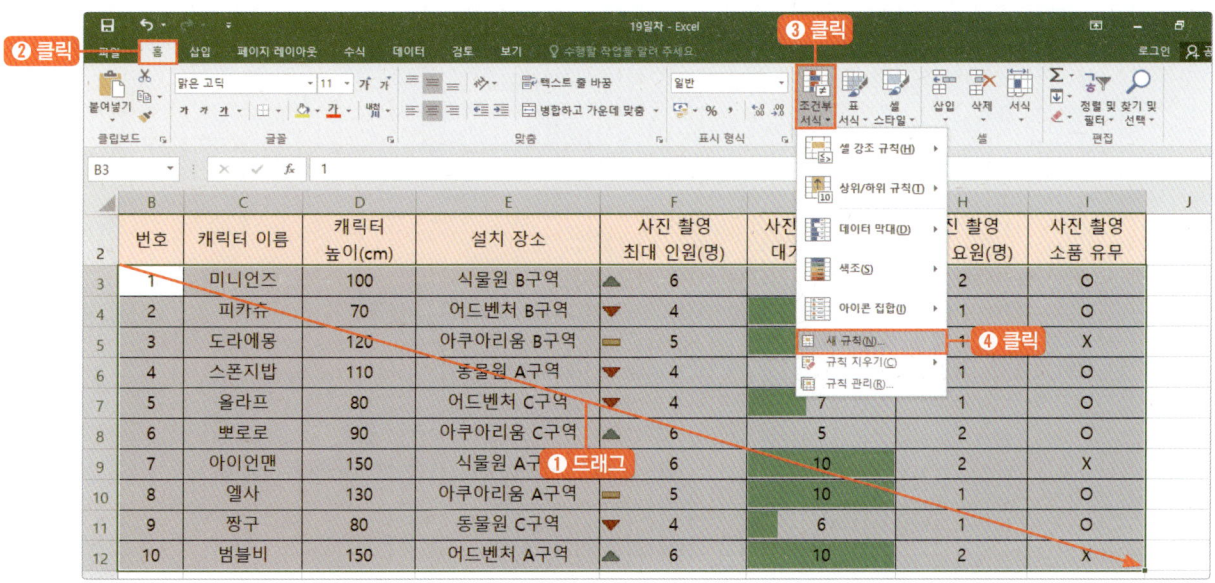

3. [새 서식 규칙] 대화상자가 나오면 ▶ **수식을 사용하여 서식을 지정할 셀 결정**을 선택한 후 수식 입력 칸에 **=$G3>=8**을 지정하고 <서식> 단추를 클릭합니다.

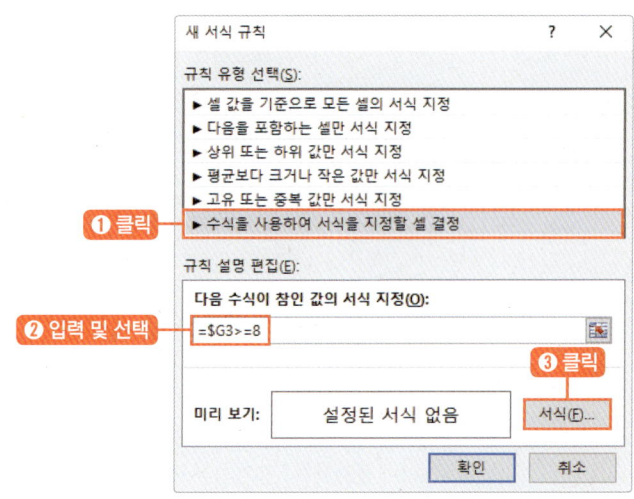

> **TIP** 수식을 이용하여 행 전체에 서식 지정하기
>
> 수식(=$G3>=8)을 이용하여 행 전체에 조건부 서식을 지정할 때는 참조할 셀([G3])을 반드시 열 고정 혼합 참조 ($G3)로 지정해야 합니다. [G3] 셀을 선택한 후 F4 키를 두 번 눌러 열을 고정시킬 수 있습니다.

4. [셀 서식] 대화상자가 나오면 [글꼴]에서 **글꼴 스타일(굵게), 색(빨강)**을 지정한 후 <확인> 단추를 클릭합니다. 이어서, [새 서식 규칙] 대화상자의 <확인> 단추를 클릭합니다.

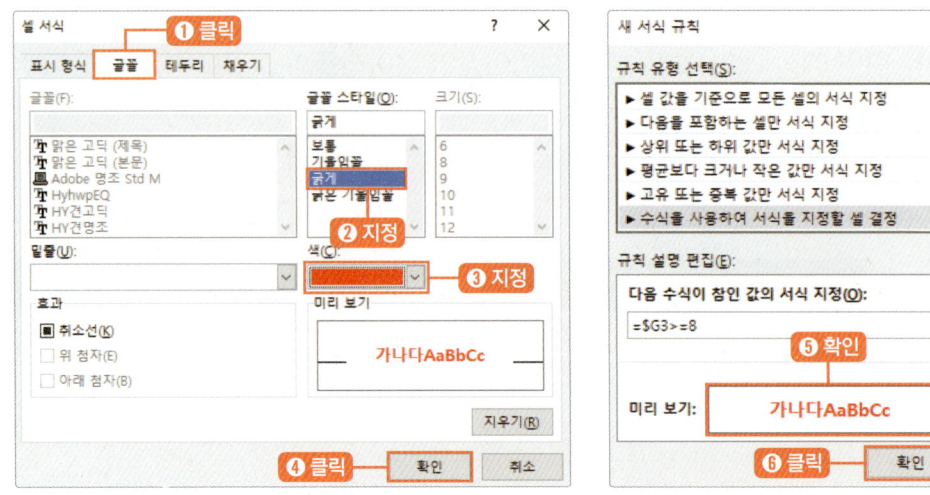

5. 사진 촬영 예상 대기 시간(분)이 8분 이상인 행([5], [9], [10], [12])에 조건부 서식(굵게, 빨강)이 적용된 것을 확인합니다.

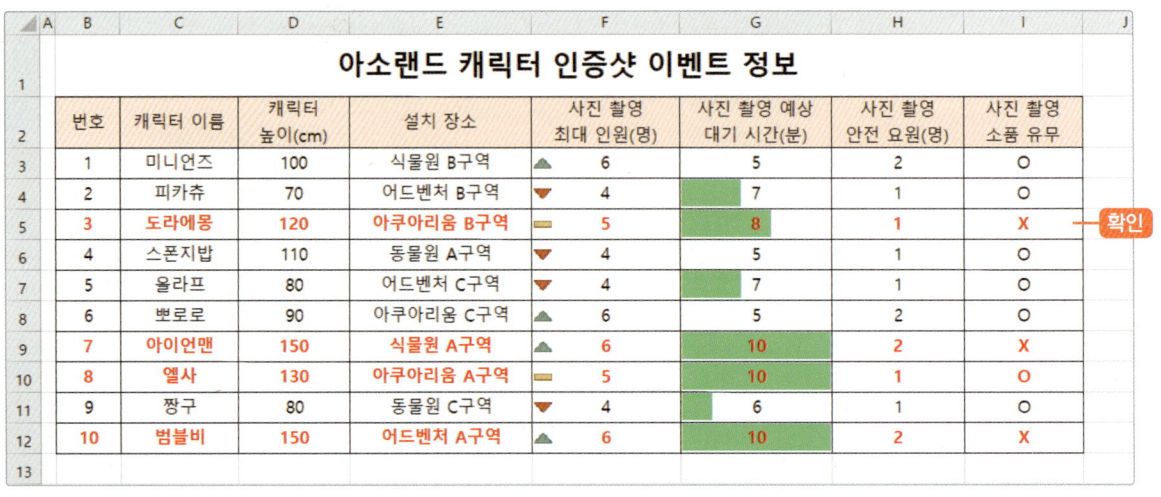

6. 모든 작업이 끝나면 [파일]-[**저장**]을 선택하거나 [빠른 실행 도구 모음]에서 **저장( )**을 클릭합니다.
   ※ 저장 바로 가기 키 : Ctrl + S

> **TIP 지정된 조건부 서식을 해제하기**
>
> - 조건부 서식이 지정된 영역을 드래그한 후 [홈]-[스타일]-[조건부 서식]-[규칙 지우기]-[선택한 셀의 규칙 지우기]를 클릭합니다.
> - [홈]-[스타일]-[조건부 서식]-[규칙 지우기]-[시트 전체에서 규칙 지우기]를 클릭하면 현재 시트에 지정된 모든 조건부 서식을 한 번에 해제할 수 있습니다.

19일차 경영 마무리하기

미션 01 시트 작성

📁 불러올 파일 : 19일차_미션01.xlsx 💾 완성된 파일 : 19일차_미션01(완성).xlsx

아소랜드 캐릭터 인증샷 이벤트 정보

번호	캐릭터 이름	캐릭터 높이(cm)	설치 장소	사진 촬영 최대 인원(명)	사진 촬영 예상 대기 시간(분)	사진 촬영 안전 요원(명)	사진 촬영 소품 유무
1	미니언즈	100	식물원 B구역	6	5	2	O
2	피카츄	70	어드벤처 B구역	4	7	1	O
3	도라에몽	120	아쿠아리움 B구역	5	8	1	X
4	스폰지밥	110	동물원 A구역	4	5	1	O
5	올라프	80	어드벤처 C구역	4	7	1	O
6	뽀로로	90	아쿠아리움 C구역	6	5	2	O
7	아이언맨	150	식물원 A구역	6	10	2	X
8	엘사	130	아쿠아리움 A구역	5	10	1	O
9	짱구	80	동물원 C구역	4	6	1	O
10	범볼비	150	어드벤처 A구역	6	10	2	X

작업 순서

1. 조건부 서식의 색조를 이용하여 '사진 촬영 안전 요원(명)' 셀에 색조(녹색-노랑 색조)를 적용
2. 조건부 서식의 수식을 이용하여 '캐릭터 높이(cm)'가 90 이하인 행 전체에 다음 서식을 적용(글꼴 : 파랑, 굵은 기울임꼴)

▲ 작업순서에 없는 내용은 출력형태를 참고하여 작성

미션 02 함수 계산

📁 불러올 파일 : 19일차_미션02.xlsx 💾 완성된 파일 : 19일차_미션02(완성).xlsx

아소랜드 캐릭터 설치 장소

번호	캐릭터 이름	캐릭터 높이(cm)	설치 구역	설치 장소
1	미니언즈	100	AA구역	어드벤처
2	피카츄	70	AB구역	어드벤처
3	도라에몽	120	AC구역	어드벤처
4	스폰지밥	110	BA구역	동물원
5	올라프	80	BB구역	동물원
6	뽀로로	90	BC구역	동물원

조건

1. 설치 장소[F3:F8] : 설치 구역 중 첫 번째 글자가 A이면 "어드벤처" 그렇지 않을 경우에는 "동물원"으로 표시함 (IF, LEFT)

TIP IF, LEFT 중첩 함수 작성하기

1. [F3] 셀을 클릭 → 함수식 =LEFT(E3,1)을 입력하여 설치 구역의 첫 번째 글자를 구함

   > F3 : fx =LEFT(E3,1)

2. [F3] 셀의 함수식을 =IF(LEFT(E3,1)="A","어드벤처","동물원")으로 수정(IF 함수식과 중첩)하여 설치 구역의 첫 번째 글자가 A이면 "어드벤처", 그렇지 않을 경우에는 "동물원"으로 표시함

   > F3 : fx =IF(LEFT(E3,1)="A","어드벤처","동물원")

시나리오

- 시나리오를 작성하는 방법을 알아봅니다.
- 시나리오 요약 시트를 만드는 방법을 알아봅니다.

📂 불러올 파일 : 20일차.xlsx   📄 완성된 파일 : 20일차(완성).xlsx

완성작품 미리보기

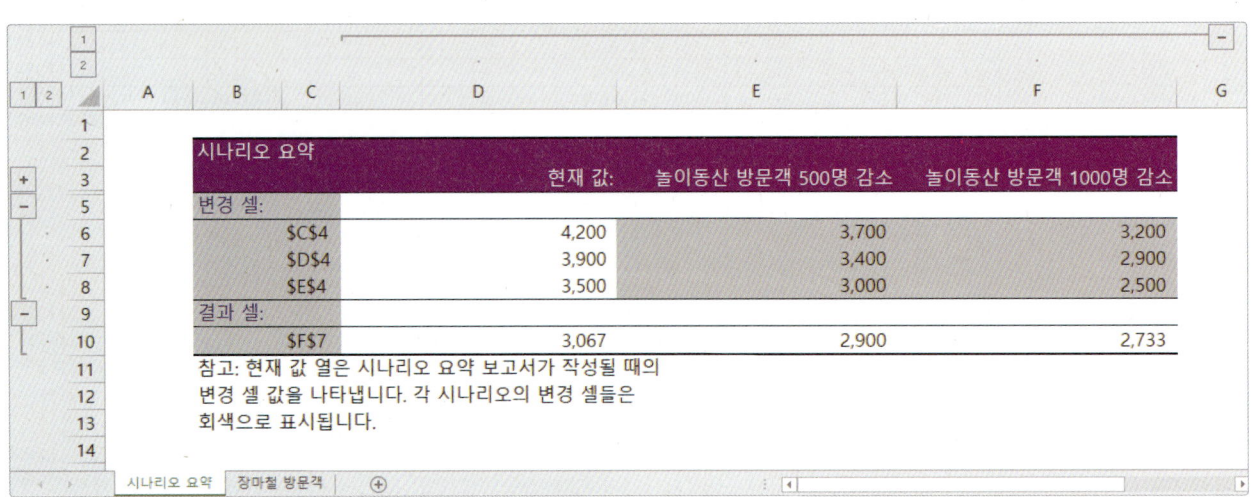

경영스토리 읽어보기!

올해는 장마철이 일찍 시작되고 늦게 끝날 것이라는 기상청의 예보가 있습니다.
긴 장마 기간으로 인해 아소랜드의 놀이동산을 찾는 이용객들이 크게 감소한다면 경영에 많은 어려움이 생길 것으로 예상됩니다.
장마철 놀이동산 방문 인원이 감소될 것을 미리 예상하여 방문객의 평균 인원을 구해봅니다.

재미있는 픽셀아트! (20일차_픽셀아트.xlsx)

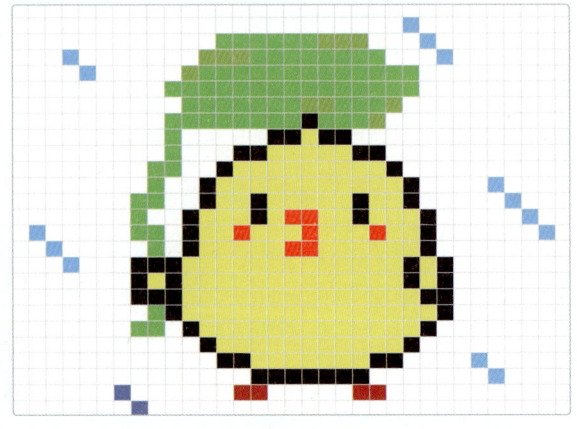

01 시나리오 작성(놀이동산의 6월 방문객, 7월 방문객, 8월 방문객이 500명 감소했을 경우)

시나리오란 데이터 값이 변동되어 결과 값을 예측하기 어려울 경우, 변동되는 값을 가상 값으로 지정하여 현재 값과 가상의 값을 비교 분석할 때 사용하는 기능입니다.

1. [파일]-[열기]-[**찾아보기(**)]를 클릭합니다. [열기] 대화상자가 나오면 [불러올 파일]-[경영 20일차]에서 **20일차.xlsx**를 선택한 후 <열기> 단추를 클릭합니다.
   ※ 열기 바로 가기 키 : **Ctrl** + **O**

2. 놀이동산의 '6월 방문객([C4]), 7월 방문객([D4]), 8월 방문객([E4])'이 다음과 같이 변동하는 경우, '아소랜드 전체 방문객의 평균 인원' 변동 시나리오를 작성해 봅니다.

   - 시나리오 이름은 '놀이동산 방문객 500명 감소', 6월 방문객, 7월 방문객, 8월 방문객에 500을 감소시킨 값으로 설정
   - 시나리오 이름은 '놀이동산 방문객 1000명 감소', 6월 방문객, 7월 방문객, 8월 방문객에 1000을 감소시킨 값으로 설정

3. 20일차 파일이 열리면 [놀이동산 방문객 500명 감소] 시나리오를 작성하기 위해 [F7] 셀을 선택한 후 [데이터]-[예측]-[가상 분석( )]-[**시나리오 관리자**]를 클릭합니다.

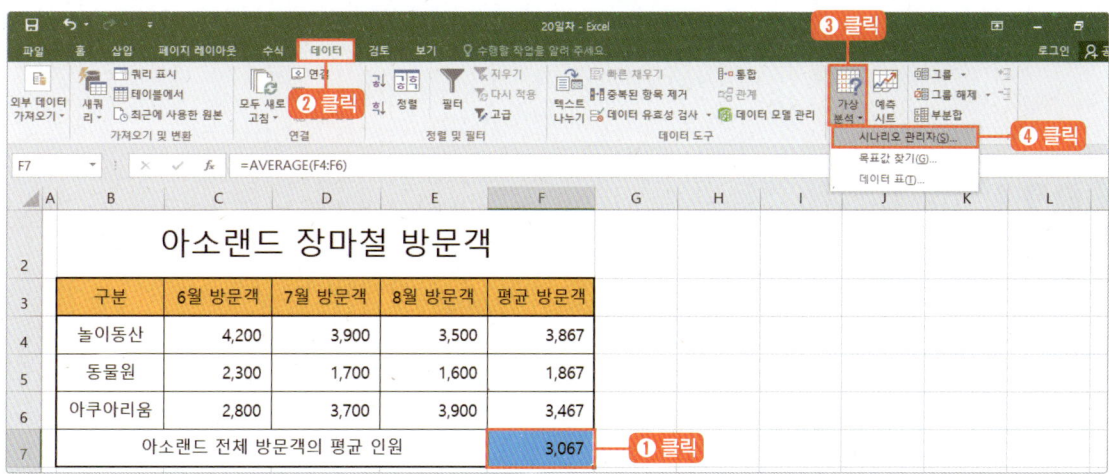

4. [시나리오 관리자] 대화상자가 나오면 <추가> 단추를 클릭합니다.

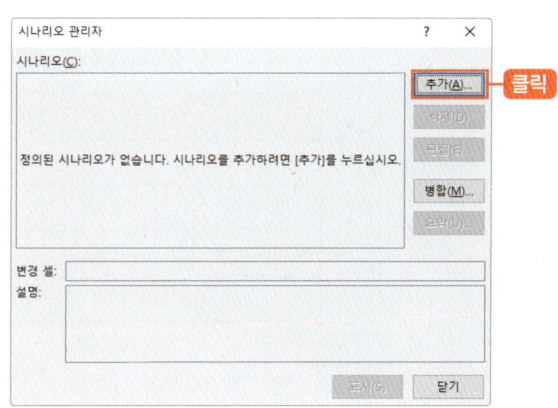

5. [시나리오 추가] 대화상자가 나오면 **시나리오 이름(놀이동산 방문객 500명 감소)**, **변경 셀([C4:E4])**을 지정한 후 <확인> 단추를 클릭합니다.

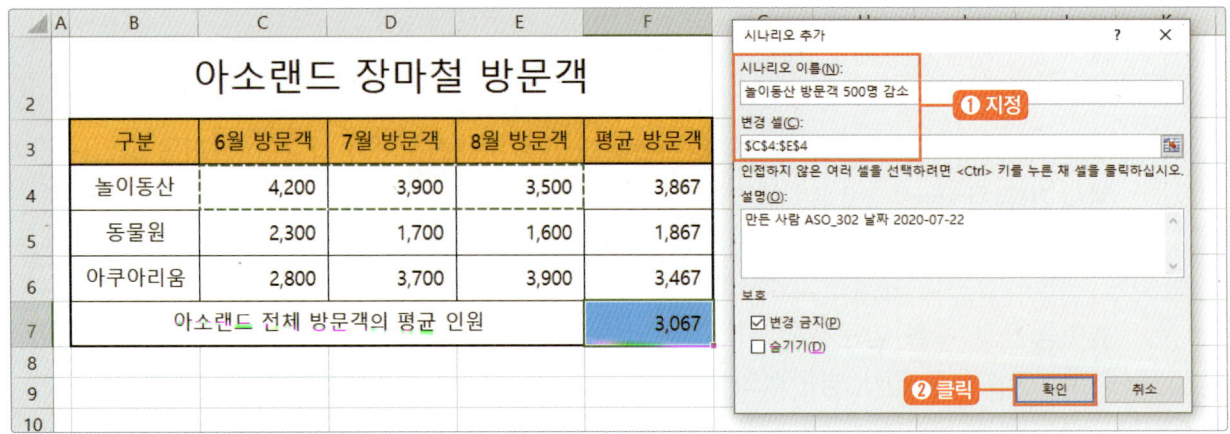

6. [시나리오 값] 대화상자가 나오면 현재 값에서 '**500**'이 감소된 값을 계산하여 입력한 후 <추가> 단추를 클릭합니다.

▲ 현재 값 확인　　　　　　　　　▲ 500을 감소시킨 값 입력

02 시나리오 작성(놀이동산의 6월 방문객, 7월 방문객, 8월 방문객이 1000명 감소했을 경우)

1. [시나리오 추가] 대화상자가 나오면 **시나리오 이름(놀이동산 방문객 1000명 감소)**을 입력합니다. 이어서, **변경 셀([C4:E4])**이 지정된 것을 확인한 후 <확인> 단추를 클릭합니다.

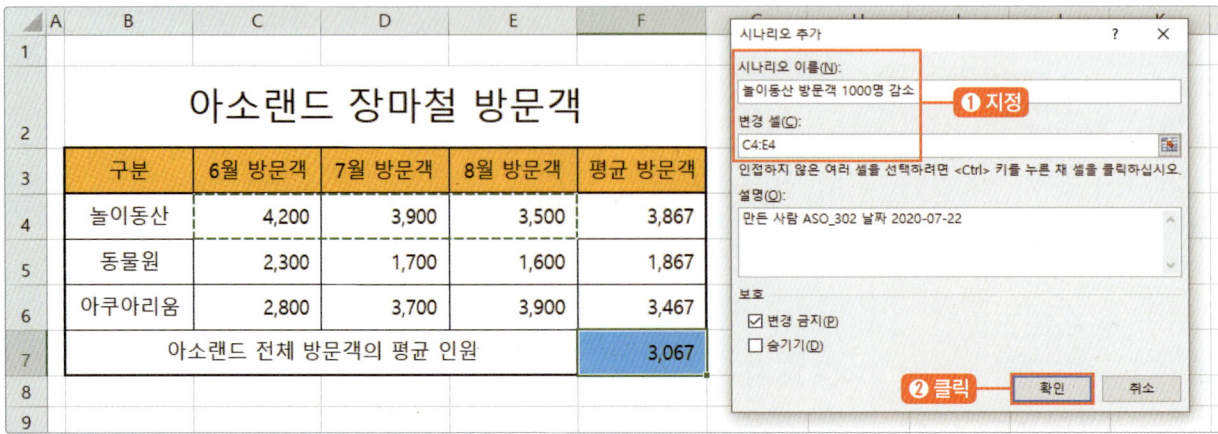

2. [시나리오 값] 대화상자가 나오면 현재 값에서 '1000'이 감소된 값을 계산하여 입력한 후 <확인> 단추를 클릭합니다.

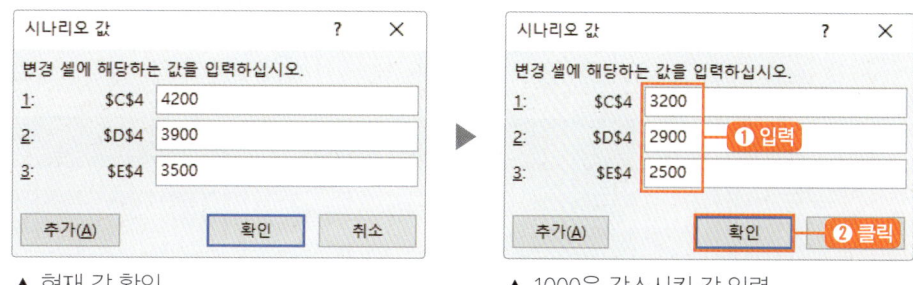

▲ 현재 값 확인　　　　　　　　　　▲ 1000을 감소시킨 값 입력

3. [시나리오 관리자] 대화상자가 나오면 <요약> 단추를 클릭합니다.

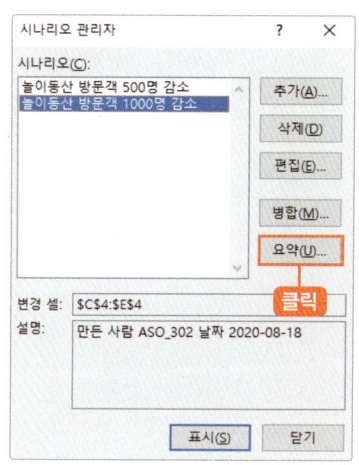

4. [시나리오 요약] 대화상자가 나오면 결과 셀([F7])을 지정한 후 <확인> 단추를 클릭합니다.
   ※ 시나리오를 만들 때 [F7] 셀을 클릭한 후 작업했기 때문에 결과 셀이 [F7] 셀로 지정되어 있습니다.

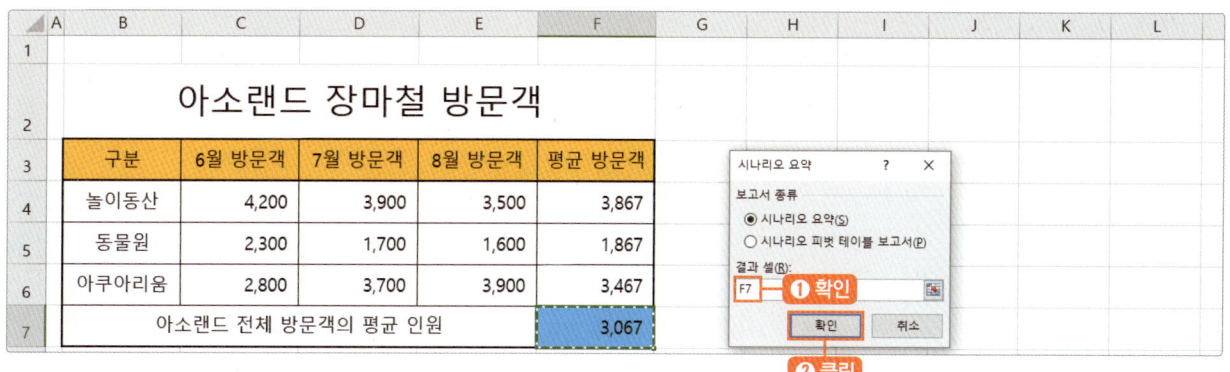

✓ TIP 시나리오

시나리오로 가상의 데이터를 분석하기 위해서는 결과 셀이 반드시 수식 형태(=AVERAGE(F4:F6))로 계산되어 있어야 합니다.

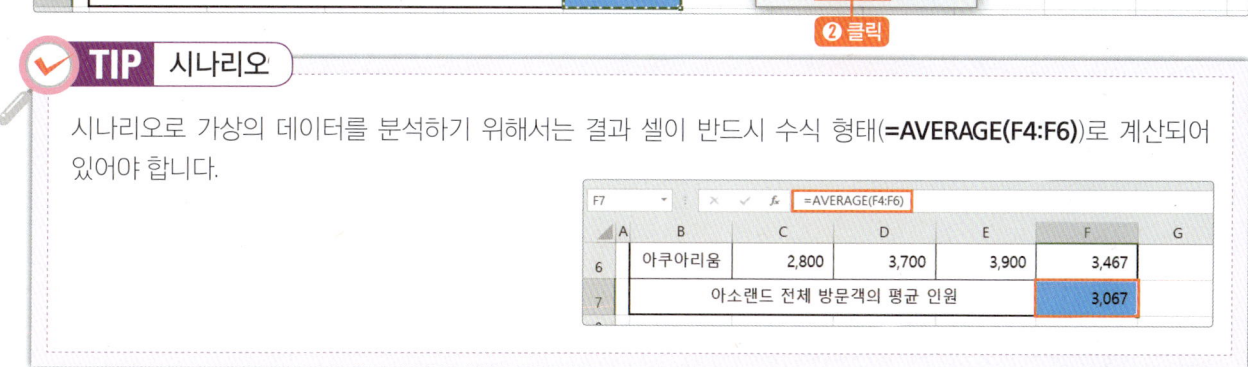

5. [시나리오 요약] 시트가 만들어지면 놀이동산 방문객이 감소할 때 아소랜드 전체 방문객의 평균 인원이 어떻게 변동하는지 결과 셀의 값을 확인합니다.

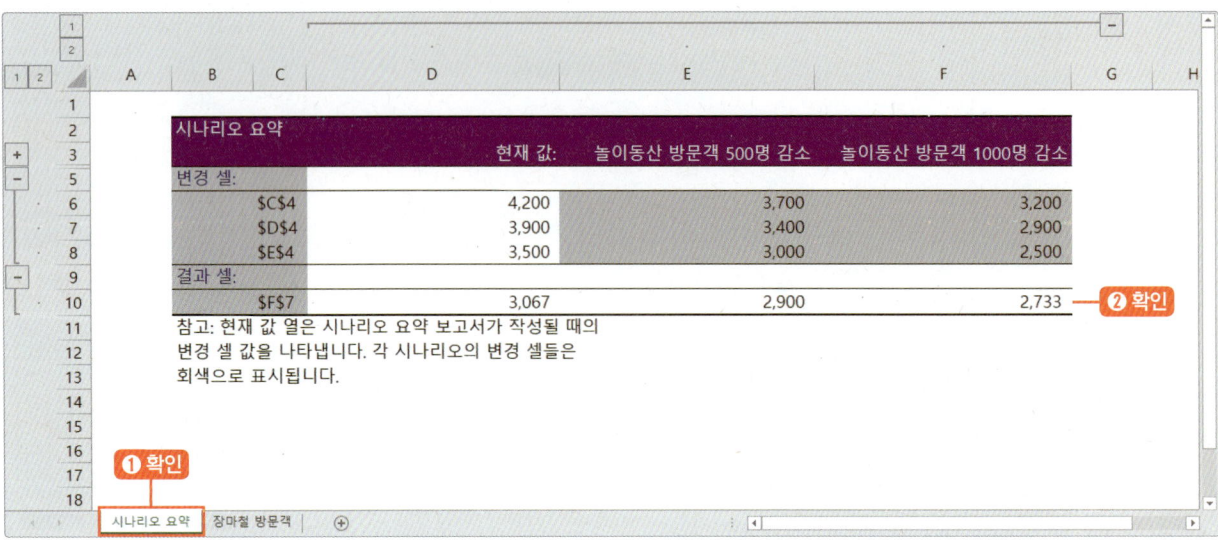

6. 모든 작업이 끝나면 [파일]-[저장]을 선택하거나 [빠른 실행 도구 모음]에서 **저장(🖫)**을 클릭합니다.

    ※ 저장 바로 가기 키 : Ctrl + S

20일차 경영 마무리하기

미션 01 시트 작성

📁 불러올 파일 : 20일차_미션01.xlsx 📄 완성된 파일 : 20일차_미션01(완성).xlsx

	시나리오 요약	현재 값:	난방비 1500 증가	난방비 1500 감소
변경 셀:				
	$F$3	3,000	4,500	1,500
	$F$4	20,000	21,500	18,500
	$F$5	35,000	50,000	33,500
	$F$6	15,000	30,000	13,500
결과 셀:				
	$G$3	39,000	40,500	37,500
	$G$4	48,000	49,500	46,500
	$G$5	66,500	81,500	65,000
	$G$6	59,000	74,000	57,500

참고: 현재 값 열은 시나리오 요약 보고서가 작성될 때의 변경 셀 값을 나타냅니다. 각 시나리오의 변경 셀들은 회색으로 표시됩니다.

작업 순서

❶ [푸드코트 관리비 내역] 시트의 [B2:G6]을 이용하여 난방비가 변동할 때 '납부액'이 변동하는 가상분석(시나리오)을 작성
  - 시나리오1 : 시나리오 이름은 "난방비 1500 증가", 난방비([F3:F6])에 1500을 증가시킨 값 설정
  - 시나리오2 : 시나리오 이름은 "난방비 1500 감소", 난방비([F3:F6])에 1500을 감소시킨 값 설정
  - [시나리오 요약] 시트를 작성(결과 셀 → [G3:G6])
▲ 작업순서에 없는 내용은 출력형태를 참고하여 작성

미션 02 함수 계산

📁 불러올 파일 : 20일차_미션02.xlsx 📄 완성된 파일 : 20일차_미션02(완성).xlsx

조건

❶ 평가[F3:F5] : 2020년과 2021년의 방문객이 전체 방문객의 평균 인원(24,867) 이상이면 "양호", 그렇지 않을 경우에는 공백(빈 칸)으로 표시함(IF, AND)

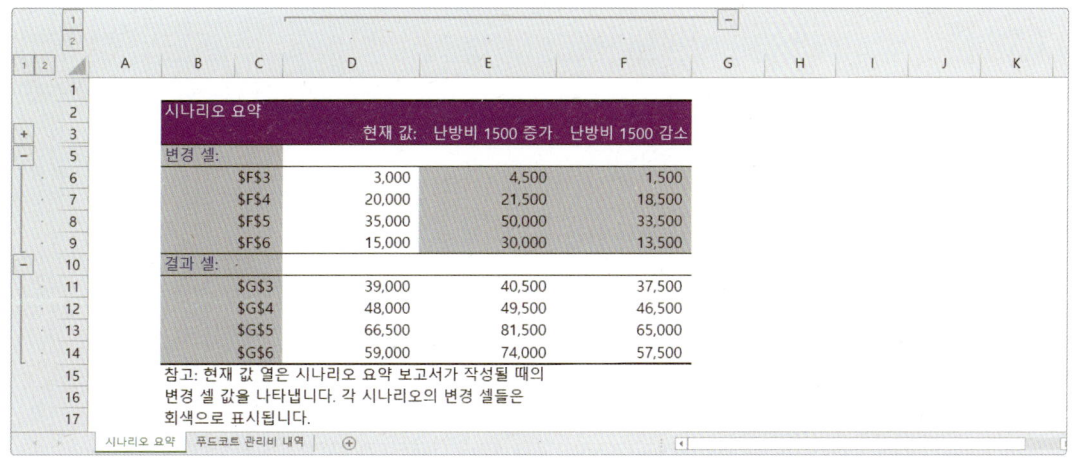

TIP IF, AND 중첩 함수 작성하기

❶ [F3] 셀을 클릭 → 함수식 =AND(D3>=$F$6,E3>=$F$6)을 입력하여 2020년과 2021년의 방문객이 전체 방문객의 평균 인원(24,867) 이상인가를 판단함
❷ [F3] 셀의 함수식을 =IF(AND(D3>=$F$6,E3>=$F$6),"양호","")로 수정(IF 함수식과 중첩)하여 전체 방문객의 평균 인원 이상일 경우에는 "양호", 그렇지 않을 경우에는 ""(빈 칸)으로 표시함

21일차 목표값 찾기

- 함수를 이용하여 목표값 찾기에 필요한 값을 계산할 수 있습니다.
- 함수식이 입력된 셀을 이용하여 원하는 목표값을 찾을 수 있습니다.

📁 불러올 파일 : 21일차.xlsx   📄 완성된 파일 : 21일차(완성).xlsx

완성작품 미리보기

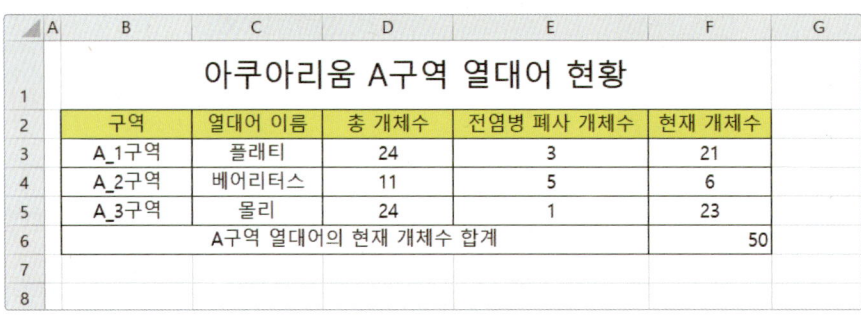

	A	B	C	D	E	F	G
1		아쿠아리움 A구역 열대어 현황					
2		구역	열대어 이름	총 개체수	전염병 폐사 개체수	현재 개체수	
3		A_1구역	플래티	24	3	21	
4		A_2구역	베어리터스	11	5	6	
5		A_3구역	몰리	24	1	23	
6		A구역 열대어의 현재 개체수 합계				50	
7							
8							

	A	B	C	D	E	F	G
1		아쿠아리움 B구역 열대어 현황					
2		구역	열대어 이름	총 개체수	전염병 폐사 개체수	현재 개체수	
3		B_1구역	소드	30	0	30	
4		B_2구역	구피	32	0	32	
5		B_3구역	시클리드	13	0	13	
6		B구역 열대어의 전체 평균 개체수				25	
7							
8							

경영스토리 읽어보기!

여러 종류의 열대어가 살고 있던 A구역의 수족관이 갑작스런 전염병으로 인해 30% 이상의 열대어가 폐사했습니다. 남아 있는 열대어들을 비어있는 수족관으로 옮겨 피해 상황을 확인한 후 아쿠아리움 오픈 전까지 새로운 열대어들로 채우도록 합니다.

재미있는 픽셀아트! (21일차_픽셀아트.xlsx)

01 [A구역] 시트에 함수(SUM) 작성하기

목표값 찾기 기능을 이용하기 위해서는 해당 셀에 수식이 입력되어야 합니다.

1. [파일]-[열기]-[찾아보기( )]를 클릭합니다. [열기] 대화상자가 나오면 [불러올 파일]-[경영 21일차]에서 **21일차.xlsx**를 선택한 후 <열기> 단추를 클릭합니다.
   ※ 열기 바로 가기 키 : Ctrl + O

   A구역 열대어의 현재 개체수 합계를 총 50마리로 맞추기 위해서는 몰리 열대어의 총 개체수([D5])가 얼마가 되어야 하는지를 계산해 보도록 합니다.(단, 전염병으로 폐사한 물고기는 현재 개체수에서 제외)

2. 21일차 파일이 열리면 [A구역] 시트에서 [F6] 셀을 선택한 후 **함수 삽입**( )을 클릭합니다. 이어서, **SUM** 함수를 찾아 <확인> 단추를 클릭합니다.
   ※ 해당 함수가 보이지 않을 경우에는 '범주 선택'을 '모두'로 변경한 후 검색합니다.

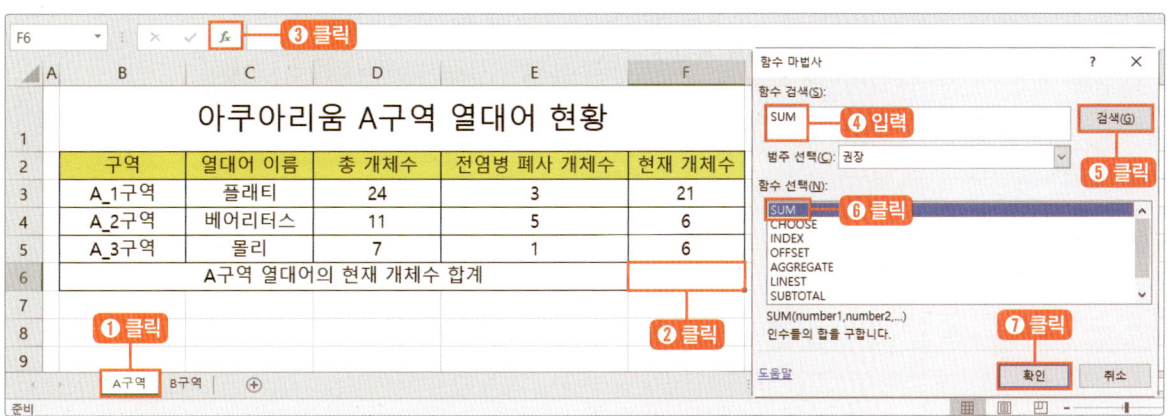

3. [함수 인수] 대화상자가 나오면 아래와 같이 각각의 인수 값을 입력한 후 <확인> 단추를 클릭합니다.

   ● Number1 입력 칸을 클릭한 후 합계를 구하기 위해 필요한 범위([F3:F5])를 드래그합니다.

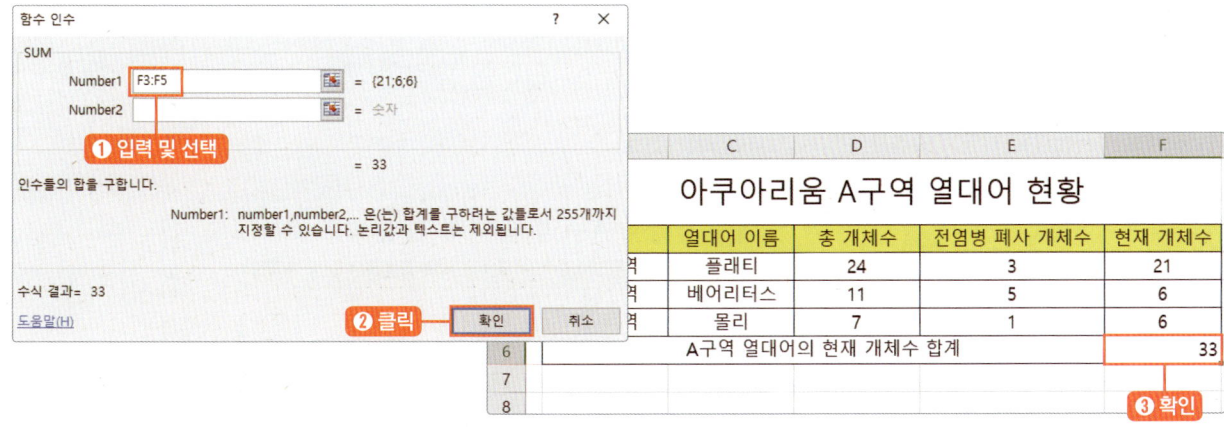

02 SUM 함수를 이용하여 목표값 찾기

목표값 찾기란 수식에서 얻으려고 하는 값은 알고 있지만 그 결과 값을 얻기 위해 필요한 입력 값을 모를 때 사용하는 기능을 말합니다.

A구역 열대어의 현재 개체수 합계를 총 50마리로 맞추기 위해서는 몰리 열대어의 총 개체수([D5])가 얼마가 되어야 하는지를 계산해 보도록 합니다.(단, 전염병으로 폐사한 물고기는 현재 개체수에서 제외)

1. [F6] 셀이 선택된 상태에서 [데이터]-[예측]-[가상 분석()]-[**목표값 찾기**]를 클릭합니다.

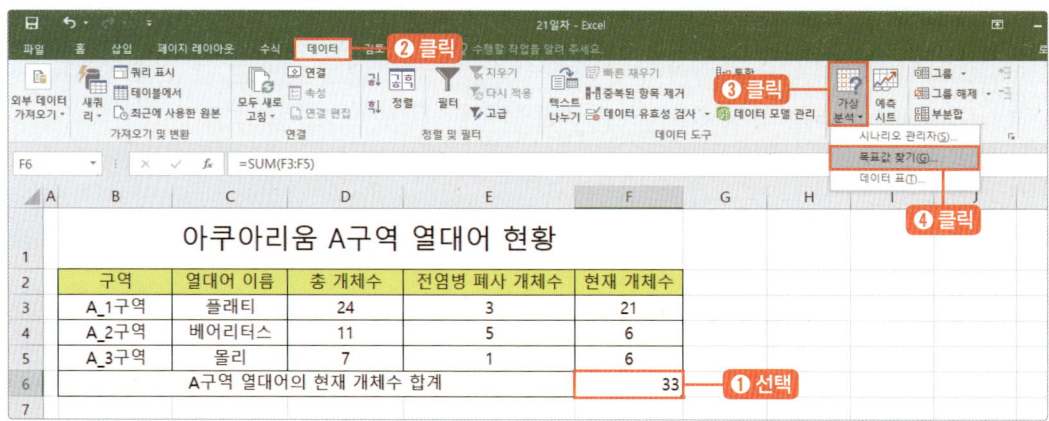

2. [목표값 찾기] 대화상자가 나오면 **수식 셀([F6]), 찾는 값(50), 값을 바꿀 셀([D5])**을 각각 입력 및 선택한 후 <확인> 단추를 클릭합니다.

※ 값을 바꿀 셀 입력 칸에는 몰리의 총 개체수인 [D5] 셀을 선택합니다.

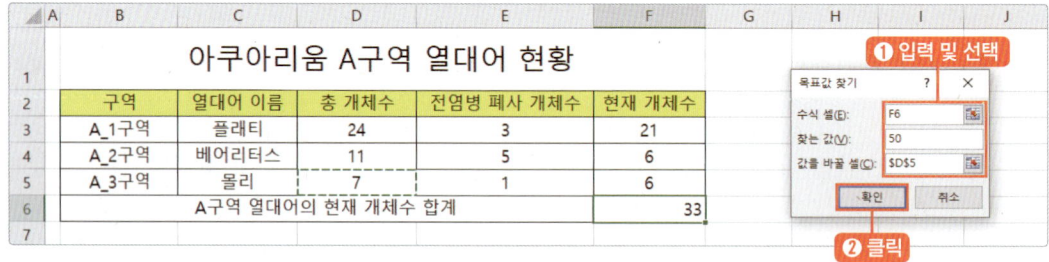

3. [목표값 찾기 상태] 대화상자가 나오면 <확인> 단추를 클릭한 후 변경된 목표값(50)을 확인합니다.

※ 현재 개체수의 합계를 50으로 맞추기 위해 [D5] 셀(몰리의 총 개체수)의 값이 '7'에서 '24'로 변경된 것을 확인할 수 있습니다.

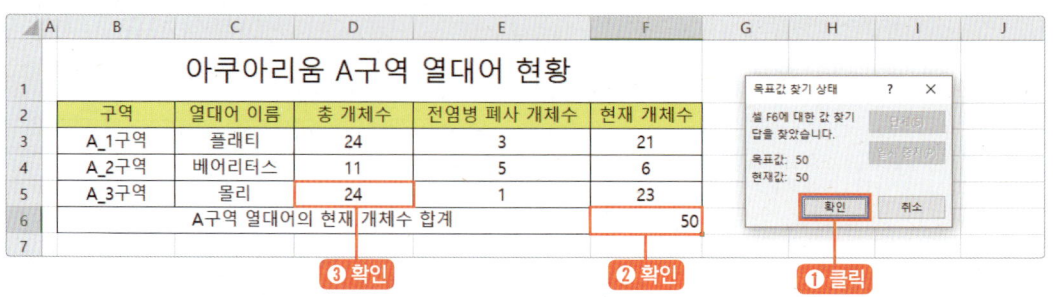

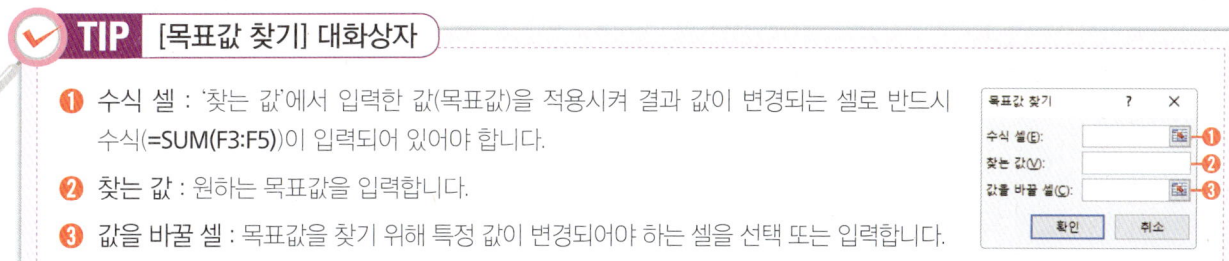

> **TIP** [목표값 찾기] 대화상자
>
> ❶ 수식 셀 : '찾는 값'에서 입력한 값(목표값)을 적용시켜 결과 값이 변경되는 셀로 반드시 수식(=SUM(F3:F5))이 입력되어 있어야 합니다.
> ❷ 찾는 값 : 원하는 목표값을 입력합니다.
> ❸ 값을 바꿀 셀 : 목표값을 찾기 위해 특정 값이 변경되어야 하는 셀을 선택 또는 입력합니다.

03 [B구역] 시트에 AVERAGE 함수를 이용하여 목표값 찾기

B구역 열대어의 현재 개체수 전체 평균을 25마리로 맞추기 위해서는 소드 열대어의 총 개체수([D3])가 얼마가 되어야 하는지를 계산해 보도록 합니다.

1. [B구역] 시트에서 [F6] 셀을 선택한 후 **함수 삽입**()을 클릭합니다. 이어서, **AVERAGE** 함수를 찾아 <확인> 단추를 클릭합니다.

   ※ 해당 함수가 보이지 않을 경우에는 '범주 선택'을 '모두'로 변경한 후 검색합니다.

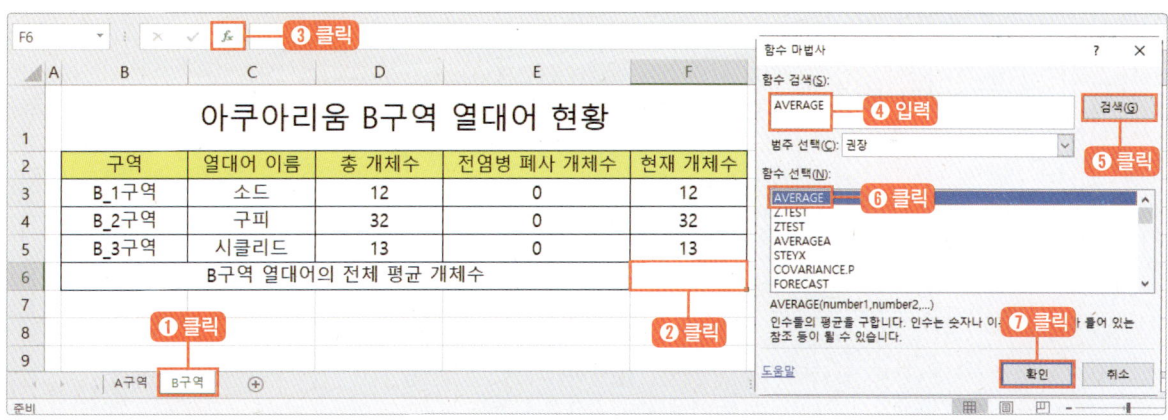

2. [함수 인수] 대화상자가 나오면 아래와 같이 각각의 인수 값을 입력한 후 <확인> 단추를 클릭합니다.

● Number1 입력 칸을 클릭한 후 평균을 구하기 위해 필요한 범위([F3:F5])를 드래그합니다.

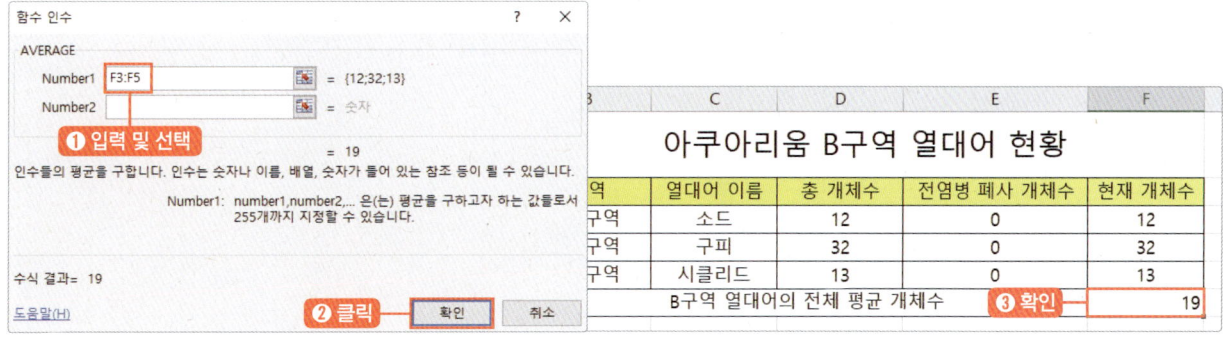

> B구역 열대어의 현재 개체수 전체 평균을 25마리로 맞추기 위해서는 소드 열대어의 총 개체수([D3])가 얼마가 되어야 하는지를 계산해 보도록 합니다.

3. [F6] 셀이 선택된 상태에서 [데이터]-[예측]-[가상 분석( )]-**[목표값 찾기]**를 클릭합니다.

4. [목표값 찾기] 대화상자가 나오면 **수식 셀([F6]), 찾는 값(25), 값을 바꿀 셀([D3])**을 각각 입력 및 선택한 후 <확인> 단추를 클릭합니다.
   ※ 값을 바꿀 셀 입력 칸에는 소드의 총 개체수인 [D3] 셀을 선택합니다.

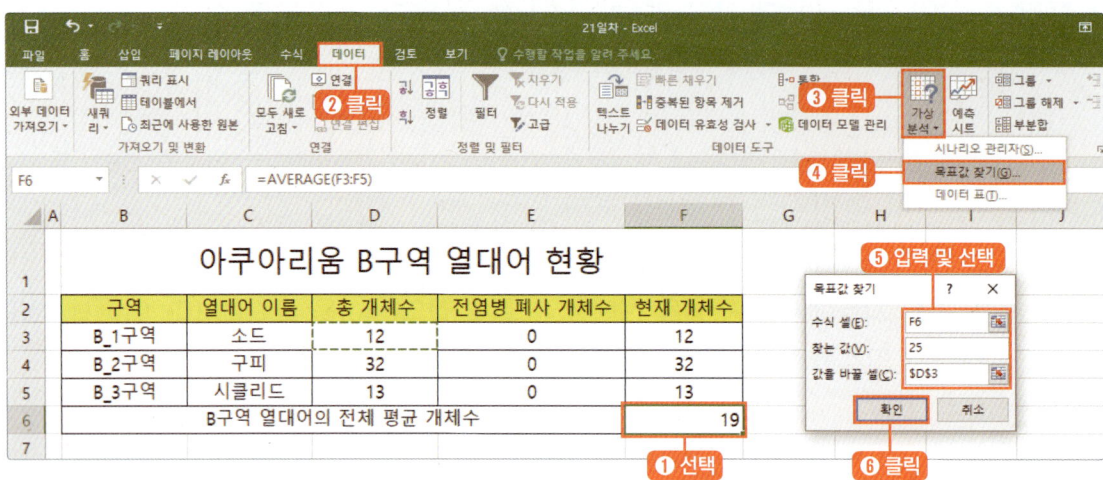

5. [목표값 찾기 상태] 대화상자가 나오면 <확인> 단추를 클릭한 후 변경된 목표값(25)을 확인합니다.
   ※ 전체 평균 개체수를 25로 맞추기 위해 [D3] 셀(소드의 총 개체수)의 값이 '12'에서 '30'으로 변경된 것을 확인할 수 있습니다.

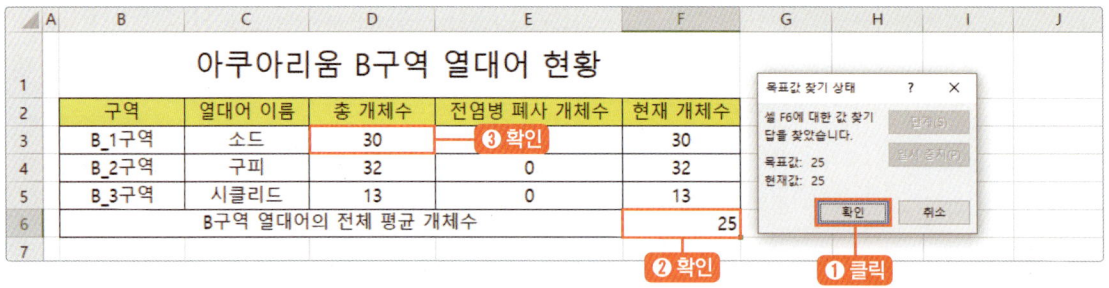

6. 모든 작업이 끝나면 [파일]-**[저장]**을 선택하거나 [빠른 실행 도구 모음]에서 **저장( )**을 클릭합니다.
   ※ 저장 바로 가기 키 : Ctrl + S

21일차 경영 마무리하기

미션 01 시트 작성

📁 불러올 파일 : 21일차_미션01.xlsx 💾 완성된 파일 : 21일차_미션01(완성).xlsx

	A	B	C	D	E	F
1		아소랜드 아쿠아리움 열대어 치어 관리 현황				
2		구역	구분	이름	평균 수명	치어 총 개체수
3		WBA_2구역	난태생	플래티	4	11
4		WBC_1구역	시클리드	음부나	7	7
5		WBC_3구역	시클리드	엔젤피쉬	10	22
6		WBB_3구역	카라신	샤페	7	13
7		WBA_3구역	난태생	몰리	5	7
8		WBB_2구역	카라신	램프아이	4	32
9		WBC_2구역	시클리드	라미네지	4	16
10		WBB_1구역	카라신	네온테트라	10	12
11		WBA_1구역	난태생	구피	6	24
12		난태생 열대어의 평균 수명				5

작업 순서

1. [B12:E12] 셀을 병합하여 "난태생 열대어의 평균 수명"을 입력한 후 [F12] 셀에 '구분'이 '난태생'인 열대어의 '평균 수명'을 구함(DAVERAGE 함수, 테두리, 가운데 맞춤)
   - ※ [F12] 셀의 함수식 : =DAVERAGE(B2:F11,E2,C2:C3)
   - ※ DAVERAGE 함수 사용 방법을 모를 경우에는 아래쪽 '미션 02 함수 계산'을 참고하세요.
2. 난태생 열대어의 평균 수명을 5년으로 변경하기 위해서는 구피 열대어의 평균 수명이 얼마가 되어야 하는지 목표값을 구함
   ▲ 작업순서에 없는 내용은 출력형태를 참고하여 작성

미션 02 함수 계산

📁 불러올 파일 : 21일차_미션02.xlsx 💾 완성된 파일 : 21일차_미션02(완성).xlsx

DAVERAGE 함수
- 기능 : 지정한 조건에 맞는 데이터베이스에서 필드(열) 값들의 평균을 구하는 함수
- 형식 : =DAVERAGE(데이터베이스, 필드(열) 위치, 조건범위)

	A	B	C	D	E
1		아소랜드 아쿠아리움 열대어 관리 담당자			
2		구역	열대어 종류	개체수	담당자
3		A_1구역	플래티	24	이가현
4		C_1구역	카라신	7	박소라
5		B_1구역	소드	12	최민지
6		C_2구역	베타	16	박소라
7		A_2구역	베어리터스	11	이가현
8		B_2구역	구피	32	최민지
9		이가현이 관리하고 있는 열대어 개체수의 평균			17.5

조건

1. 평균[E9] : '담당자'가 "이가현"인 열대어 '개체수'의 평균을 구함(DAVERAGE)

피벗 테이블

- 피벗 테이블을 작성하는 방법을 알아봅니다.
- 피벗 테이블의 옵션을 변경하는 방법을 알아봅니다.

📂 불러올 파일 : 22일차.xlsx   📄 완성된 파일 : 22일차(완성).xlsx

완성작품 미리보기

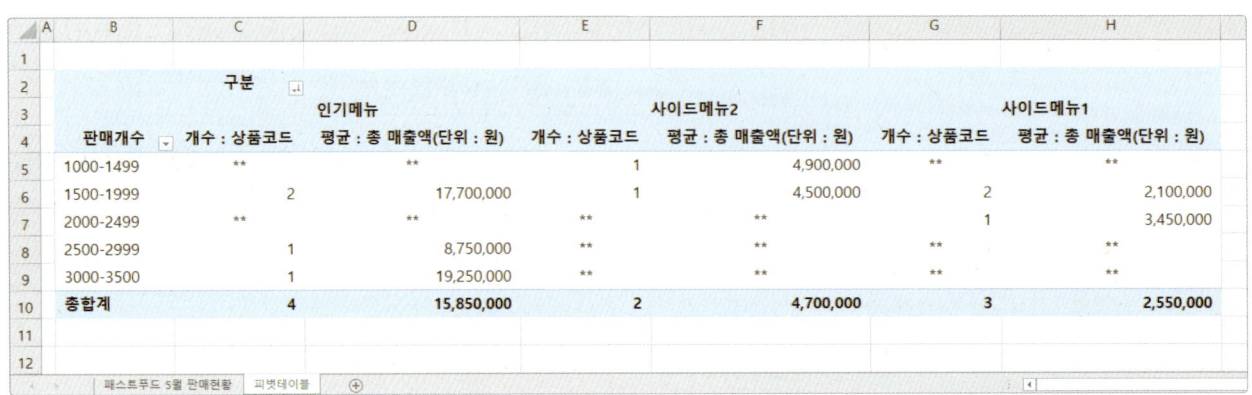

경영 스토리 읽어보기!

아소랜드를 찾은 많은 관람객들은 음식 조리시간이 짧고 이동하면서 간단하게 먹을 수 있는 패스트푸드를 선호하는 것으로 파악되었습니다. 5월에 판매되었던 패스트푸드를 분석하여 하반기에는 더욱 다양한 종류의 음식들이 판매될 수 있도록 계획합니다.

재미있는 픽셀아트! (22일차_픽셀아트.xlsx)

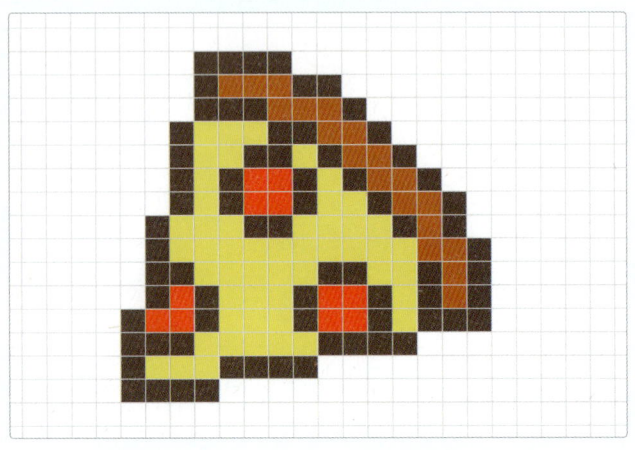

01 피벗 테이블 작성 및 필드 목록 지정하기

피벗 테이블이란 많은 양의 데이터를 손쉽게 요약, 분석할 수 있는 대화형 테이블을 말합니다.

1. [파일]-[열기]-[**찾아보기(📁)**]를 클릭합니다. [열기] 대화상자가 나오면 [불러올 파일]-[경영 22일차]에서 **22일차.xlsx**를 선택한 후 <열기> 단추를 클릭합니다.

   ※ 열기 바로 가기 키 : **Ctrl** + **O**

2. 22일차 파일이 열리면 [B2:H11] 영역을 드래그하여 범위로 지정한 후 [삽입]-[표]-[**피벗 테이블(🗐)**]을 클릭합니다.

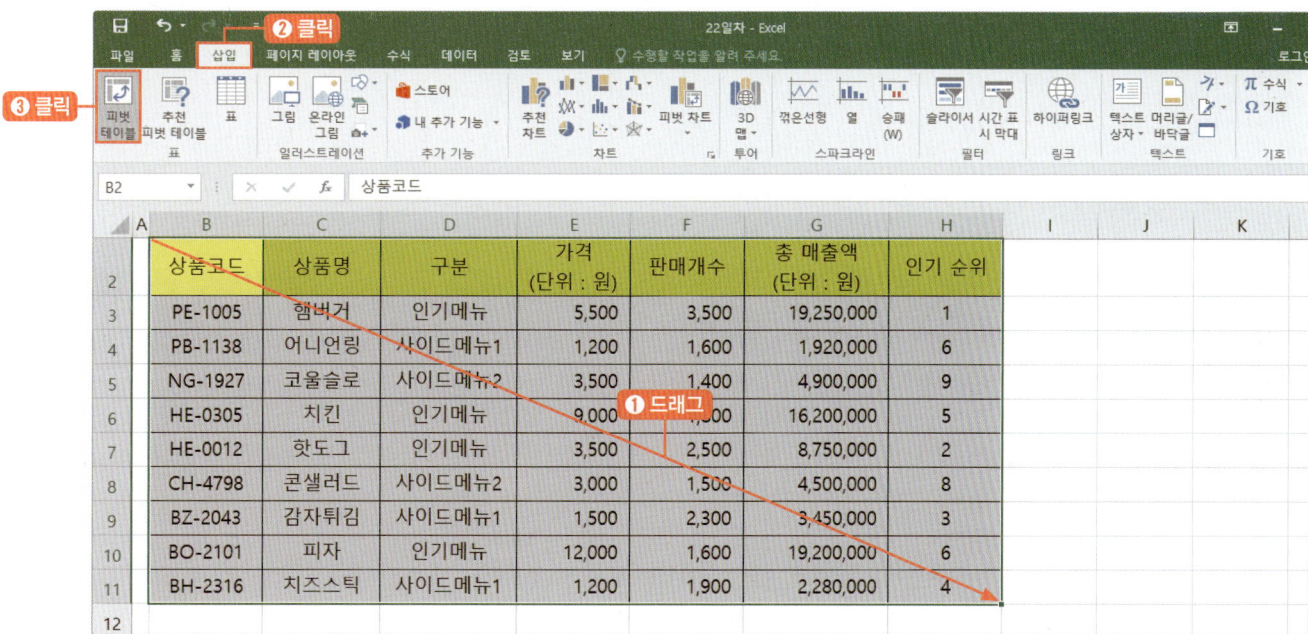

3. [피벗 테이블 만들기] 대화상자가 나오면 피벗 테이블 보고서를 넣을 위치를 **기존 워크시트**로 선택합니다. 이어서, [피벗테이블] 시트의 [B2] 셀을 선택한 후 <확인> 단추를 클릭합니다.

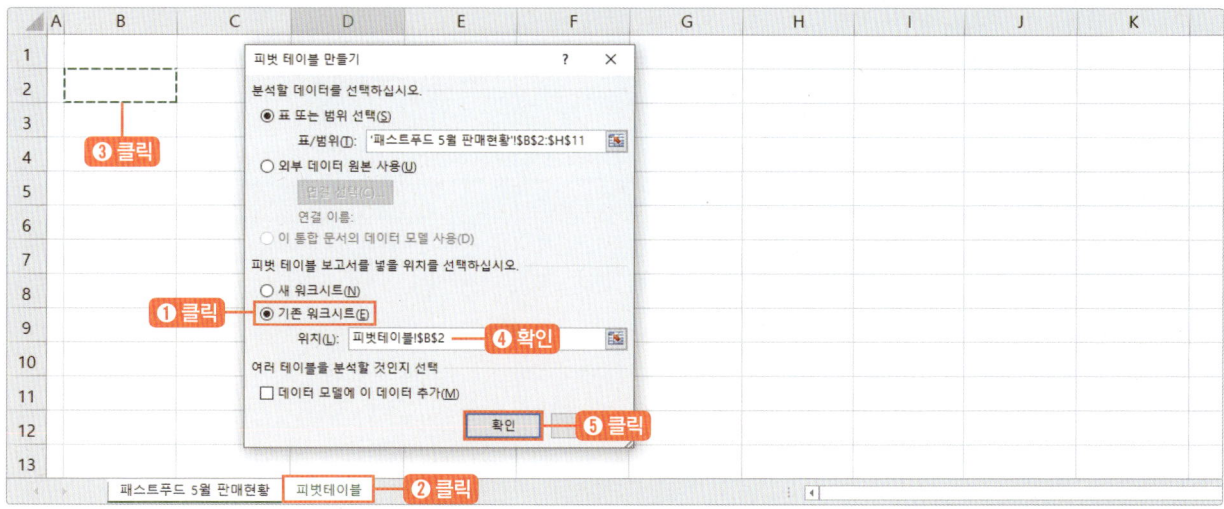

경영 22일차 패스트푸드 이용 현황 분석하기!_피벗 테이블 **145**

4. [피벗테이블] 시트에 빈 피벗 테이블이 만들어지면 화면 오른쪽의 [피벗 테이블 필드] 작업 창에서 '보고서에 추가할 필드 선택:' 항목 중 **판매개수** 필드를 **행** 레이블 위치로 드래그합니다.

※ 판매개수 필드 위에서 마우스 오른쪽 버튼을 눌러 [행 레이블에 추가]를 클릭해도 결과는 동일합니다.

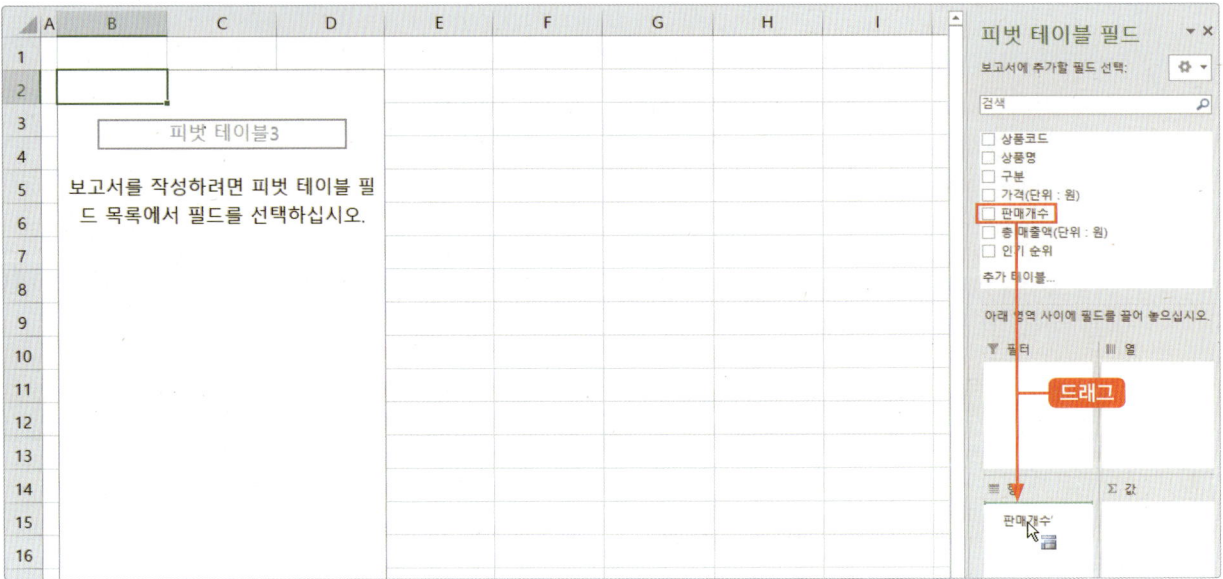

5. 동일한 방법으로 **구분** 필드를 **열** 레이블 위치로 드래그합니다. 이어서, **상품코드** 및 **총 매출액(단위 : 원)** 필드를 **Σ 값** 위치로 각각 드래그합니다.

※ '상품코드'와 '총 매출액(단위 : 원)' 필드를 'Σ 값' 위치로 드래그할 때는 반드시 아래 그림과 동일한 순서대로 배치합니다.

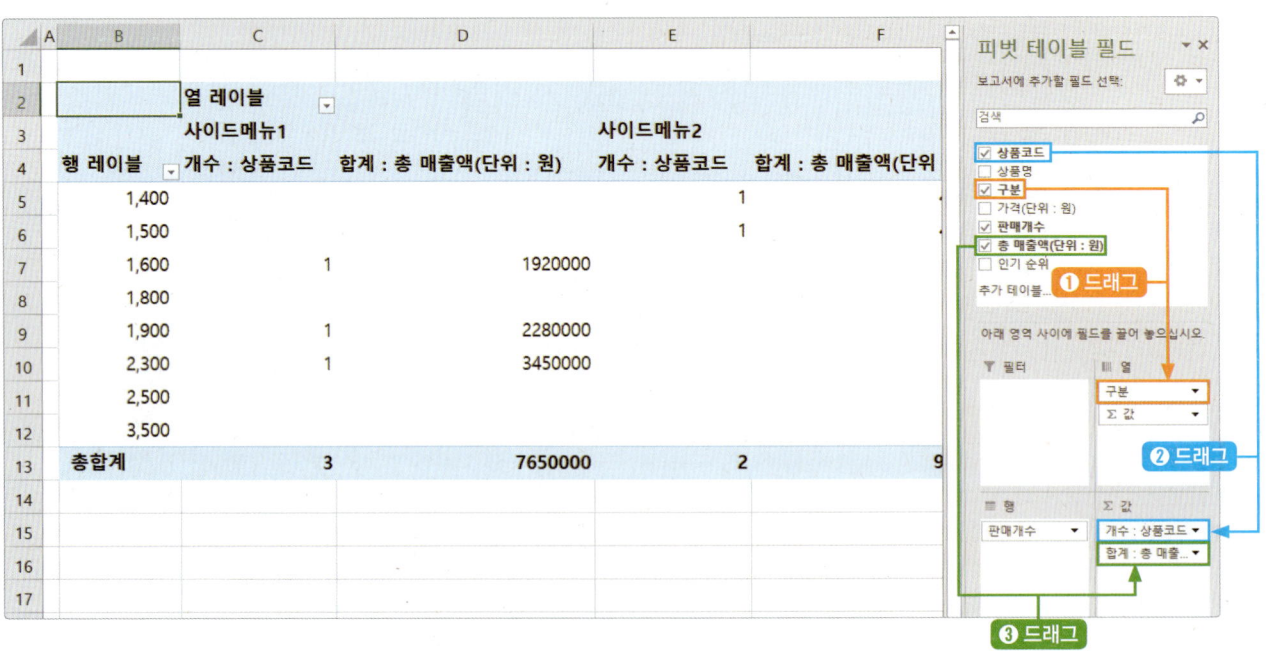

146 엑셀 2016으로 경영하는 놀이공원

TIP 피벗 테이블

① 오른쪽 피벗 테이블 필드 작업 창이 사라졌을 때 : 작성된 피벗 테이블 안쪽을 선택한 후 [분석]-[표시]-[필드 목록(▥)]을 클릭하면 작업 창이 다시 활성화 됩니다.

② 필드 삭제 : 삭제할 필드를 워크시트 쪽으로 드래그하거나, 필드를 클릭한 후 [필드 제거]를 선택합니다.

 값 필드 설정, 그룹 지정, 옵션 변경하기

1. Σ 값에서 `합계 : 총 매출...▼` 을 클릭한 후 **[값 필드 설정]**을 선택합니다.

2. [값 필드 설정] 대화상자가 나오면 계산 유형을 **평균**으로 선택합니다. 이어서, '사용자 지정 이름' 입력 칸의 맨 뒤쪽을 클릭하여 **(단위 : 원)**을 입력한 후 <확인> 단추를 클릭합니다.

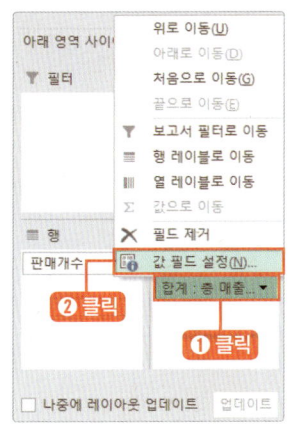 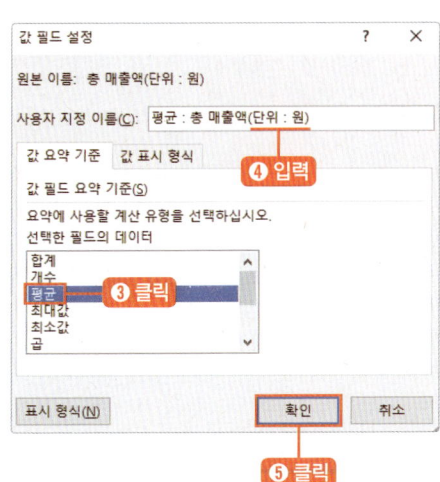

3. 행 레이블을 그룹화하기 위하여 [B5] 셀 위에서 마우스 오른쪽 버튼을 눌러 **[그룹]**을 클릭합니다. [그룹화] 대화상자가 나오면 **시작(1000), 끝(3500), 단위(500)**를 입력한 후 <확인> 단추를 클릭합니다.

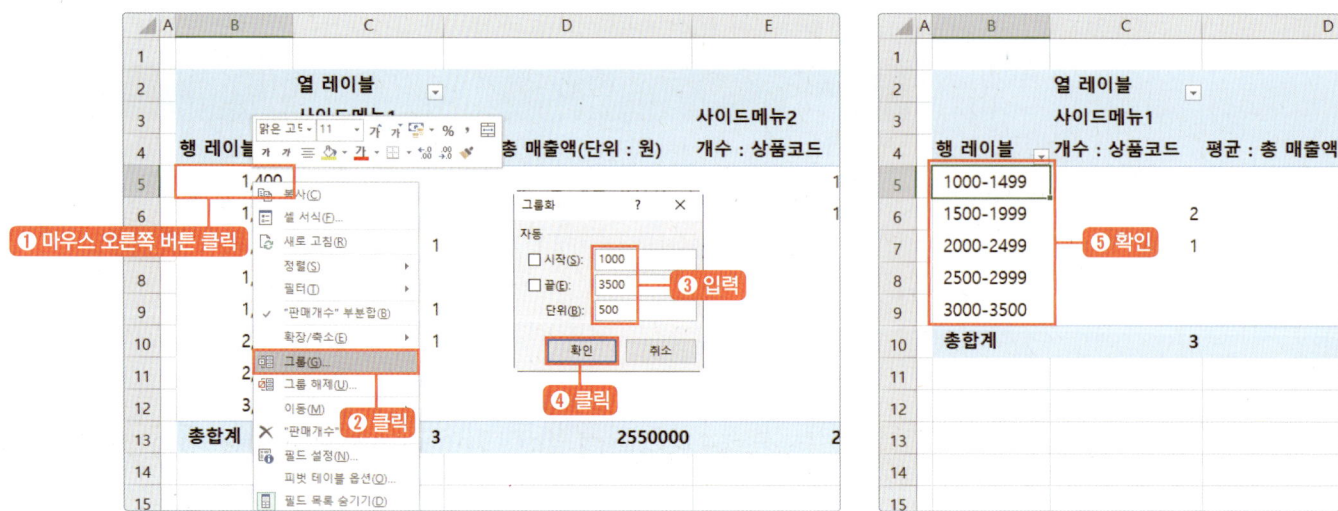

4. 작성된 피벗 테이블 안에서 마우스 오른쪽 버튼을 눌러 **[피벗 테이블 옵션]**을 클릭합니다.
※ [분석]-[피벗 테이블]-[옵션]을 클릭해도 결과는 동일합니다.

5. [피벗 테이블 옵션] 대화상자가 나오면 **[레이아웃 및 서식]** 탭에서 **레이블이 있는 셀 병합 및 가운데 맞춤**을 선택합니다. 이어서, 빈 셀 표시 입력 칸에 ******을 입력합니다.

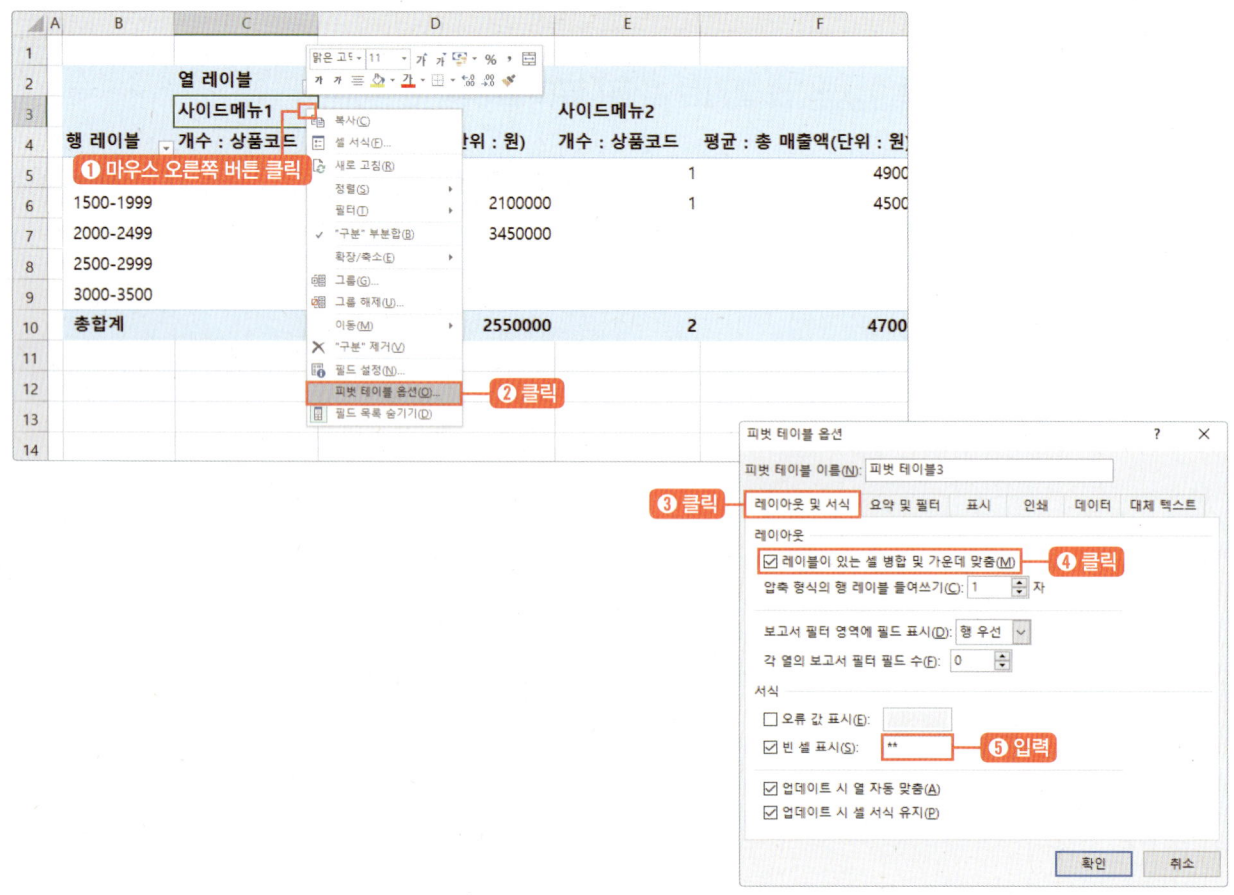

6. **[요약 및 필터]** 탭을 선택한 후 **행 총합계 표시**의 **선택을 해제**한 후 <확인> 단추를 클릭합니다.

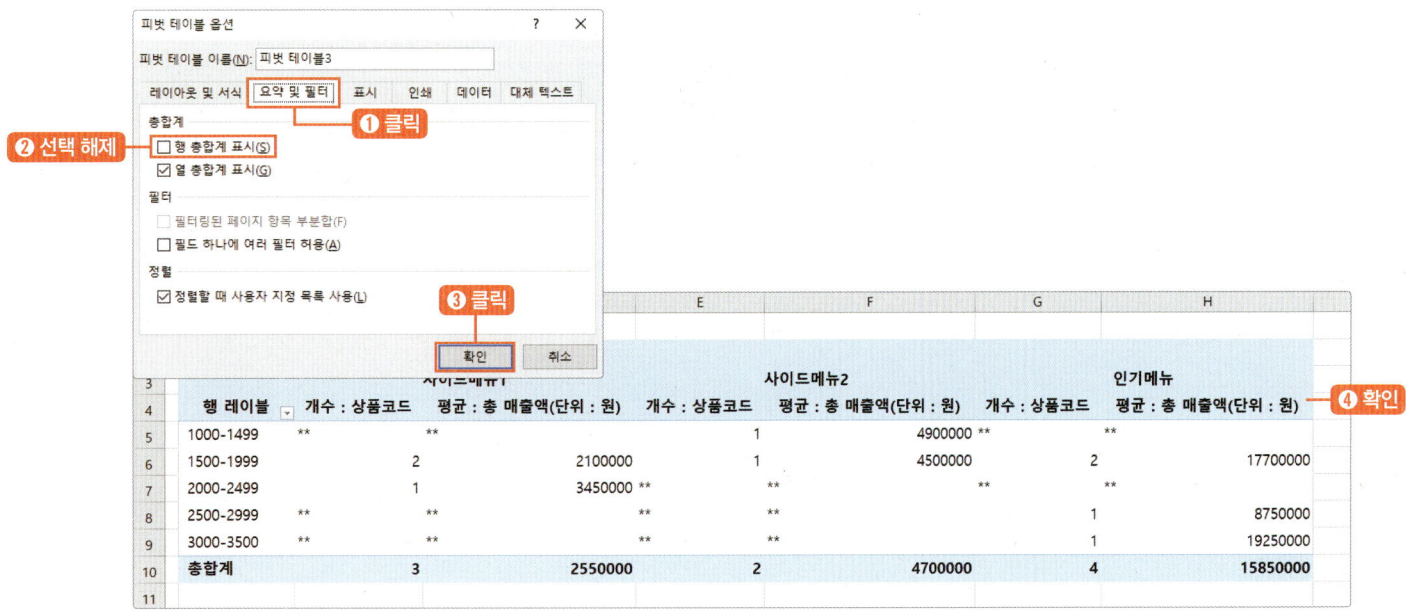

03 필드 정렬 및 필드명 변경하기

1. 열 레이블을 정렬하기 위해 기준 열인 **사이드메뉴1**을 선택한 후 [데이터]-[정렬 및 필터]-**[텍스트 내림차순 정렬(** **)]**을 클릭합니다.

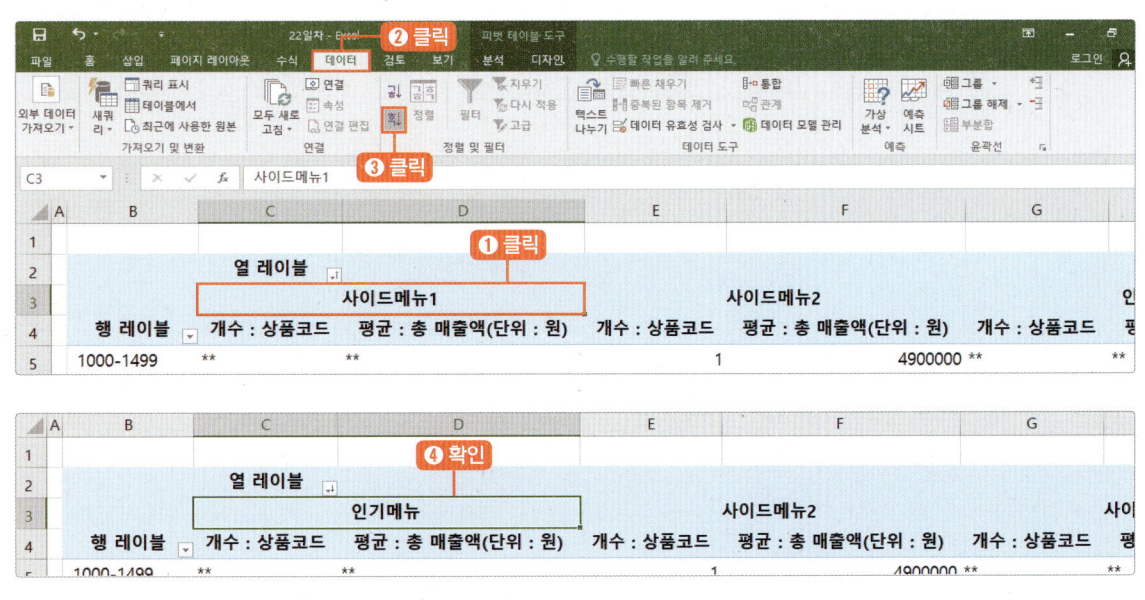

> **TIP** 마우스로 드래그하여 필드 정렬하기
>
> 이동할 필드명(예 : 사이드메뉴1)이 선택된 상태에서 테두리 위쪽에 마우스 포인터를 위치시킨 후  모양으로 변경되면 원하는 방향으로 드래그하여 정렬시킬 수 있습니다.

2. [C5:H10] 영역을 드래그한 후 [홈]-[맞춤]-**가운데 맞춤**(≡)을 클릭합니다. 이어서, [표시 형식]-**쉼표 스타일**(,)을 클릭합니다.

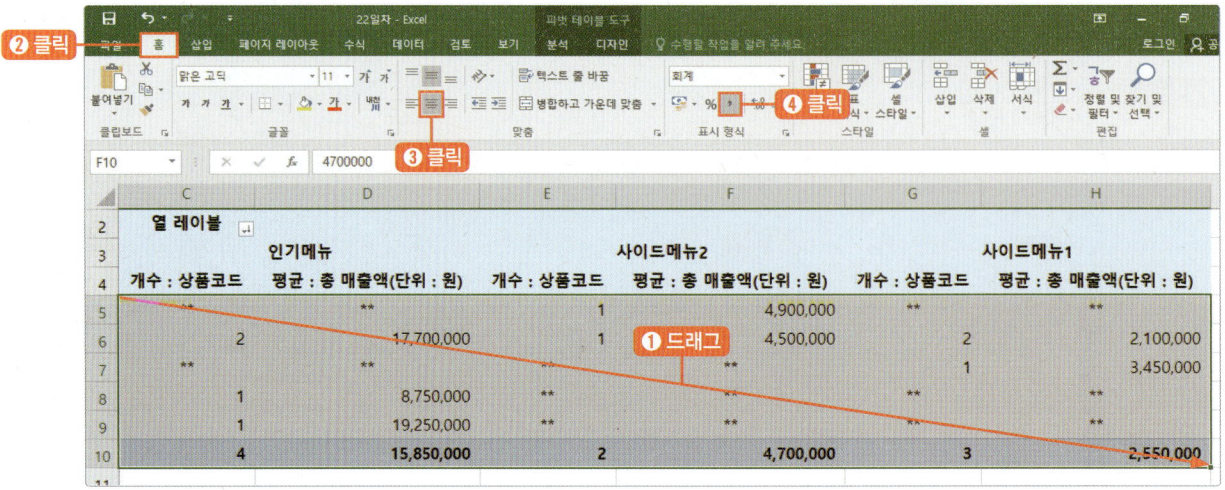

3. [C2] 셀을 클릭한 후 **구분**을 입력합니다. 이어서, [B4] 셀을 클릭한 후 **판매개수**를 입력합니다.

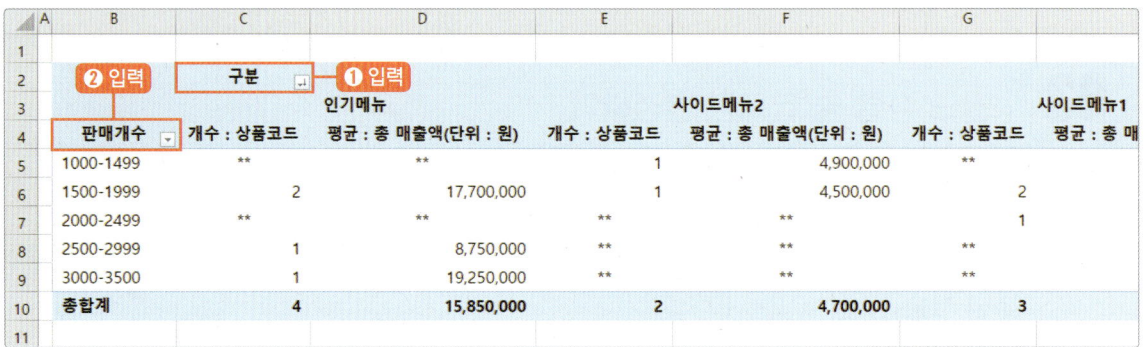

4. 모든 작업이 끝나면 [파일]-[**저장**]을 선택하거나 [빠른 실행 도구 모음]에서 **저장**(💾)을 클릭합니다.
　※ 저장 바로 가기 키 : Ctrl + S

경영 마무리하기

미션 01 시트 작성

📂 불러올 파일 : 22일차_미션01.xlsx   📗 완성된 파일 : 22일차_미션01(완성).xlsx

객실 번호	객실 구분 디럭스-I		디럭스-II		그랜드 디럭스	
	개수 : 평수	평균 : 성수기 숙박료	개수 : 평수	평균 : 성수기 숙박료	개수 : 평수	평균 : 성수기 숙박료
101-105	5	170,000	*	*	*	*
106-110	*	*	5	200,000	*	*
111-115	*	*	*	*	5	250,000
총합계	5	170,000	5	200,000	5	250,000

작업 순서

1. 객실 번호(행)와 객실 구분(열)을 기준으로 피벗 테이블을 작성함
2. '평수'의 '개수'와 '성수기 숙박료'의 '평균'을 구함
3. 객실 번호를 그룹화하고, 객실 구분을 <출력 형태>와 같이 정렬함
4. 피벗테이블 옵션을 이용하여 레이블이 있는 셀 병합 및 가운데 맞춤, 빈 셀을 *로 표시, 행의 총 합계를 지움
5. 피벗테이블 스타일을 '피벗 스타일 보통 13'으로 적용함([피벗 테이블 도구]-[디자인]-[피벗 테이블 스타일])

▲ 작업순서에 없는 내용은 출력형태를 참고하여 작성

미션 02 함수 계산

📂 불러올 파일 : 22일차_미션02.xlsx   📗 완성된 파일 : 22일차_미션02(완성).xlsx

CHOOSE 함수
- 기능 : 인수 목록에서 순서에 해당하는 값을 찾아서 반환해주는 함수
- 형식 : =CHOOSE(값을 골라낼 위치 또는 번호, 값1, 값2...)

성수기 호텔 숙박 정보

번호	객실 번호	객실 구분	평수	최대 수용 인원
1	101	디럭스-I	25평	4명
2	102	디럭스-I	25평	4명
3	201	디럭스-II	28평	5명
4	202	디럭스-II	28평	5명
5	301	그랜드 디럭스	32평	6명
6	302	그랜드 디럭스	32평	6명

조건
1. 최대 수용 인원[F3:F8] : 객실 번호의 첫 글자가 1이면 '4명', 2이면 '5명', 3이면 '6명'을 표시함 (CHOOSE, LEFT)

TIP CHOOSE, LEFT 중첩 함수 작성하기
1. [F3] 셀을 클릭 → 함수식 =LEFT(C3,1)을 입력하여 객실 번호의 맨 왼쪽 첫 글자를 표시함
2. [F3] 셀의 함수식을 =CHOOSE(LEFT(C3,1),"4명","5명","6명")으로 수정(CHOOSE 함수식과 중첩)하여 객실 번호의 첫 글자가 1이면 '4명', 2이면 '5명', 3이면 '6명'을 표시함

23일차 이중 축 차트(콤보)

- 차트 작성에 필요한 데이터의 범위를 지정하는 방법을 알아봅니다.
- 새로운 시트에 차트를 삽입한 후 차트의 서식을 변경하는 방법을 알아봅니다.

📁 불러올 파일 : 23일차.xlsx   📗 완성된 파일 : 23일차(완성).xlsx

경영 스토리 읽어보기!

관람객들의 투표로 아소랜드에서 가장 인기가 많은 놀이기구 5가지를 선정하려고 합니다.
투표 방법은 놀이기구 앞에 스티커 판을 배치하여 스티커가 많이 붙은 놀이기구 순으로 선정하며, 투표에 참여한 관람객 중 30명을 추첨하여 자유 이용권을 지급합니다.

재미있는 픽셀아트! (23일차_픽셀아트.xlsx)

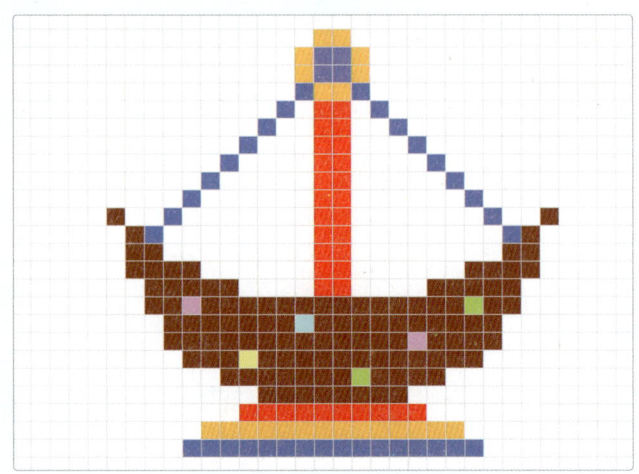

152 엑셀 2016으로 경영하는 놀이공원

01 차트를 삽입한 후 레이아웃 변경하기

1. [파일]-[열기]-[**찾아보기(****)**]를 클릭합니다. [열기] 대화상자가 나오면 [불러올 파일]-[경영 23일차]에서 **23일차.xlsx**를 선택한 후 <열기> 단추를 클릭합니다.
   ※ 열기 바로 가기 키 : `Ctrl` + `O`

2. 23일차 파일이 열리면 아래 그림을 참고하여 차트에 필요한 범위를 지정한 후 [삽입]-[차트]-[**추천 차트( )**]를 클릭합니다.

   - [B2] 셀을 클릭 → [B4] 셀을 클릭 → [B6] 셀을 클릭 → [B8] 셀을 클릭 → [B11:B12] 영역을 드래그 → [F2:G2] 영역을 드래그 → [F4:G4] 영역을 드래그 → [F6:G6] 영역을 드래그 → [F8:G8] 영역을 드래그 → [F11:G12] 영역을 드래그

   ※ [B2] 셀을 클릭한 후에는 계속 `Ctrl` 키를 누른 상태로 범위를 선택하며, 연속되는 범위는 한 번에 드래그합니다.

	A	B	C	D	E	F	G	H	I
2		놀이기구명	❶ 클릭 (최대)	키제한(이상)	이용요금(원)	어린이 투표수 (단위 : 명)	성인 투표수 (단위 : 명)		
3		회전목마	25명	100cm	4,000	810명	312명 ❻ Ctrl + 드래그		
4		허리케인	❷ Ctrl + 클릭 130cm		5,000	731명	561명 ❼ Ctrl + 드래그		
5		쿵!쿵!범퍼카	2명	110cm	4,500	912명			
6		자이로드롭	❸ Ctrl + 클릭 140cm		5,000	869명	912명 ❽ Ctrl + 드래그		
7		엑스 트레인	2명	150cm	5,000	256명			
8		썬더폴스	❹ Ctrl + 클릭 120cm		5,000	651명	653명 ❾ Ctrl + 드래그		
9		스카이 댄싱	20명	100cm	4,500	597명			
10		슈팅 고스트	20명	110cm	5,000	438명	389명		
11		빙글빙글 청룡열차	26명	120cm	5,000	947명	❿ Ctrl + 드래그		
12		레이싱 고고	16명 ❺ Ctrl + 드래그	100cm	4,000	457명	871명		

   ⓫ [삽입]-[차트]-[추천 차트( )] 클릭

3. [차트 삽입] 대화상자가 나오면 [모든 차트] 탭에서 [**콤보( )**]-**사용자 지정 조합( )**을 선택합니다. 이어서, 어린이 투표수(단위 : 명) 계열과 성인 투표수(단위 : 명) 계열의 차트 종류와 보조 축을 그림과 같이 지정한 후 <확인> 단추를 클릭합니다.

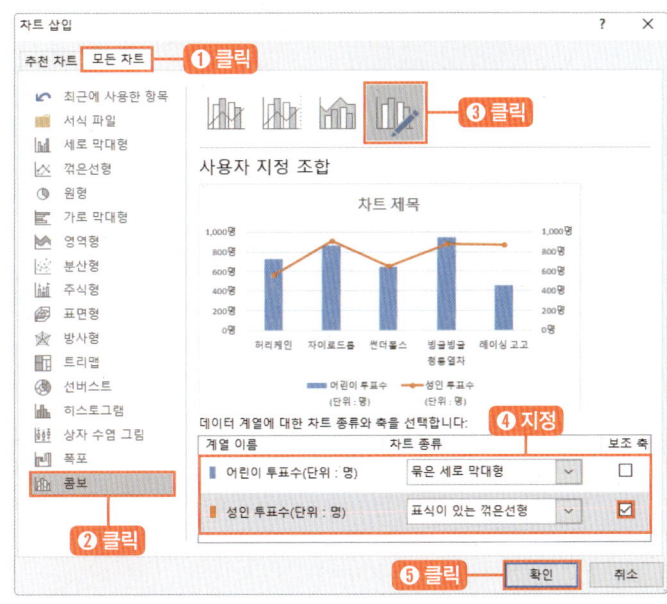

경영 23일차 인기 놀이기구 순위 선정하기!_이중 축 차트(콤보) **153**

4. 차트가 삽입되면 [디자인]-[위치]-**[차트 이동( )]**을 클릭합니다. [차트 이동] 대화상자가 나오면 **새 시트**를 선택하여 **결과차트**로 이름을 변경한 후 <확인> 단추를 클릭합니다.

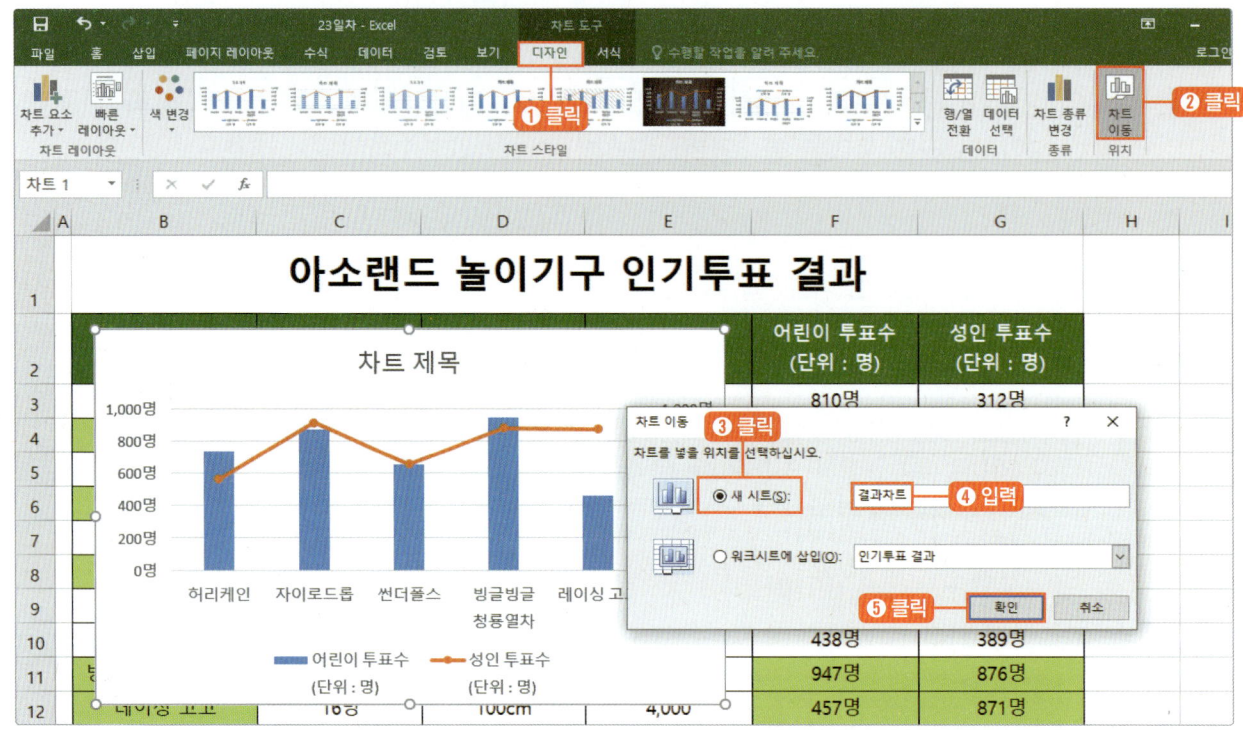

5. 추가된 [결과차트] 시트에 차트가 이동된 것을 확인한 후 [디자인]-[차트 레이아웃]-[빠른 레이아웃( )]-**[레이아웃 3( )]**을 선택합니다.

※ '레이아웃 3'을 지정하면 '어린이 투표수(단위 : 명)' 계열의 막대 모양이 두껍게 변경됩니다.

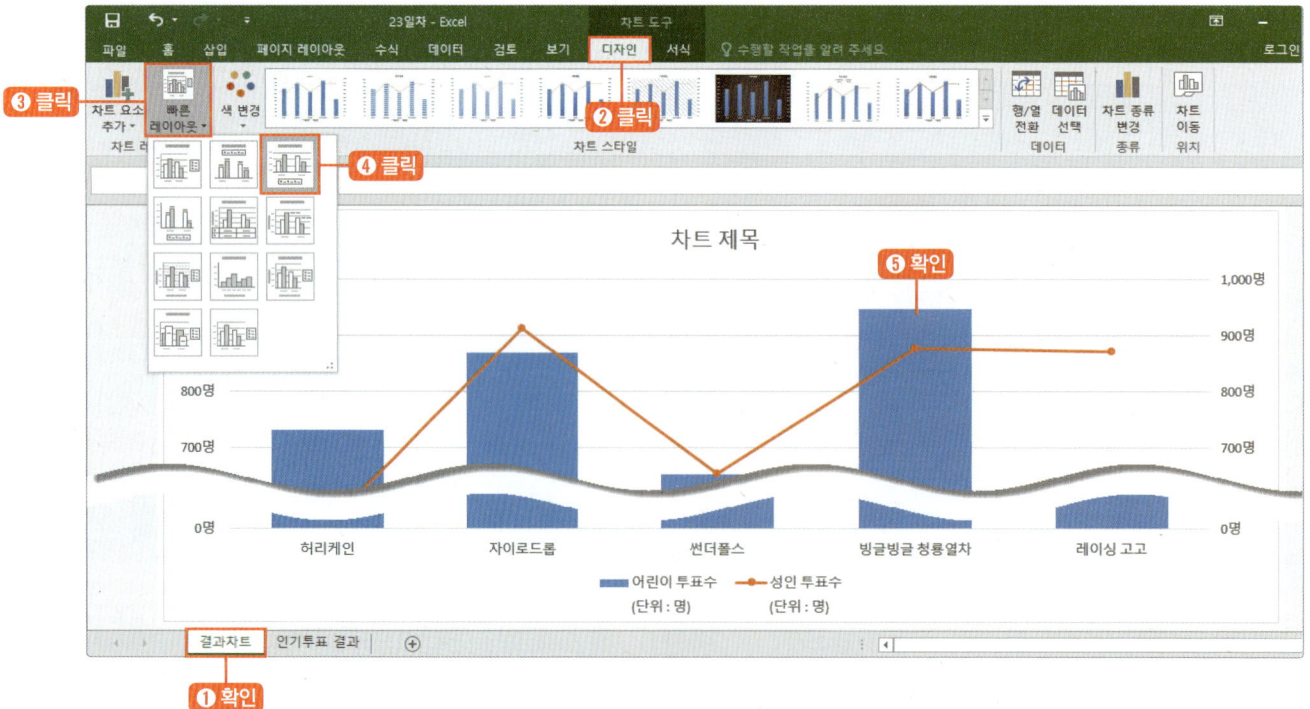

02 차트 영역 및 그림 영역에 채우기 서식을 지정하기

1. 차트 영역 위에서 마우스 오른쪽 버튼을 눌러 **[차트 영역 서식]**을 클릭한 후 [차트 영역 서식] 작업 창이 활성화되면 다음 과정을 참고하여 차트 영역 서식을 지정합니다.

   - [채우기]-[그림 또는 질감 채우기] → [질감]-[파랑 박엽지]

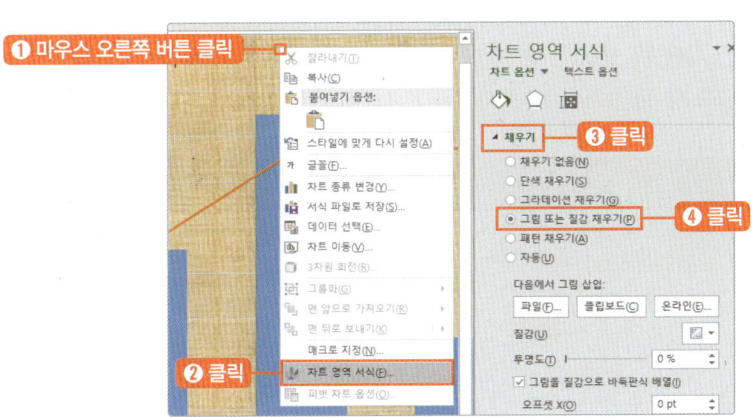 

2. 그림 영역을 클릭한 후 [그림 영역 서식] 작업 창이 활성화되면 다음 과정을 참고하여 그림 영역 서식을 지정합니다. 이어서, 작업 창을 종료(×)합니다.

   - [채우기]-[단색 채우기] → [색]-[흰색, 배경 1]

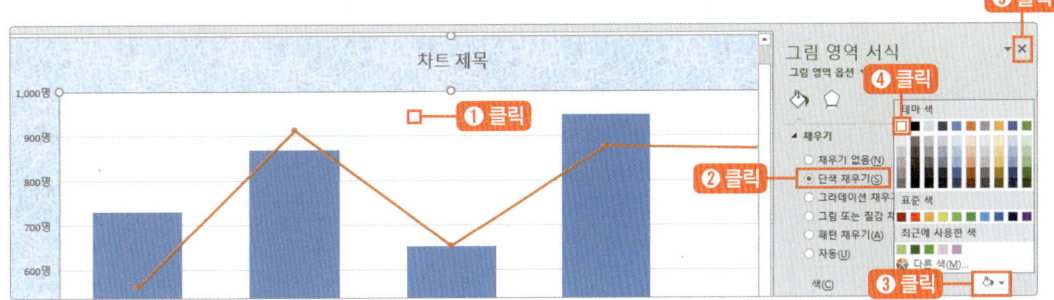

03 차트 글꼴 및 제목 글꼴 서식을 지정하기

1. 차트 영역을 클릭한 후 [홈]-[글꼴]에서 **글꼴(굴림)**과 **글꼴 크기(11pt)**를 지정합니다.

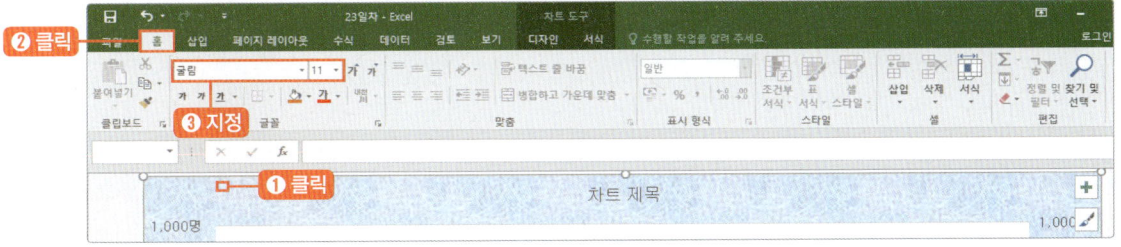

2. 차트 제목 위에서 마우스 오른쪽 버튼을 눌러 **[텍스트 편집]**을 클릭합니다. 이어서, 제목 안쪽에 커서가 활성화되면 내용을 수정(**아소랜드 놀이기구 인기순위 BEST 5**)한 후 Esc 키를 누릅니다.
   ※ 제목 안쪽을 마우스로 드래그하여 블록으로 지정한 후 내용을 변경할 수도 있습니다.

3. 차트 제목 내용(**아소랜드 놀이기구 인기순위 BEST 5**)을 블록으로 지정한 후 [홈]-[글꼴]에서 **글꼴(돋움), 글꼴 크기(20pt), 굵게(가), 채우기 색(흰색, 배경 1)**을 지정합니다.

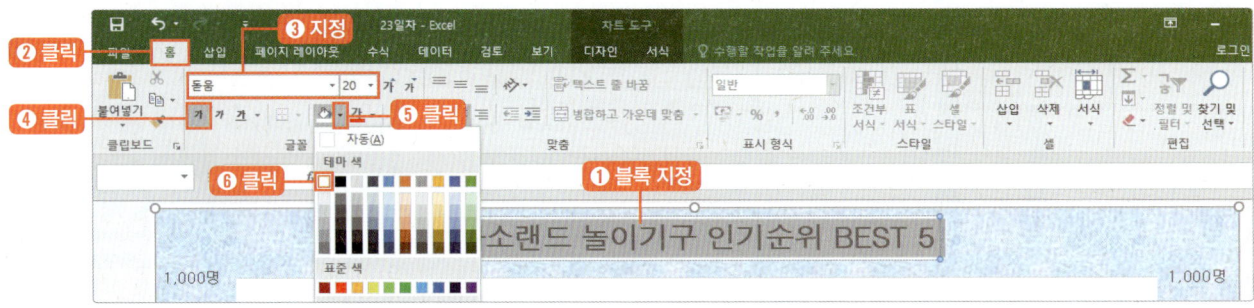

4. 이어서, [서식]-[도형 스타일]-[도형 윤곽선]-**검정, 텍스트 1**을 선택하여 차트 제목에 테두리를 지정합니다.

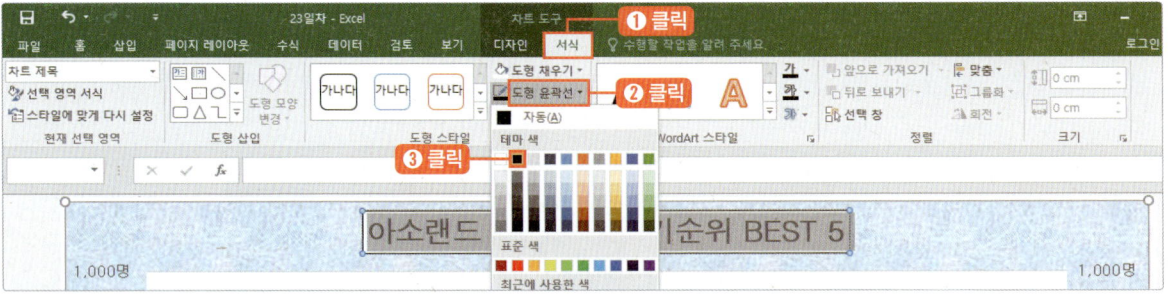

 표식 옵션, 눈금선, 축 서식을 변경하기

1. **성인 투표수(단위 : 명)** 계열 위에서 마우스 오른쪽 버튼을 눌러 **[데이터 계열 서식]**을 클릭합니다.

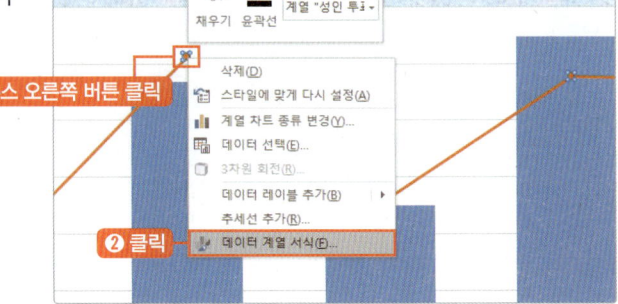

2. [데이터 계열 서식] 작업 창이 활성화되면 다음 과정을 참고하여 표식 옵션을 지정합니다.

- [표식] → [표식 옵션]-[기본 제공] → [형식 : ◆(마름모)], [크기 : 10]

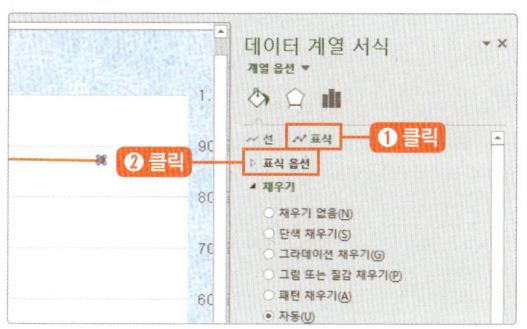 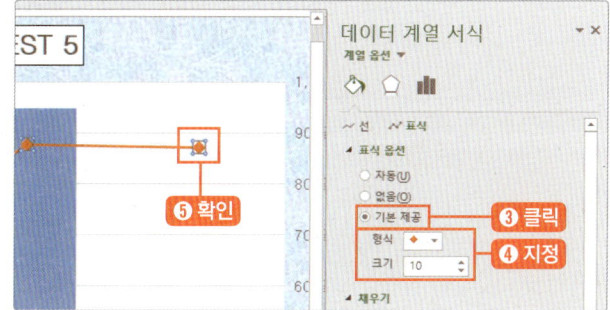

3. 차트의 눈금선을 선택한 후 [주 눈금선 서식] 작업 창이 활성화되면 다음 과정을 참고하여 눈금선 서식을 지정합니다.

- [선]-[실선] → [색]-[검정, 텍스트 1] → [대시 종류]-[파선(- - - - -)]

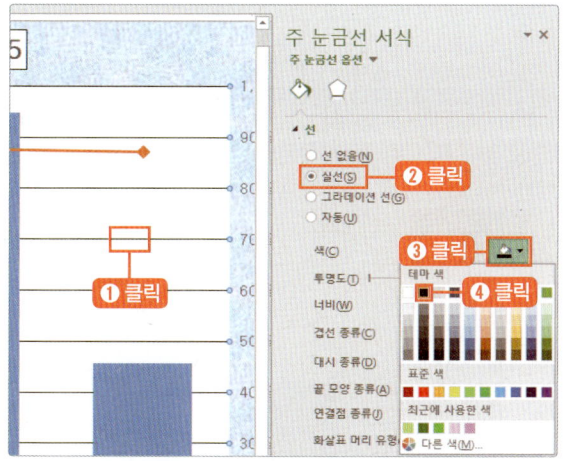 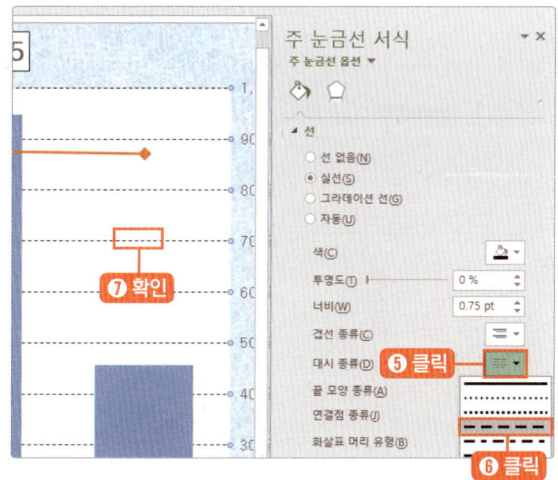

4. 차트의 세로 (값) 축을 선택한 후 [축 서식] 작업 창이 활성화되면 다음 과정을 참고하여 축 서식을 변경합니다.

- [축 옵션]-[경계-최소(400)], [단위-주(50)] → [눈금]-[주 눈금(바깥쪽)]

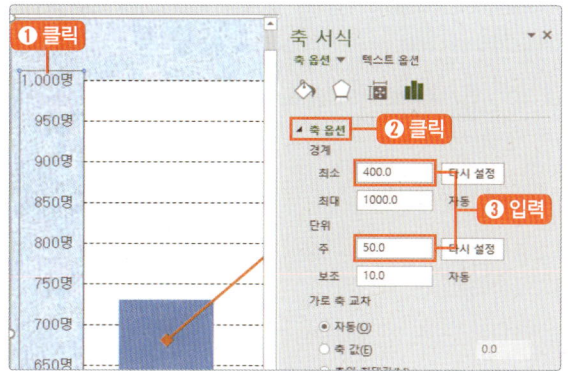 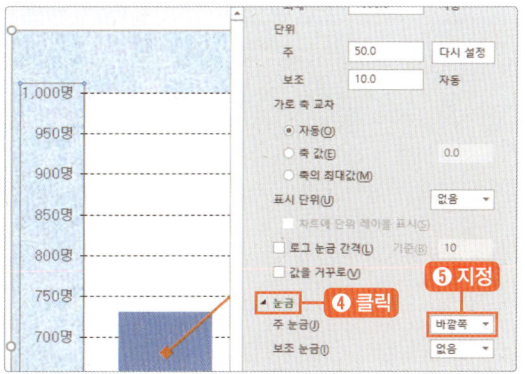

5. 차트의 보조 세로 (값) 축을 선택한 후 다음 과정을 참고하여 보조 축 서식을 변경합니다. 이어서, 작업 창을 종료(×)한 후 완성된 차트를 확인합니다.

- [축 옵션]-[경계-최대(1200)], [단위-주(300)] → [눈금]-[주 눈금(바깥쪽)]

※ 만약 주 눈금 '바깥쪽'이 제대로 지정되지 않을 경우에는 다른 항목(예 : 안쪽)을 한 번 클릭한 후 '바깥쪽'을 다시 선택합니다.

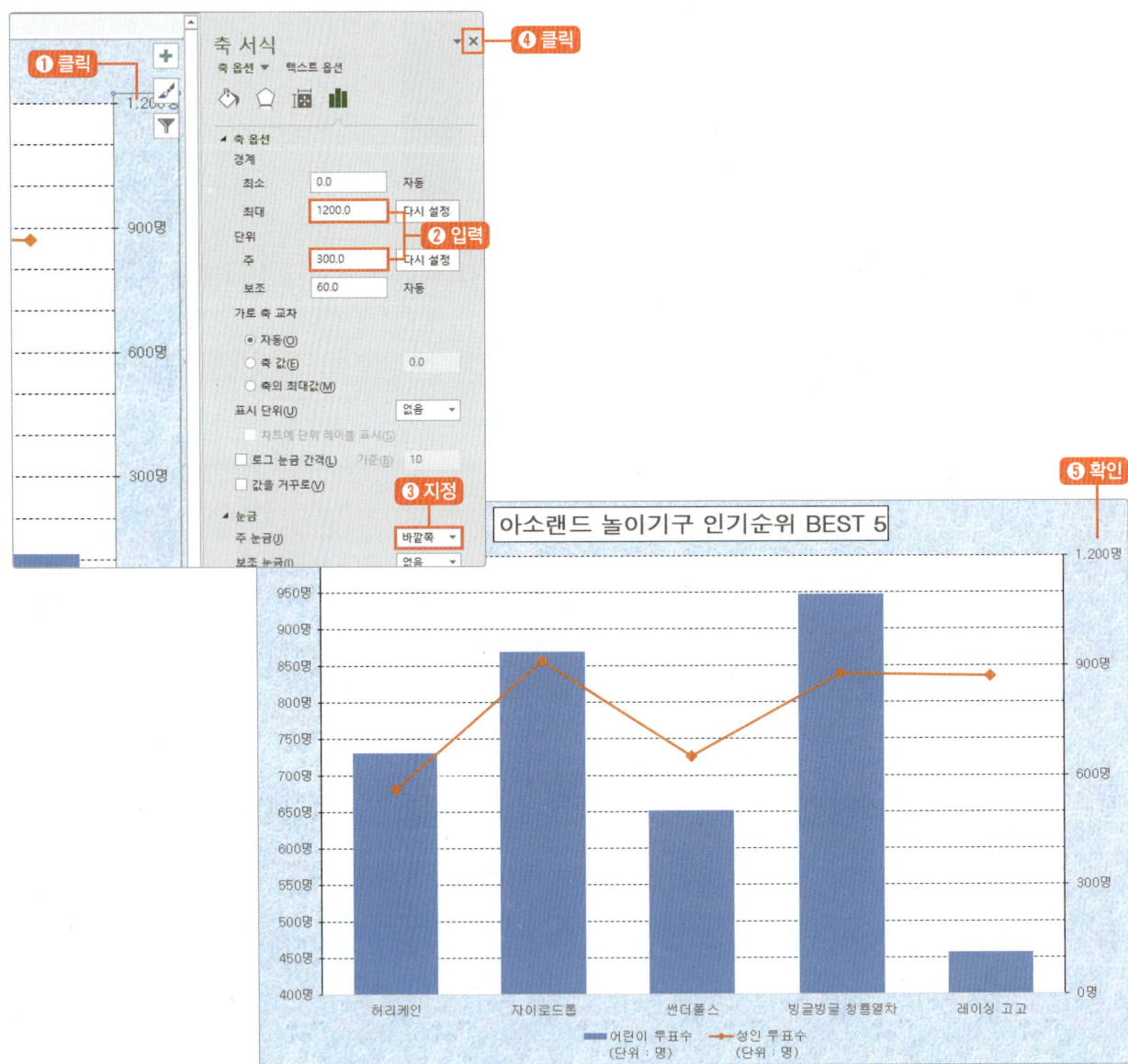

6. 모든 작업이 끝나면 [파일]-[저장]을 선택하거나 [빠른 실행 도구 모음]에서 저장(🖫)을 클릭합니다.
※ 저장 바로 가기 키 : Ctrl + S

23일차 경영 마무리하기

미션 01 시트 작성

📁 **불러올 파일** : 23일차_미션01.xlsx   💾 **완성된 파일** : 23일차_미션01(완성).xlsx

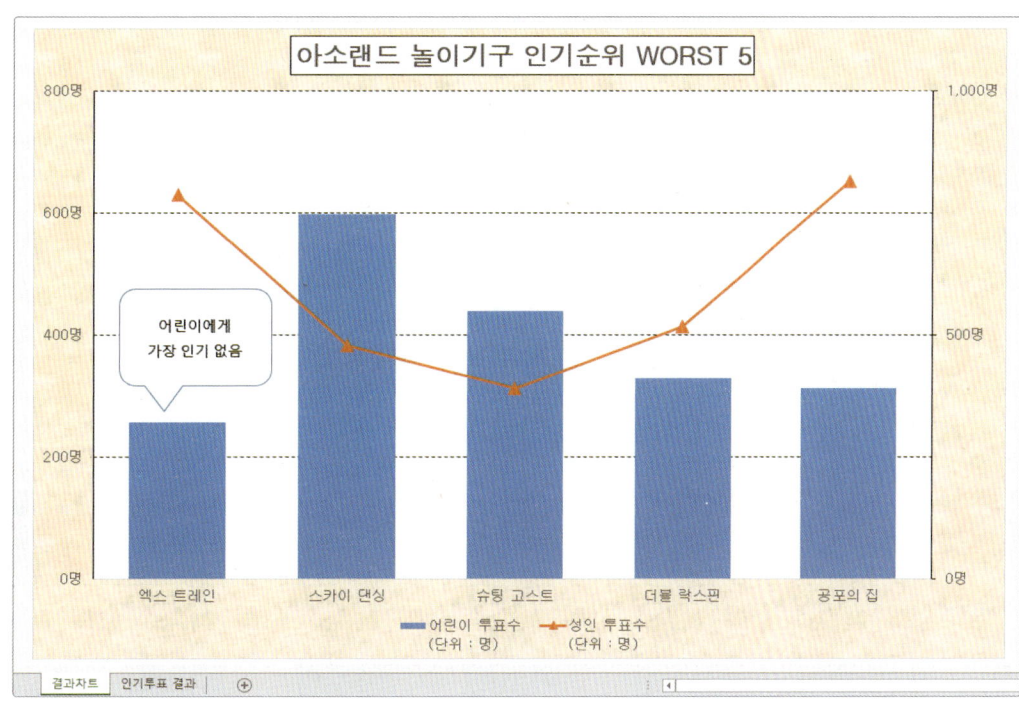

작업 순서

1. **차트 종류** ⇒ <묶은 세로 막대형>
   ※ 완성 이미지와 같이 차트 모양이 두 종류일 경우에는 [콤보(📊)]-사용자 지정 조합(📊) 이용하여 작성하는 것이 편리합니다.
2. **데이터 범위** ⇒ [인기투표 결과] 시트의 내용을 이용하여 작업
3. **위치** ⇒ '새 시트'로 이동하고, "결과차트"로 시트 이름을 변경
4. **차트 디자인 도구** ⇒ 레이아웃 3을 이용
5. **영역 서식** ⇒ 차트 : 글꼴(굴림, 11pt), 채우기 효과(질감-양피지)
                   그림 : 채우기(흰색, 배경 1)
6. **제목 서식** ⇒ 차트 제목 : 글꼴(돋움, 굵게, 20pt), 채우기(흰색, 배경 1), 테두리
7. **서식** ⇒ 성인 투표수(단위 : 명) 계열의 차트 종류를 <표식이 있는 꺾은선형>으로 변경한 후 보조 축으로 지정
              계열 : 표식(세모, 크기 10)을 표시
              눈금선 : 선 스타일-파선
              축 : 출력형태를 참고
8. **도형** ⇒ '모서리가 둥근 사각형 설명선'을 삽입한 후 내용 입력 및 정렬

▲ 작업순서에 없는 내용은 출력형태를 참고하여 작성

✅ TIP 도형 안에 입력된 텍스트 정렬하기

[홈]-[맞춤]에서 가운데 정렬을 각각 선택하면 텍스트를 도형 중앙에 배치할 수 있습니다.

경영 23일차 인기 놀이기구 순위 선정하기!_이중 축 차트(콤보)

24일차 경영 최종 점검하기

선생님 확인 / 부모님 확인

1 아래 내용을 읽고 정답을 찾아 문제를 풀어보세요.

01 다음 중 함수의 이름과 기능이 서로 일치하지 않는 것은 무엇일까요?

① IF ▶ 특정 조건을 지정하여 해당 조건에 대한 참과 거짓 값을 표시하는 함수
② SUMIF ▶ 주어진 조건에 만족하는 데이터들의 합계를 구하는 함수
③ CHOOSE ▶ 인수 목록에서 순서에 해당하는 값을 찾아서 반환해주는 함수
④ DAVERAGE ▶ 지정한 조건에 맞는 데이터베이스에서 필드(열) 값들의 합계를 구하는 함수

02 [D7:F7] 셀에 3학년 학생들의 총점 합계를 구하기 위해 입력될 함수식으로 올바른 것은 무엇일까요?

① =DSUM(A1:F4,F1,A1:A2)
② =SUM(F2:F4)
③ =DAVERAGE(A1:F4,F1,A1:A2)
④ =AVERAGE(F2:F4)

	A	B	C	D	E	F
1	학년	이름	국어	영어	수학	총점
2	3학년	최자두	85	75	80	240
3	4학년	노진구	70	75	60	205
4	3학년	홍길동	80	90	100	270
5						
6				3학년의 총점 합계		
7				510		

03 [H2] 셀에 3번째로 높은 총점을 구하기 위해 입력될 함수식으로 올바른 것은 무엇일까요?

① =SMALL(F2:F6,2)
② =LARGE(F2:F6,3)
③ =MAX(F2:F6)
④ =MIN(F2:F6)

	A	B	C	D	E	F	G	H
1	학년	이름	국어	영어	수학	총점		3번째로 높은 총점
2	3학년	최자두	85	75	80	240		250
3	4학년	노진구	70	75	60	205		
4	3학년	홍길동	80	90	100	270		
5	4학년	유재석	100	90	100	290		
6	4학년	다솜이	90	80	80	250		

04 [C2] 셀에 체력 등급이 1이면 '우수체력', 2이면 '기본체력', 3이면 '체력보강'을 입력하기 위한 함수식으로 올바른 것은 무엇일까요?

① =CHOOSE(C2,"우수체력","기본체력","우수체력")
② =CHOOSE(B2,"체력보강","기본체력","우수체력")
③ =CHOOSE(B2,"우수체력","기본체력","체력보강")
④ =CHOOSE(C2,"체력보강","기본체력","우수체력")

	A	B	C
1	이름	체력 등급	구분
2	김대한	3	체력보강
3	이민국	1	우수체력
4	홍길동	2	기본체력

05 다음 데이터를 참고하여 [D2] 셀과 [D3] 셀에 함수식 결과를 직접 적어보세요!

	A	B	C	D
1	데이터	함수식		결과
2	컴스타엑셀2016	=LEFT(A2,5)	▶	
3	컴스타엑셀2016	=RIGHT(A3,4)	▶	

2 작성 조건을 참고하여 시트를 완성해 보세요.

📁 불러올 파일 : 24일차.xlsx   📄 완성된 파일 : 24일차(완성).xlsx

★ 아소 카페 12월 판매 현황 ★

메뉴	가격	전월 판매량	전월 판매금	당월 판매량	당월 판매금	판매비교
아메리카노	3,000	120	360,000	130	390,000	➡ 10
자몽에이드	3,500	80	280,000	60	210,000	⬇ -20
오렌지주스	3,000	50	150,000	40	120,000	↘ -10
핫초코	3,500	100	350,000	160	560,000	⬆ 60
카페라떼	3,500	160	560,000	140	490,000	⬇ -20
딸기스무디	*4,000*	*70*	*280,000*	*60*	*240,000*	↘ *-10*
고구마라떼	*4,500*	*130*	*585,000*	*150*	*675,000*	➡ *20*
크로와상	3,000	70	210,000	90	270,000	➡ 20
치즈 케이크	*4,500*	*60*	*270,000*	*70*	*315,000*	➡ *10*
샌드위치	*5,000*	*30*	*150,000*	*40*	*200,000*	➡ *10*
스콘	2,000	80	160,000	50	100,000	⬇ -30
쿠키	1,500	60	90,000	100	150,000	↘ -10
당월(12월) 판매금의 평균						310,000

조건

① [H3:H14] : 조건부 서식-아이콘 집합(⬆ ↗ ➡ ↘ ⬇ (5방향 화살표))를 적용

② [B3:H14] : 조건부 서식-새 규칙(수식을 사용하여 서식을 지정할 셀 결정)을 이용하여 가격이 4,000원 이상인 자료의 행 전체에 다음 서식을 적용함(글꼴 : 파랑, 굵은 기울임꼴)

③ 목표값 찾기
- [B15:G15] 셀을 병합하여 "당월(12월) 판매금의 평균"을 입력한 후 [H15] 셀에 당월 판매금의 전체 평균을 구함
  (AVERAGE 함수, 테두리, 가운데 맞춤)
- 당월(12월) 판매금의 평균([H15])이 310,000이 되려면 쿠키의 당월 판매량이 얼마가 되어야 하는지 목표값을 구함

MEMO

MEMO

MEMO